RELIGIÃO E POLÍTICA NO CONE SUL

coleção de antropologia
movimentos religiosos no mundo contemporâneo

RELIGIÃO E POLÍTICA NO CONE SUL

Argentina, Brasil e Uruguai

Organização
Ari Pedro Oro

Eloísa Martín
Nicolas Guigou
Pablo Semán
Ricardo Mariano

cnpq / pronex
attar editorial
2006

1ª edição: 2006

Capa:
Silvana Panzoldo

Editoração eletrônica:
Carlos Batanoli Hallberg

Revisão técnica:
Gabriela Carvalho Pinto / Fernanda Kautzmann

coleção de antropologia
MOVIMENTOS RELIGIOSOS NO MUNDO CONTEMPORÂNEO

Coordenador:
José Jorge de Carvalho

Dados Internacionais de Catalogação na Publicação (CIP)
(Câmara Brasileira do Livro, SP, Brasil)

Religião Política no Cone Sul : Argentina, Brasil e Uruguai / Ari Pedro Oro, (org.) -- São Paulo : Attar, 2006. -- (coleção movimentos religiosos do mundo contemporâneo)

Vários colaboradores.
Bibliografia

1. Igreja e Estado 2. Religião e política - Argentina 2. Religião e política - Uruguai 5. Secularização I. Oro, Ari Pedro II. Série

06-6832 CDD 306.6

Índice para catálogo sistemático

1. Países do Cone Sul : Argentina, Brasil e Uruguai : Religião e política : Sociologia 306.6

ISBN 85-85115-30-0
ISBN 85-85115-16-5 (Série)

ATTAR EDITORIAL
rua Madre Mazzarello 336 05454-040 São Paulo - SP
fone/fax (11) 3021 2199 www.attar.com.br

Sumário

Apresentação

Ari Pedro Oro

Este livro constitui um dos produtos do Pronex, "Movimentos Religiosos no Mundo Contemporâneo", coordenado pelo Prof. José Jorge de Carvalho, da Universidade de Brasília, e do qual fazem parte outros professores e estudantes da pós-graduação da mesma universidade, além de docentes e estudantes do Museu Nacional (Universidade Federal do Rio de Janeiro), da Universidade do Estado do Rio de Janeiro, e do Núcleo de Estudos da Religião, da Universidade Federal do Rio Grande do Sul.

Isto significa que os autores do presente livro foram, de alguma forma, beneficiados intelectualmente pelo convívio e participação nessa rede de pesquisadores atentos às reconfigurações e recomposições do campo religioso na atualidade.

O objeto do presente livro são as relações entre Igrejas e Estado, religião e política, nos países do Cone-Sul: Argentina, Brasil e Uruguai. Ver-se-á que cada um destes países tem tido não somente histórica e atualmente, relações específicas – jurídicas e quotidianas – entre essas duas esferas sociais, como também configuram três distintos modelos dessa relação.

Esse objeto se inscreve na perspectiva analítica de um dos importantes temas das Ciências Sociais, o da secularização, de acordo com a tradição anglo-saxônica, ou da laicização, segundo a tradição latina. Trata-se de um tema que em razão de mudanças e transformações atuais que atingem os campos da política e da religião, e das relações entre si, ocorridas nos diferentes países, do Norte e do Sul, dos vários continentes, retornou forte no debate dessa área do conhecimento, e tem provocado interesse na mídia e mesmo junto à população em geral.

O livro inicia, justamente, com uma discussão teórica em torno da questão da secularização. Nela, Pablo Semán discorre sobre este conceito e as diferentes teorias formuladas sobre ele, vendo em que medida, até que ponto e em que sentido, ele pode ser útil para a análise das realidades dos países do Cone-Sul.

Na seqüência, no primeiro capítulo, Pablo Semán e Eloísa Martín efetuam uma análise histórica e atual da relação entre Igreja e Estado na Argentina. No aspecto histórico se sobressai o status preferencial do catolicismo como religião oficial e o jogo de legitimações mútuas existentes entre dirigentes políticos e eclesiais. E relativamente ao presente, chama a atenção uma série de eventos que geraram conflitos, cada vez mais agudos, entre a Igreja e o governo argentino, tendo produzido uma reformulação no cenário e no dispositivo institucional em que são organizadas as relações entre Igreja e Estado nesse país, na atualidade.

No capítulo segundo, Ari Pedro Oro analisa como ao longo da história do Brasil ocorreu juridicamente a separação entre Igreja e Estado, e até que ponto ela se efetivou na prática. Atenção especial irá recair não somente sobre a presença institucional católica, mas também evangélica e mediúnica, entenda-se afro-brasileira, na política e mesmo na política institucional do país.

A situação do Uruguai é analisada por Nicolas Guigou. Aqui também, como nos demais países, o *outro* institucional privilegiado do Estado, histórica e presentemente, será a Igreja Católica. Neste caso, porém, e configurando uma situação oposta à da Argentina, as relações entre Igreja (católica) e Estado se modificam passando de uma relação histórica arduamente conflitiva e opositiva para uma relação de aproximação e colaboração mútua.

Enfim, Ricardo Mariano aceitou gentilmente o convite para apresentar – a partir do dossiê que precede – uma visão de conjunto envolvendo as relações entre religião e política nos três países em questão. Sobretudo neste texto, mas não diferentemente dos demais, o questionamento e a análise de fundo recaem sobre o conceito e as teorias da secularização e sua pertinência teórica relativamente aos países do Cone-Sul da América do Sul.

Introdução

Pablo Semán

Neste livro procuramos dar conta dos principais aspectos da relação entre política e religião no Mercosul. Se, no caso brasileiro, enfocamos principalmente a confessionalização da política através das estratégias evangélicas e pentecostais, e nos casos uruguaio e argentino enfocamos episódios relativos à relação do estado com a religião, é porque pretendemos enaltecer as diferenças que apresentam os diversos países na articulação entre o religioso e o político.

Embora os três países componham um bloco comercial, são diversas as situações do estado e dos partidos políticos em relação às religiões, bem como do campo religioso no seu interior e nas suas relações com o político, tanto na atualidade quanto nas suas raízes históricas. O liberalismo radical que caracteriza a experiência uruguaia, mesmo que contestada, como veremos, contrasta com a permanente tensão que se verifica no Brasil e na Argentina entre os princípios liberais e as tendências à separação do estado e da religião, assim como as diversas formas de interpenetração dos interesses entre as religiões, em especial o catolicismo, e o estado. Mas também são diferentes as situações do campo religioso nos três países. No Brasil, em comparação com a Argentina e o Uruguai, a diversidade religiosa parece mais rica e ativa. Ademais, o Brasil chega a exportar religiões ao Uruguai e à Argentina, e o fluxo em sentido inverso é inexistente. Além disso, a diversidade religiosa brasileira é processada em termos de compatibilizações que permitem uma presença pública das religiões não católicas, difícil de se observar na Argentina, onde a hierarquia do catolicismo sobre o resto das religiões é garantida, quando não pela lei, pelos usos e costumes das sucessivas administrações estatais. Já no Uruguai a situação parece quase contrária à Argentina e também diferente daquela do Brasil: o desenvolvimento das premissas liberais coloca num relativo pé de igualdade as diversas religiões que existem no país, fazendo com que as suas tentativas de se vincular ao político não tenham nem como antecedente nem como horizonte uma possível intimidade do estado com algum grupo religioso.

A diversidade mencionada pode ser analisada a partir da consideração de duas questões imbricadas: da secularização e das relações entre religião e política.

A secularização e seus controversos sentidos

Em primeiro lugar, deve-se ao desenvolvimento da secularização (como questão histórico-social e como questão social) a interrogação das relações entre religião e política. Isto porque as formas de relação atualmente existentes entre religião e política implicam uma presença da religião no espaço público que freqüentemente é interpretada como "anormalidade histórica". Submeter à crítica o contexto que permite essa percepção exige insistir sobre a questão da secularização.

Em segundo lugar, em dois dos três casos nacionais analisados neste livro (Argentina e Uruguai) aborda-se diretamente a questão da secularização como um processo. De fato, é no contexto de uma discussão sobre a secularização que podemos levantar uma questão chave da relação entre religião e política, como a relativa à possibilidade de uma arena pública mobilizada por atores e por motivos religiosos. A partir desta consideração nos referiremos ao fato de que por trás do termo secularização, entendido como pura negatividade nas relações entre estado e religião, se oculta todo um capítulo de relações positivas.

Acordemos, inicial e provisoriamente, que a idéia de secularização nas ciências sociais remete a um fenômeno que, genericamente, poderíamos referir como "perda da influência da religião no mundo". Esse sentido, no entanto, não tem estabilidade nem consenso aplicativo nas ciências sociais aplicadas em relação aos fenômenos religiosos. Nelas, a palavra secularização desencadeia simultaneamente reações confrontadas. Por um lado, evidenciam-se versões diferentes do termo (desde a afirmação de uma tendência irredutível em direção à liquidação da influência da religião na vida social, até a sinalização do caráter contraditório dessa tendência). Por outro lado, e em relação a cada uma das versões possíveis, efetuam-se celebrações ou repúdios que, explícita o implicitamente, assumem posições normativas a respeito dos fenômenos religiosos.

Quiçá seja possível clarificar minimamente esse panorama dentro dos limites desta introdução. Interessa-nos especialmente situar algumas definições e discussões sobre a secularização, assim como algumas reflexões que permitem situar a própria discussão sobre ela a partir de um ponto de vista mais distanciado. No espaço teórico que surge entre a discussão sobre a secularização e a colocação em perspectiva dessas discussões, distribuiremos os três casos aqui estudados.

O que habitualmente é chamado paradigma da secularização remete a um conjunto de hipóteses que abarca diversos planos analíticos (a totalidade social, os indivíduos e os grupos religiosos), e, como afirma M. J. Carozzi (1993), resulta mais ou menos explícito em autores como T. Luckmann, P. Berger ou T. Parsons. Tschannen (1991) explicitou este paradigma propondo uma seqüência que apresenta três momentos: diferenciação da vida social, racionalização, e, como contrapartida, mundanização da vida religiosa. Vejamos como se definem e se encadeiam esses elementos. A diferenciação das esferas da atividade social é um processo que atua de forma tal que o "religioso" se constitui "separadamente" em relação às esferas da economia e da política, as quais funcionam conforme critérios racionais e independentes do controle religioso, consagrando a restrição da incidência da religião no conjunto da vida social. A racionalização e a autonomização têm como contrapartida o enfraquecimento dos compromissos dos indivíduos com as instituições religiosas, que não apenas perderiam ascendência sobre o conjunto da sociedade, mas também no interior das próprias organizações religiosas. Relativamente à dinâmica dos grupos religiosos, a secularização avançaria por dois caminhos: de um lado, as próprias instituições religiosas adaptariam suas crenças e formas de funcionamento às expressões que testemunham o irrefreável desencantamento do mundo e, de outro lado, previa-se que a pluralização das denominações religiosas produziria a erosão da sua legitimidade, reforçando a perda de sua influência social. Em conseqüência, o futuro implicaria, ao mesmo tempo, em menos religião na integração social, menos religião na interação dos grupos religiosos e, paradoxalmente, mais mundanidade na vida das instituições religiosas.

Além desta tese, as ciências sociais das religiões estiveram atravessadas por uma tensão: tinham por objeto um conjunto de comportamentos e instituições que não podiam mais ser enquadrados como residuais e declinantes. Independentemente do seu afinamento com os mitos da modernidade, a teoria da secularização reza que as sociedades modernas têm sofrido uma mutação estrutural que secundariza o papel das religiões. Assim, o paradigma teórico da secularização (matriz teórica dominante nos estudos sobre a religião nos últimos anos) consistia na forma de captar o lugar das religiões no marco das sociedades ocidentais desenvolvidas (Pace, 1997).

Esta formulação suscita uma série de embates que precisamos considerar para situar o lugar da religião no mundo contemporâneo. Ela se confrontou com fatos que foram interpretados como sua desmentida e favoreceram a reconsideração dos prognósticos: a aparição de movimentos políticos que se legitimavam em motivos religiosos em países supostamente secularizados, a expansão de novos movimentos religiosos fora das expectativas e planos das grandes igrejas estabelecidas no ocidente (embora alguns deles façam parte da igreja católica ou da tradição reformada – como o caso dos carismáticos ou dos pentecostais), questionaram a infalibilidade atribuída às teses da secularização.

A concepção que se forma no calor desses fatos conduz à crítica do paradigma da secularização e atende tanto ao que acontece nos grupos religiosos quanto à própria definição de modernidade. No nível dos fenômenos religiosos e ainda aceitando a premissa da secularização como separação de esferas, pode-se postular um laço específico e diferente entre secularização e processo religioso (Stark; Bainbridge, 1985). A adaptação das instituições religiosas às ideologias modernas que questionam a existência e a eficácia de uma ordem sobrenatural dá lugar a processos de inovação religiosa em que a persistência das mais diversas concepções do sagrado é assegurada através de rupturas, questionamentos, ou vias alternativas, que sufocavam a orientação racionalizante das grandes religiões.

A este discernimento das relações entre modernidade e secularização tem seguido os que postulam que o próprio da modernidade não é "o desaparecimento da religião confrontada com a racionalidade" mas "o processo de reorganização permanente do trabalho da religião numa sociedade estruturalmente impotente para atender as expectativas que lhe é necessário suscitar para existir como tal" (Hervieu-Léger, 1987, p. 227). A esta autora devemos a crítica que assume um ponto de vista e um problema mais geral. Segundo ela, a modernidade implica um processo histórico em que se racionalizam ao mesmo tempo as relações dos homens com a natureza, a subjetividade e a sociedade, através da técnica, da ciência, da psicologia e do direito, respectivamente. Este processo tem efeitos críticos relativos à renúncia suicida às sociedades de responder às necessidades de identificação coletiva e de legitimação que, segundo D. Hervieu-Léger (1987), tem caracterizado a modernidade. O mito, que tentou resolver as carências geradas por essa renúncia, apresenta a modernidade como um processo metassocial, que tem se independizado dos atores sociais. As teses sobre a secularização, e o que tem sido chamado "paradigma" da secularização, não necessariamente formam parte desse mito, embora às vezes tenham sido criticadas por aproximar-se dele e, às vezes, essa crítica parece ter suas boas razões.

A estes argumentos se opõem outros que advogam as razões e os acertos do paradigma supostamente superado. Assim, A. F. Pierucci (1998) tenta responder globalmente ao conjunto dos argumentos e análises que tem colocado em dúvida o paradigma da secularização e mostrar que, no fundamental, este foi confirmado e não desmentido. Em primeiro lugar, assinala a contradição que assiste aos críticos da secularização quando afirmam ao mesmo tempo em que a secularização não tem se consumado e que existem fissuras e regressões nesse processo. Esta suposta contradição revelaria mais do que uma percepção: a projeção de concepções afins às religiões e contrapostas ao laicismo. Este argumento não resulta necessariamente atingível, já que a não consumação total do processo de secularização não é incompatível logicamente com a reversão dos seus avanços parciais.

Em segundo lugar, Pierucci (1998) tem chamado atenção para a necessidade de avaliar as teses da secularização em prazos e níveis de análise específicos: a manutenção de algumas crenças religiosas no prazo de uma geração não consegue reverter um fenômeno de sentido contrário, de nível mais determinante e de mais longa duração: a religião não influi, influi muito pouco e tende a influir cada vez menos nas instituições sociais, na arte, nos meios de comunicação; seguindo B. Wilson (1998), afirma que o carisma tem se tornado periférico, limitando sua aparição às áreas "não sérias" das sociedades, materializando provas contundentes do desencantamento. O fato central é que a religião tem sido expulsa do "centro mismo que articula arquitectonicamente la cohesión del cuerpo social" (Pierucci, 1998, p. 13), e este fato implica, para além da falta de linearidade com que se impõe, uma mutação qualitativa irreversível. Esta sinalização tem muito de incontestável: não é o mesmo comprovar a forte influência de um movimento religioso em política do que reconhecer uma sociedade cuja integração dependa da religião como fundamento de legitimidade de suas instâncias políticas e da definição dos principais papéis sociais.

O fato de que algumas zonas da sociedade permanecem encantadas não muda o fato de que a religião se tenha transformado em uma voz a mais do coro, um simples acompanhante, que é o que resulta característico e irreversível da modernidade. Mais ainda: segundo a perspectiva deste autor, tudo o que é colocado sob a rubrica de reversão ou questionamento da secularização é, na verdade, seu efeito. A pluralização das instituições religiosas se retroalimenta positivamente com a secularização, já que a multiplicação das possibilidades de compromisso religioso faz com que cada um desses compromissos seja relativo, menor, passageiro. Além disso, as modalidades de religiosidade secularizadas e secularizantes não incidem fortalecendo o papel da religião na integração social que é, justamente, o que está em jogo na secularização.

Política, religião e secularização

Contra o fulcro que oferece este ponto de vista, podemos ponderar alguns aspectos da secularização e apreciar quais são as possibilidades de articulação entre religião e política em condições nas quais, ao menos em algum grau, tem se concretizado um processo de diferenciação de esferas que qualquer posição relativa a respeito da secularização não poderia ignorar.

Em primeiro lugar, deve-se dizer que a secularização ocorre no tempo. E se fosse inquestionável que a longo prazo as teses da secularização sejam exatas, não deixa de ser verdade que o tempo em que elas se cumpririam, dependendo da escala da observação, é um processo pletórico de variações significativas. Então é preciso se perguntar qual é a vantagem interpretativa de assumir, ao custo de simplificações enormes, a posição de um observador localizado em um ponto que, se a profecia secular absoluta fosse certeira, estaria antecipando uma história um tanto distanciada, se esta fosse previsível. Os fenômenos nos quais a secularização não acaba de concretizar-se na forma "ideal" não são importantes segundo essa perspectiva, como não o são os séculos para os deuses (pois para eles os milênios são segundos). Mas o que fazer quando aqueles que fazem a história e analisam-na são homens que compartilham o momento histórico de seus objetos de estudo e contam seu tempo em dias e em dezenas e centenas de anos? A história dos impasses da secularização, mesmo que fosse um fato incontestável, requer agudeza e energia de pesquisas capazes de dar conta de singularidades históricas que podem não ser o destino definitivo da humanidade, mas abrangem gerações em países inteiros.

Em segundo lugar, e combinado com o anterior, deve-se levar em conta que a secularização tem uma singularidade espaço-temporal que nem sempre é invocada, mas que resulta decisiva. A secularização, como assinala R. C. Fernandes (1994), tem desenvolvimentos nacionais específicos em que a separação do religioso e do político segue caminhos diversos e menos rotundos do que o modelo francês que, porém, aparece como parâmetro ou, ao menos, como horizonte de uma suposta evolução. A propósito, em relação à experiência da França, A. Touraine (1994, p. 204) afirma: "la escuela en su fase militante, soñó con extirpar las creencias y las influencias familiares del espíritu de los niños [...] se contentó con mantener una paz armada respecto del mundo privado", que "el quebrantamiento de lo sagrado no es igual al triunfo de la era positiva". Se num país em que "a saída da religião" se fez como experiência coletiva nacional e estatal articulada e como conceito acadêmico, a secularização não é plena, o que pensar de casos como o da Argentina, que mesmo sendo "avançada" nessa luta, não a enfrentou tão acirrada e profundamente como a França? Talvez o mais próximo deste país seja o Uruguai, mas trata-se de uma exceção.

Em terceiro lugar, uma das questões que se deve considerar quando se pretende levar a sério o dimensionamento temporal e a singularização da secularização concerne à aparição recorrente, em diversos casos nacionais, de formas de religiosidade que se extraem da esfera privada, a qual, supostamente, a única em que a religião poderia existir na modernidade, segundo o ponto de vista normativo dos laicistas e analítico dos que afirmam versões amplas do prognóstico de secularização. Os casos analisados neste livro fazem parte dessas realidades (a pretensão, muitas vezes alcançada, da igreja católica da Argentina de influir em variadas questões da agenda pública; a criação de importantes movimentos eleitorais ancorados em mensagens e motivos religiosos no Brasil; as manifestações de porosidade que atingem a laicidade uruguaia).

Em relação a estes fenômenos, vale a pena resenhar a posição de Casanova (1995), que a partir de diversos casos históricos e dentro da estrutura do processo de secularização, entende ser legítimo se pensar em possibilidades de "desprivatização da religião", ou seja, de reversão do encapsulamento da religião no mundo privado. Segundo este autor, existe uma compreensão indevidamente ampla do conteúdo atribuído ao paradigma da secularização. Da diferenciação funcional das sociedades modernas, que "separa" a religião da política, não se deduz logicamente nem a decadência absoluta da religião nem a privatização da religião, ou seja, a sua reclusão na esfera subjetiva (cuja aparição constitui outro dos aspectos característicos da modernidade). Essas são possibilidades historicamente abertas, mas também existem outras. Casanova reconhece que a religião pode se articular em três áreas da organização política moderna: no estado, na sociedade política e na sociedade civil. No primeiro, como "Igreja", no sentido em que esta é equacionada à comunidade política nacional ou é constituída como uma dimensão essencial da comunidade política (o que muitas vezes acontece na Argentina, onde, para dar um exemplo menor, existia até pouco tempo a obrigação constitucional de o presidente "profesar el culto católico"). Na segunda área há o exemplo dos movimentos católicos contra-revolucionários que se desenvolveram em diversos países da Europa, a mobilização laica através da Ação Católica para defender interesses ou privilégios da igreja, os partidos democrata cristãos, etc. Finalmente, existem os movimentos religioso-políticos que se enraízam na sociedade civil, que não são totalmente reativos ao liberalismo e à modernidade (Casanova assinala os casos em que o catolicismo teria atuado a favor da democratização, como na Espanha e no Brasil). A primeira e a segunda das possibilidades citadas não corresponderiam ao que Casanova chamaria propriamente de desprivatização, já que ou não há separação entre igreja e estado ou existe uma forte contestação a essas tentativas através do que o autor chama de "organicismo reativo". A terceira das situações referidas por Casanova conforma o ideal da desprivatização: trata-se de religiões que incorporam normativa e faticamente as exigências de separação do religioso e do político que a modernidade impõe, mas nem por isso deixam de agir na cena pública. Segundo Casanova (1995, p. 146),

> Mientras que la separación Iglesia-Estado es necesaria para garantizar la libertad de la religión respecto del estado, la libertad del estado respecto de la religión, y la libertad de conciencia individual del estado y de la religión organizada, esto no implica que la religión deba ser privatizada a los efectos de garantizar estas libertades.

Combinando estas três observações, é possível discutir os casos analisados neste livro. Tal análise não apenas corrobora algumas das posições antes mencionadas, como ajuda a compreender a necessidade de outras particularizações que decorrem das características dos contextos nacionais.

Desprivatização à brasileira

Existem características específicas do processo de secularização em geral, e características das sociedades latino-americanas em particular, que dão a entender que nos países latino-americanos as possibilidades referidas por Casanova se apresentam, para enunciar a questão de forma negativa e sintética, de forma impura. O próprio M. Gauchet (1985), ao sublinhar a radicalidade do processo que acaba com o fundamento religioso da experiência social (não com a religião), reconhece que a laicidade política que acompanha a situação de "saída da religião" é centralmente pertencente à Europa. Ou seja, isto implica que essa não é uma realidade universal. Esta idéia é apresentada claramente em outro texto, no qual J. Keppel analisa fenômenos religiosos contemporâneos a partir da categoria de "revanche de Deus", e afirma a diferença entre os casos nacionais:

> Le phénomène. Pour l'essentiel, nous arrive de l'extérieur, même s'il nous touche directement par ses représentants vivants sur notre sol. Nous n'avons rien dans l'Europe protestant, dans l'Europe catholique, ou dans l'Europe orthodoxe que ressemble de près ou de loin, malgré les ferveurs périphériques qu'on relève ici ou là, à la fièvre pentecôtiste qui agite les métropoles du tiers monde, ou encore le fondamentalisme évangélique qui travaille la Bible Belt aux Etats Units. (Keppel, 1991, p. 28)

Inversamente, deve-se supor que as sociedades que exportam essas "ameaças" à Europa não atravessaram, nem no mesmo grau nem da mesma forma, a divisão das esferas religiosa e política.

A citação é importante, pois a confessionalização de uma parte do eleitorado no Brasil não decorre da interiorização prévia dos limites liberais, mas da canalização de uma mentalidade cosmológica no interior do sistema eleitoral brasileiro e no contexto das capacidades das instituições religiosas de articular o plano político e o religioso. Para compreender isto e captar o que acontece no Brasil, considerando a politização da Igreja Universal do Reino de Deus (IURD), é preciso levar em conta os dois argumentos que seguem.

Um raciocínio complementar ao exposto por Casanova é o já clássico apresentado por K. Dobbelaere (1981). Para este autor, o conceito de secularização tem caráter multidimensional, implicando níveis analíticos diferentes que vão da sociedade global aos indivíduos, passando pelos próprios grupos e instituições religiosas. Isto faz com que seu potencial avanço não seja igualmente marcado nos diferentes âmbitos de prática social relacionados com essas dimensões. A diferenciação estrutural não implica, necessariamente, a secularização das terapêuticas ou da lógica das relações familiares. Com base neste argumento, cabe pensar, também, que a secularização no campo das instituições políticas e do estado não é acompanhada pela secularização das ideologias políticas e, muito menos, pela secularização dos eleitores, que podem manter uma sensibilidade encantada no plano político e ser, por isso, receptivos a discursos políticos e político eleitorais em que se mobilizam as crenças "mágicas" ou a incorruptibilidade suposta que assiste aos que, de diversas formas, podem se considerar ou ser considerados "homens de Deus". E onde acontece uma possibilidade como esta se não nos países latino-americanos? Claro que se pode afirmar, como faz A. F. Pierucci (1998), que a secularização no interior dos grupos populares da América Latina se faz possível mais agudamente com a pluralização da oferta religiosa do que com qualquer dos fatores apontados classicamente (o avanço da técnica, a individuação, a própria pluralização, etc.).[1] Em seu argumento, a ruptura e o

[1] Neste ponto F. Pierucci segue de perto a análise proposta por C. Parker (1996) em relação à pluralização como vetor secularizante na América Latina. Embora também, obviamente, apresente elementos que advêm de análises que atribuem potencialidades secularizantes à dinâmica mercantilizada do campo religioso (entre estes os estudos de P. Berger, T. Luckman, T. Parsons e R. Bellah) e que, na síntese de O. Tschannen (1991), são reconhecidos como uma das bases do paradigma da secularização.

trânsito denominacional individualizam e dessacralizam o sujeito, a cultura e a tradição. No entanto, deve ser recordado que este, um efeito teoricamente postulado, não é necessariamente comprovado ao longo da história: o sincretismo com base nas visões encantadas opera como matriz de reintegração da experiência de mudança e conversão de maneira que desviam o potencial de desencantamento acordado em teoria. Neste sentido, L. F. D. Duarte (1986) e P. Birman (1994) opunham às religiões do mercado religioso o crer popular que as absorve numa visão mais geral.[2] Inclusive deve ser dito que em setores mais afinados com a cultura moderna, e produto da dinâmica autocontraditória da secularização que veremos mais adiante, existe a possibilidade de uma sacralidade mais ampla do que a das denominações, que também inibe o potencial secularizante da mudança religiosa, como mostra J. J. de Carvalho (1999) em sua análise sobre um espaço público encantado. Esta mesma idéia é mantida por O. Velho (1997) ao relacionar a condição de radical contingência que assumem as formas modernas às renovadas possibilidades de eficácia das retóricas do sagrado.

Seja como for, o lado culturalmente "não moderno" das sociedades latino-americanas contemporâneas é uma base, um plâncton que nutre o impulso religioso que se projeta na esfera pública ou pode ser trazido a ela pelos apelos de políticos e candidatos. Não é por acaso que o eleitorado popular responde tanto a apelos que sublinham a santidade do candidato quanto a possibilidade de ele ser metaforizado ou referido diretamente como um "homem de Deus". Ainda mais quando se considera que essa faixa "não moderna" das sociedades latino-americanas

---

[2] Isto não contradiz necessariamente o conjunto dos postulados ou afirmações empíricas aqui apresentadas. Não queremos dizer que nada perturba a cultura popular enquanto cosmológica. Afirmamos, sim, que existem dados que mostram que a via secularizante afirmada por F. Pierucci não o é necessariamente de acordo com outras comprovações.

não apenas implica a existência de uma forte visão cosmológica, mas também uma perspectiva que entende a divisão entre público e privado de uma forma muito diferente da tradição liberal, que instaura essa divisão e que leva a ver esse homem de Deus ao mesmo tempo como um bom pai de família. Do ponto de vista "tradicional", público e privado conectam-se fluidamente através de formas de entender os papéis familiares, que chamamos privados.

Dito isto, podemos afirmar que, levando em conta as características "tradicionais" "não modernas" de uma parte importante das populações latino-americanas, resulta possível pensar que existe uma base social sensível aos apelos que potencializam e mobilizam o religioso no espaço público. Diferentemente do que dizia Casanova, teríamos, mais do que uma desprivatização, uma forma não liberal de constituir o espaço público ou, ao menos, a influência parcial dessa tradição não liberal na formulação do espaço público. A forma de politização da IURD retratada neste livro é um exemplo disto. Ela mistura elementos aparentemente opostos, mas constitutivos da sociedade brasileira: a presença dos efeitos do estado racionalizador, do capitalismo e, ao mesmo tempo, de padrões culturais diversificados, que fazem da sociedade brasileira uma sociedade também religiosa (Sorj, 2000). Duas indicações de A. Touraine (1994) ajudam a pensar a ação política da IURD numa sociedade multifacetada e tensionada pelos seus múltiplos traços como a brasileira. A primeira delas refere-se ao caráter multitemporal das sociedades latino-americanas, à presença combinada e conflitiva dos elementos próprios da modernidade, das suas tendências à crise, mas também do que não foi plenamente incorporado a ela. A segunda dessas indicações refere-se à afirmação do sujeito como princípio do social. Esta concepção não é igual à postulação da hiperpotência do indivíduo, e sim a um giro copernicano no interior do universo de pensamento que atende à máxima de explicar o social pelo social. Enquanto a declinação tradicional deste preceito privilegia o sistema, a versão de Touraine privilegia o ator, aquele que intervém de maneira tal que a produção do social seja sempre mais do que reprodução, alteração. O ator, seja ele um indivíduo ou um grupo, não é uma entidade fora da sociedade, mas o princípio de produção da sociabilidade, o contraponto conceitual do que na sociologia clássica acaba sendo reificado como uma realidade metassocial, o social fora da história. Articulando essas indicações com a forma em que a Universal atua ao mesmo tempo nos dois princípios igualmente constitutivos da sociedade brasileira, é possível sugerir a hipótese segundo a qual a IURD é um ator que opera como uma dobradiça dos diversos momentos constitutivos da sociedade brasileira: ao mesmo tempo em que se apóia nos mecanismos de sua face moderna, torna presente o rosto cosmológico que a compõe. Nesse movimento, que o legitima e o faz operativo na totalidade social, redefine essa mesma totalidade e ressignifica a política. As bases da identificação política tinham sido os lugares sociais do trabalhador, as ideologias, as relações pessoais. Agora podem ser, também, as identidades religiosas. O movimento, que não deve surpreender, é análogo ao que a Universal já tinha feito com o dinheiro: antes a moeda, o equivalente geral de todas as mercadorias, tinha sido traduzida por esta igreja na lógica da oferta e do sacrifício (Oro; Semán, 1999); hoje é o voto, a relação que nem sempre foi de cidadania, inscrito numa lógica cosmológica, na perspectiva da guerra santa (Oro, 2001; Semán, 2001). Assim, como ator, como princípio de transformação do real, a IURD é um catalizador da composição entre aspectos da sociedade brasileira que muitas vezes permanecem reciprocamente alheios.

Secularização e Religião na Argentina e no Uruguai

Os trabalhos referidos à Argentina e ao Uruguai refletem vicissitudes da relação entre as religiões e o estado, religião e política, que permitem voltar ao tema da secularização para assumir duas orientações: seu caráter necessariamente incompleto e os aspectos positivos da vinculação entre estado e religião.

Destacamos acima alguns itens do contraponto entre partidários e críticos das teses da secularização. Talvez seja conveniente entendê-lo na sua associação respectiva com interpretações laudatórias ou críticas da modernidade e do laicismo. É muito freqüente que os autores que se identificam com a racionalização e seus efeitos aplaudam as previsões das teses sobre a secularização, minimizem o que as nega ou reclamem do estado, conseqüência do espírito da constituição e ordem do campo religioso.[3] Da mesma forma, não é raro que os críticos da modernidade e de suas diversas possibilidades de alienação festejem os fracassos, a fragilidade ou os impasses do processo de secularização, ironizando sua inexorabilidade e expressando uma espécie de impossibilidade de domesticar a religião dada a inesgotabilidade de sua fonte. Vale dizer: é preciso ter cautela frente ao fato de que os ânimos e as posições dos analistas no jogo social que os posiciona e os confronta na relação com a modernidade sobredetermina as análises dirigidas ao futuro das religiões e a sua presença no mundo.

Mas por que acontece isto? Talvez porque, como se pode concluir da leitura de E. Giumbelli (2002), ainda não se tem reparado o suficiente sobre o grau em que termos como religião e secularização designam, mais do que fenômenos indiscutíveis e transparentes na análise, categorias de uso social. As relações entre modernidade e religião têm sido colocadas como se fossem

---

[3] Tal processo poderia ser descrito pela síntese posta por Touraine (1994, p. 125): "Las relaciones entre el cristianismo y la modernidad se han expuesto, sobre todo en Francia y en los países de tradición católica, en una presentación ideológica brutal". A afirmação alude ao fato de que as lutas antiobscurantistas que deram lugar à ciência, ao seu espírito e ideologias, as marcaram com um *a priori* anti-religioso. Este pode estender-se à forma em que as ciências sociais se referem em geral aos fenômenos religiosos no marco das teses sobre a secularização.

exclusivamente de negação recíproca e de anulação na base de uma suposição: a de que a religião tem sempre sido um domínio específico, anterior à modernidade que a teria ou subordinado ou limitado.

Na análise de Giumbelli, nem a religião tem sempre sido a mesma, nem a relação com o estado é de pura negatividade. Seguindo Despland (1979), afirma que a categoria de religião com um conteúdo próximo ao atual emerge historicamente a partir de um duplo processo de generalização e de reificação sociais que, antes de limitá-la ou combatê-la, a estabelece como domínio específico. A religião pode representar tudo aquilo que a modernidade combate, mas, ao mesmo tempo, é ela mesma um efeito da modernidade. Antes das relações negativas preexistem hierárquica e logicamente as relações positivas que as fazem "irmãs inimigas".

Neste contexto, é difícil manter a ingenuidade perante um tema como separação entre igreja e estado. É que, como afirma Giumbelli, "a 'tese da secularização' naturaliza a própria definição moderna da religião limitando suas análises apenas às restrições e às modificações (e às implicações disso) que esse domínio sofre dentro de certo marco histórico" (Giumbelli, 2002, p. 31). Se a modernidade implica o estabelecimento de uma relação positiva, de uma referência recíproca, de um vínculo estrutural entre o estado e a religião, a idéia de separação é derivada. Ela é a forma em que os atores (o estado, os movimentos laicistas, etc.), dão conta de uma das suas relações com a religião. Não é que não ocorra um fenômeno que possa ser captado nesses termos; no entanto, ele ocorre no bojo de um processo e de uma configuração histórica mais ampla, que incluem um fenômeno que não apenas se configura contrário à "separação", mas torna-se a sua condição de possibilidade – a referência recíproca e permanente do estado e da religião.

É isto que, embora detendo relações de forças diferentes, está presente na Argentina e no Uruguai. Relativamente ao primeiro país, veremos o estado tentando constituir o catolicismo enquanto "religião" e este resistindo a essa pressão em nome de sua suposta identidade com o ser nacional, os direitos humanos, a liberdade. O catolicismo na Argentina, na linha do que Casanova (1995) chama de organicismo reativo, reage na defesa do seu estatuto de "Igreja" e, muito mais, de matriz.

No caso uruguaio nota-se um contraste com o caso argentino, embora com a mesma dimensão: o catolicismo, os afro-brasileiros e os diversos grupos religiosos se assumem como religiões, integrantes de um domínio específico que devem lutar duramente para poder aparecer na cena pública (outro domínio) sem serem acusados de violar a laicidade. Mas, ao fazê-lo, tais grupos interiorizam o estado. Como em nenhum outro país analisado, o caso uruguaio deu a oportunidade de dialogar com agentes religiosos que, como os afro-brasileiros, reclamam seus direitos na lógica pluralista moderna. E, como não acontece no Brasil e na Argentina, tivemos oportunidade de observar no Uruguai que os agentes católicos podem se sentir intimidados pela lei. Essas impressões, quase anedóticas, são muito mais do que isso: um tecido institucional de histórica densidade.

Nos casos argentino e uruguaio, o conceito de secularização, enquanto divisão de esferas, deve ser compreendido numa percepção da modernidade que se distancia da homogeneidade e da linearidade que podem lhe atribuir um único caráter, seja este qual for: racionalização, burocratização, alienação, libertação, etc. Mais ainda: aquilo que nas disciplinas da religião é visto como o viés autolimitante da secularização (segundo, por exemplo, Stark e Bainbridge, 1985), deve ser lido como expressão de uma realidade maior que devemos levar em conta. Talvez esse caráter seja decorrente da forma como B. Latour (1994) percebe a modernidade, e que deveria servir como premissa maior para pensar a secularização: ela cria divisões que não consegue manter, e mesmo produz objetos híbridos que tendem a esvaziar de sentido essas divisões. A modernidade é uma espécie de impossível. Fato que, voltando aos campos da religião e da política, parece acomodar-se à recomendação de D. Hervieu-Léger, a qual mostra-se favorável às análises que levem em conta a "fluidité du croire des sociétés modernes, et sur les processus multiples de redistribution des significations qui lient intrinsequement l'un à l'autre l'ordre du religieux et celui du politique" (Hervieu-Léger, 1987, p. 18).

Uma ilustração deste ponto de vista pode ser evidenciada quando se consideram diferenças específicas entre Uruguai, Brasil e Argentina, no que diz respeito à relação entre política e religião. Ao ver, por exemplo, o fato de que no Brasil encontramos aspectos consistentes de confessionalização da política, que acompanham o crescimento do pentecostalismo, é possível se perguntar por que não ocorre o mesmo na Argentina e no Uruguai, onde o pentecostalismo também tem crescido abruptamente. A explicação é complexa. Envolve um primeiro fato: ainda que crescente, o pentecostalismo é bem menos forte na Argentina e no Uruguai do que no Brasil (a porcentagem da população pentecostal no Brasil supera os 15%, enquanto na Argentina e no Uruguai não passa de 10%). No Brasil, ele pode ser a base de uma política eleitoral; na Argentina e no Uruguai, essa porcentagem não chega a ser relevante para esse fim. Mas a explicação da existência de uma tendência à confessionalização da política (através da politização de algumas confissões, no caso brasileiro) envolve um segundo fator, a saber: as características específicas do campo religioso, do campo político e das relações de co-constituição entre ambos os campos.

Na Argentina, registraram-se tentativas de criar partidos políticos que apelam à identidade religiosa evangélica ou católica, mas não tiveram maior sucesso. A criação de uma democracia cristã para canalizar o voto peronista proibido de eleger seu líder histórico entre os anos 1955 e 1973 teve um resultado pobre. Pior ainda tem sido o resultado da tentativa de fazer com que os evangélicos votassem em candidatos da sua confissão que se apresentaram como tais no Movimiento Cristiano Independiente, nas eleições do ano de 1993 (Marostica, 1997). Em nenhum dos casos foi possível fazer com que o público-alvo desses apelos, que se identificava majoritariamente como peronista, tornasse sua identidade religiosa a fonte do seu comportamento político. Eis aí uma das questões que diferencia as relações entre o campo religioso e político no Brasil e na Argentina: as identidades políticas na Argentina são comparativamente mais fortes e pesam na conformação do comportamento político de uma forma mais consistente do que no Brasil. Elas impõem seu valor não somente aos votantes, mas também aos dirigentes políticos, já que a comprovada ineficiência eleitoral do apelo religioso desestimula a procura de candidatos confessionais que possam ser inseridos nas chapas dos partidos tradicionais, assim como gera uma situação na qual um agente religioso colocado na posição de dirigente político não é necessariamente gerador de um respeito adicional.

As identidades religiosas não mobilizam politicamente nem os votantes nem os dirigentes, embora seja possível constatar que muitos desses dirigentes possam incorporar, transformadamente, as linguagens religiosas. Esta causa da baixa taxa cambial do religioso no político também está presente no Uruguai, onde a inexistência de um voto confessional coincide com um sistema de identidades políticas estáveis e baseadas em distinções políticas e ideológicas que se demarcam de forma explicitamente laica, e, muitas vezes, em função da oposição entre o projeto iluminista radical e as diversas contestações católicas.

Por outra parte, é preciso considerar a influência de um terceiro elemento que no caso brasileiro facilita a confessionalização da política de uma forma maior do que na Argentina e no Uruguai. Nestes últimos países o sistema eleitoral é comparativamente mais exigente do que o brasileiro em relação tanto à quantidade de votos necessários à eleição de um deputado quanto relativamente a seu grau de articulação com uma formação política. Essa facilidade recompensa, no caso brasileiro, a tentativa de fazer política eleitoral a partir de ideologias religiosas que, como já temos dito, concorrem com vantagem em relação às tradições políticas menos firmes. Muito mais quando se conta com a facilidade da comunicação e com a mobilização dos eleitores que oportuniza a estrutura das grandes igrejas que trabalham numa escala demográfica a qual resulta consistente com as exigências do sistema eleitoral.

Assim, é a própria estrutura do sistema político no Brasil que oportuniza a presença das religiões no parlamento de uma forma mais generosa do que oferece a institucionalidade política na Argentina e no Uruguai.

Referências

BIRMAN, Patrícia. Destino dos homens e sacrifício animal: interpretações em confronto. *Comunicações do ISER*, Rio de Janeiro, n. 45, p. 35-43, 1994.

CAROZZI, M. *Contribuciones del estudio de los nuevos movimientos religiosos a la sociologia de la religión.* Buenos Aires: CEAL, 1993.

CASANOVA, J. *Public religión in the modern word.* Chicago: The University of Chicago, 1995.

———. *Religiones publicas en el mundo moderno.* Madrid: PPC, 2000.

CARVALHO, José Jorge de. Um espaço público encantado: pluralidade religiosa e modernidade no Brasil. *Série Antropologia*, UNB, n. 249, 1999. 22p.

DESPLAND, Michel. *La religion en Occident.* Montreal: Fides, 1979.

DOBBELAERE, Karel. Secularization: a multi-dimensional concept. *Current Sociology*, Londres, v. 29, n. 2, 1981.

DUARTE, L. F. *Da vida nervosa nas classes trabalhadoras urbanas.* Rio de Janeiro: J. Zahar Editor, 1986.

FERNANDES, Rubem César. Religiões e modernizações. In: ____. *Romarias da paixão*. Rio de Janeiro: Rocco, 1994. p. 169-183.

GAUCHET, Marcel. *Le désenchantement du monde*. Paris: Gallimard, 1985.

GIUMBELLI, Emerson. *O fim da religião*: dilemas da liberdade religiosa no Brasil e na França. São Paulo: Attar/CNPq/PRONEX, 2002.

HERVIEU-LÉGER, Daniele. *Vers un nouveau christianisme?* 2. ed. Paris: Cerf, 1987.

KEPPEL, Gilles. *La revancha de Dios*. Madrid: Muchnik, 1991.

LATOUR, Bruno. *Jamais fomos modernos*. Rio de Janeiro: Editora 34, 1994.

MAROSTICA, Matthew. *Pentecostals and Politics: The Creation of the Evangelical Christian Movement in Argentina, 1983-1993*. Tese (Doutorado em Teologia). Berkeley University, Berkeley, 1997.

ORO, Ari Pedro. Religião e política nas eleições de 2000 em Porto Alegre (RS). *Debates do NER*, Porto Alegre, ano 2, n. 3, p. 9-72, 2001. [PPGAS/UFRGS].

ORO, Ari Pedro; SEMÁN, Pablo. Neopentecostalismo e conflitos éticos. *Religião e Sociedade*, Rio de Janeiro, v. 20, n. 1, p. 39-54, 1999.

PACE, Enzo. Religião e globalização. In: ORO, Ari Pedro; STEIL, Carlos Alberto. *Globalização e religião*. Petrópolis: Vozes, 1997. p. 25-42.

PARKER, Cristián. *Religião popular e modernização capitalista.* Outra lógica na América Latina. Petrópolis: Vozes, 1996.

PIERUCCI, F. Soltando amarras: Secularización y destradicionalización. *Sociedad y Religión*, Buenos Aires, n. 16/17, p. 9-32, 1998.

SEMÁN, Pablo. A Igreja Universal do Reino de Deus: um ator e suas costuras da Sociedade Brasileira Contemporânea. *Debates do NER*, Porto Alegre, ano 2, n. 3, p. 87-100, 2001. [PPGAS/UFRGS].

SORJ, Bernardo. *A nova sociedade brasileira.* Rio de Janeiro: Jorge Zahar Editor, 2000.

STARK, Rodney; BRAINBRIDGE, Willian. *The future of religion*: secularization, revival and cult formation. Berkeley and Los Angeles, University of California Press, 1985.

TOURAINE, A. *Critica de la modernidad.* Buenos Aires: Fondo de Cultura Economica de Argentina, 1994.

TSCHANNEN, Oliver. The secularization paradigm: a systematization. *Journal of Scientific Study of Religion*, New York, v. 30, n. 4, p. 395-415, 1991.

VELHO, Gilberto. *Projeto e Metamorfose.* Rio de Janeiro: Jorge Zahar, 1997.

WILSON, Bryan. The secularization thesis: Criticisms and rebuttals. In: LAERMANS, Rudy; WILSON, Bryan; BILLIET, Jaak. *Secularization and Social Integration.* Papers in Honor of Karel Dobbelaere. Leuven: Leuven University Press, 1998. p. 45-65.

Religião e política na Argentina

Pablo Semán
Eloísa Martín

Introdução

Tradicionalmente, as relações entre a Igreja Católica e o Estado na Argentina têm sido caracterizadas pela relevância política atribuída à Igreja, pelo status preferencial do catolicismo na comunicação com o Estado argentino, pela opinião e incidência em questões que a Igreja considera de sua ingerência na prática de governo e por um jogo de legitimações mútuas entre dirigentes políticos e religiosos. Quando essa relação foi questionada, como durante a presidência de Raúl Alfonsín (1983-1989), as reações da Igreja foram intimidantes para um grupo de dirigentes políticos que, devido à crise econômica e social e às suas próprias convicções, não queria abrir simultaneamente várias frentes de disputa, levando a uma reafirmação da relação preferencial que se formou e aprofundou durante a presidência de Carlos Menem.

Historicamente, os conflitos entre a Igreja Católica e o Estado trazem um grande potencial de desestabilização que parecia justificar a cautela dos dirigentes políticos. Não podemos esquecer que entre as causas da queda do primeiro governo peronista esteve o conflito com a Igreja Católica, devido ao apoio desta última à queda de Perón, em 1955. A partir desse momento, todos os governos levaram em conta sua opinião, sua concordância e suas reações, e a maior parte deles tentou obter a aquiescência ou a neutralidade em relação às políticas de Estado que poderiam entrar em conflito com as propostas e as disposições da Igreja Católica.

A atual conjuntura mostra uma variação nesse padrão. Tentaremos mostrar que a iniciativa do Estado mudou de sentido, e que o combate que se iniciou apresenta riqueza e intensidade inusitadas e um horizonte aberto que, comparativamente, contrasta com as possibilidades que se apresentaram nas situações anteriores desde a abertura democrática. Enquanto o governo tenta reconfigurar o modelo da relação do Estado com a Igreja, procurando a autonomia do Estado, a Igreja Católica resiste à situação de "simples religião" (uma instituição de atuação restrita a uma área de práticas segmentadas) e mantém sua pretensão de ser abrangente à nação.

Antecedentes

Na Argentina, a hostilidade entre o Estado e a Igreja, característica do período liberal, resolveu-se, ao longo do século XX, por cooperação ou por cooptação, dependendo de qual governo ocupava a administração pública em cada momento. Fortunato Mallimaci (1992; 1993) e Loris Zanatta (1996) mostram como um catolicismo que, por fraqueza, contemporiza com o Estado liberal, em fins do século XIX começa a ser substituído, até 1920, pelo catolicismo integral, o qual, aliado ao Exército, se converterá em pilar da identidade nacional florescente. O catolicismo integral é uma espécie de catolicismo que propõe uma forte unidade entre Igreja e Estado. Voltado ao militarismo, preconiza a catolicização do Estado como meio para, em seguida, imbuir a sociedade de valores cristãos. É antimoderno, anticomunista, antiliberal. Nasce em setores das classes médias e altas, contrapondo-se ao modelo de Estado liberal e também àqueles setores do catolicismo que pretendiam contemporizar com ele. Pretende ser pilar da "argentinidade" e da pátria e fundamento da identidade nacional (Mallimaci 1996a, 1996b; Soneira; Lumerman, 1986). A Igreja, que vem desde a década de 1920 rearmando-se frente à crise do Estado liberal, avança sobre o Estado para *penetrar* e *cristianizar* a sociedade civil (Zanatta, 1996). Durante essa etapa se consolidará o vínculo entre Igreja e Estado Argentino, alimentado por um projeto de reformulação da identidade nacional e de criação de uma nova ordem social.[1] Verifica-se, então, um duplo processo de militarização da sociedade e de catolicização das forças armadas, que se delineia desde 1920 e se instaura na Argentina na década de 30, quando se consolida o vínculo entre Igreja e Forças Armadas, alimentado por um projeto de identidade nacional e de criação de uma nova ordem social: a Igreja vai incrementar seu poder e o catolicismo penetrará a sociedade e o Estado, fazendo com que a Igreja Católica seja considerada um ator político e social legítimo.

Desde as primeiras décadas do século XX, uma corrente específica do catolicismo, a integralista, tentará ser a grande matriz cultural de sustentação da nacionalidade, símbolo de argentinidade e de "autêntico" catolicismo, a partir do qual começa a atuar como atribuidor de identidade nacional.

É na década de 1930 que, segundo Zanatta, a Igreja inicia um avanço para catolicizar o Estado. E o faz através de outro pilar da nacionalidade: o exército. A aliança entre ambos, segundo esse autor, exerceu um papel fundamental na história política argentina e foi por isso que, a partir do peronismo, a Igreja "se converteu em um fator de poder ineludível" (Zanatta, 1996, p. 391). Os pilares da "argentinidade" – Igreja e Exército – vão encontrar um canal comum no Justicialismo. A catolicização da sociedade será realizada a partir do Estado, e a instituição privilegiada para isso serão as Forças Armadas.

Diversos autores[2] sustentaram que o elemento principal pelo qual a Igreja apoiou efusivamente o peronismo em um primeiro

---

[1] Em Zanatta (1996) encontramos o desenvolvimento dessa tese. Além disso, Mallimaci, em vários artigos (1992; 1993; 1996a e 1996b), se dedica ao estudo das relações entre as Forças Armadas e a Igreja Católica.

[2] Kennedy (1958), Dri (1987), Prince (1994) e Soneira e Lumerman (1986) propuseram diferentes leituras para entender as principais razões da adesão da Igreja ao peronismo e sua ruptura posterior.

momento foi a coincidência entre este e a Doutrina Social da Igreja, assim como o reconhecimento de certas demandas históricas da instituição eclesial, entre as quais a introdução do ensino religioso nas escolas públicas era uma das mais ardentes. A criação, em 1943, do Registro de Cultos Não Católicos (primeiro antecedente do atual Registro Nacional de Cultos) legitimará o monopólio religioso da Igreja, que será legalizado com o reconhecimento da religião Católica Apostólica Romana como religião oficial na reforma da Constituição de 1949. Isso permitiria entender que as discórdias entre ambos, que culminaram com a derrocada de Perón, em 1955, se devam, por um lado, a um afastamento dessa política de concessões pelo governo e, por outro, à competição entre o Estado peronista e a Igreja por espaços dentro da sociedade civil.

A relação entre a Igreja Católica e o peronismo é demasiado complexa para ser abordada aqui. Porém o que nos interessa esclarecer neste momento é que a relação entre Igreja e Justicialismo teve diversas arestas, e que o processo que vai desde um apoio indireto, com a Carta Pastoral, antes das eleições de 1946, passando por uma "lua de mel", com a concordância às demandas eclesiais – especialmente as referentes ao ensino religioso nas escolas públicas – até chegar a uma forte competição pelo espaço público, quando o governo iniciou um recorte às atribuições da Igreja,[3] ao mesmo

---

[3]De novembro de 1954 a setembro de 1955, ocorre uma série de fatos que marcaram o enfrentamento entre governo e Igreja: em um discurso (10/11/1954), Perón identifica a Igreja como oposição; suprime a Direção Geral de Ensino religioso (2/12/1954); sanciona a lei de divórcio (1954); revoga a lei 12.978 e restringe o ensino religioso (1955); elimina o juramento religioso; reduz feriados nacionais católicos (10/3/1955); anula a lei de ensino religioso e proíbe atos públicos religiosos (2/6/1955); sanciona, em maio de 1955, a lei 14.404 de separação moral, econômica e de poderes entre a Igreja Católica e o Estado Nacional (Prince, 1994; Soneira, 1989). Por outro lado, Esquivel (2004) destaca que durante os dois primeiros governos de Perón praticamente não foram criadas dioceses nem arquidioceses, restringindo o crescimento institucional da Igreja.

tempo em que eram dadas permissões a outras religiões, somado a acontecimentos como a procissão de Corpus Christi em 11 de junho de 1955 (apresentada por vários autores como um ato político religioso antigovernamental) e a expulsão posterior de sacerdotes, culminando em uma acolhida da Igreja à Revolução Libertadora que derrubou Perón, não é nem simples nem linear. Tal como defende Caimari (1994), peronismo e catolicismo apresentavam-se como identidades totalizantes, cujas jurisdições se sobrepunham.

O governo constituído depois do golpe de 1955 restabeleceu as relações entre a Igreja Católica e o governo. O golpe havia encontrado legitimação no catolicismo, recebendo o apoio do monsenhor Caggiano (então presidente da Conferência Episcopal Argentina), de vários bispos, de católicos conservadores e de grupos social-cristãos (Bresci, 1987, p. 68). Assim, logo depois da derrocada do peronismo, a influência da Igreja foi maior do que ela havia ostentado com a inicial proteção do regime, para cuja queda contribuiu depois. Durante esse governo, de fato, foram criadas 33 novas dioceses contra a única que havia sido criada nos dois períodos de governo peronistas (Esquivel, 2004, p. 81). A união entre a cruz e a espada chegou a seu ponto culminante em julho de 1957, quando é criado o Vicariato Castrense, através de um acordo firmado pelo governo argentino com a Santa Sé, com o objetivo de dar atenção espiritual aos quadros permanentes das Forças Armadas e suas famílias, aos cidadãos que fazem a conscrição, às pessoas internadas em hospitais militares e aos militares aposentados e suas famílias.

Vemos que a peculiaridade do bispado castrense reside no fato de sua jurisdição não ser territorial, como as demais dioceses, e sim pessoal e cumulativa com a dos bispos locais (Navarro Floria, 2005, p. 136).[4] A designação do titular do bispado castrense

---

[4] O bispado castrense tem seu próprio seminário e seu próprio clero, além de sua própria catedral, a Stella Maris.

é feita pela nomeação de um bispo que deve ser indicado pelo Papa mediante prévio acordo com o presidente; portanto, é necessária uma dupla aprovação – do Estado e da Santa Sé – para ocupar esse cargo.[5]

As relações entre a Igreja e o governo de Arturo Frondizi (1958-1962) avançarão. Algumas medidas governamentais preencherão as expectativas da Igreja. O conflito relativo à autorização do ensino particular, que permitiria a criação de universidades católicas (desencadeando a reação dos partidários da educação "laica") teve o governo do lado dos partidários do ensino "livre", enquanto a criação de novas dioceses e a elevação de outras Arquidioceses foi cordialmente recebida pela instituição eclesial (Soneira, 1989, p. 47).

O Concílio Vaticano II gerou uma tentativa de transformação do modelo tradicional da Igreja: identificada com os pobres, a instituição propõe uma mudança em sua relação com as bases e em sua dinâmica organizacional, tornando-se mais sensível às preocupações sociais (Moyano, 1992, p. 388). Assim, segundo essa autora, durante o governo de Arturo Illia (derrubado em 1966), a hierarquia eclesial exerceu um papel de mediadora em relação às disputas militares e entre o movimento trabalhista e o governo. As divergências no interior da instituição em torno das interpretações do concílio se apresentavam de um modo irreconciliável: um catolicismo romanizado e aliado ao poder, ou um catolicismo atualizado, comprometido com os pobres; tal conflito foi resolvido de forma sangrenta pela repressão estatal

[5] Em 1992, durante a presidência de Menem, o vicariato alcança a categoria de bispado, e a Santa Sé não somente mantém o grau militar de que gozavam os capelães da Armada como, também, consegue que os sacerdotes das outras Forças consigam benefício igual (Navarro Floria, 2005, p.137). Assim, segundo Navarro Floria (2005), o bispado castrense combina o status de diocese – e, como tal, uma pessoa jurídica independente – ao mesmo tempo que forma parte da estrutura orgânica do Estado, recebendo parte do orçamento nacional.

exercida pela ditadura militar que ocupou o estado entre 1976 e 1983. O setor eclesial que apoiou o último regime militar recuperou seu lugar preponderante como porta-voz da instituição. Rubén Dri (1987) mostrou como o Episcopado argentino teve um papel preponderante na sustentação desse regime, revelando a relação entre Igreja e Exército. Para esse autor, a anuência/concordância eclesiástica foi necessária para levar adiante o golpe de estado, e a legitimação teológica, para sua manutenção. Igreja e Estado sentiam-se convocados a preservar os valores ocidentais e cristãos para conduzir o país.

O advento da democracia, afirma Esquivel (2004, p. 97), "reformulou o campo católico e gerou as condições para o surgimento de novas lógicas no comportamento do episcopado argentino". Esse autor mostra que durante o governo de Alfonsín (1983-1989) sucederam-se vários conflitos entre o governo e a Igreja: as políticas oficiais que geraram temores eram aquelas relacionadas, justamente, com questões muito caras a essa última. A aprovação da lei de divórcio, o Congresso Pedagógico e a reforma constitucional foram momentos de forte tensão ao serem postos em questão os valores da moral familiar, a questão educacional e os valores culturais considerados como próprios da identidade nacional. Juan Esquivel relata como, por exemplo, através da lei do divórcio[6] é possível reconhecer a autonomia relativa da política como esfera que encontra suas bases de sustentação em sua própria dinâmica de funcionamento (Esquivel, 2004, p. 108-109). Segundo esse autor, com o retorno à democracia, a Igreja perdeu influência: o privilégio de relações em nível de cúpula

[6] A lei do divórcio finalmente é sancionada em junho de 1987, depois de numerosos obstáculos provocados pela Igreja que a atacava por considerá-la atentatória contra a família, célula básica da nacionalidade (Esquivel, 2004, p. 99), e acusava os legisladores que tentavam aprová-la de "desestabilizadores do sistema democrático", pois apoiavam uma lei que não aparecia como proposta em sua plataforma eleitoral (Esquivel, 2004, p. 100).

entre governo e instituição eclesial, que resultara vantajoso, sob o ponto de vista histórico, para essa última em sua pretensão de conservar sua posição e privilégios no espaço público, traduziram-se em uma perda de influência na sociedade civil e frente ao poder político (Esquivel, 2004, p. 124).

O laicismo do partido radical no governo é encarado pela Igreja como a encarnação do pior da modernidade e do liberalismo e como atentatório da nação e da democracia. É por isso que, antes das eleições presidenciais de 1989, documentos episcopais orientam os católicos a eleger candidatos que defendam "as raízes históricas e a identidade cultural de nosso povo, que como é bem sabido, é católico" (Dri, 1987, p. 98).

Embora seja certo que o enfrentamento do radicalismo com a Igreja conseguiu concretizar algumas das propostas clássicas do credo liberal em relação à Igreja Católica, não é menos certo que gerou nela uma ânsia reivindicatória que contribuiu para engrossar a fileira de inimigos do governo, e que conseguiria ser saciada quando esse governo foi substituído no contexto da hiperinflação. Nesse momento, tanto a Igreja como as Forças Armadas viram a oportunidade de recuperar uma parte do terreno perdido. Como veremos no próximo tópico, conseguiram.

Menem, De la Rúa, conflito, diálogo

Ao contrário do que ocorreu durante o governo radical, o primeiro mandato de Menem (1989-1995) consolidou uma relação de simbiose e de legitimações mútuas entre governo e Igreja, que se caracterizava não somente por um tratamento amistoso entre as cúpulas, mas também pela resolução de conflitos a portas fechadas, em ambientes informais e em reuniões de cúpula entre o presidente e o núncio apostólico, na época, monsenhor Ubaldo Calabresi. Além de o presidente reconhecer em seus discursos a característica católica da Nação, a hierarquia católica consegue influir nas definições de políticas de saúde reprodutiva e educação e na designação do Ministro de Educação (Esquivel, 2004, p. 149). Na política externa, o alinhamento com a postura do Vaticano nos foros internacionais é automática e sem mediações. Assim, se no âmbito internacional a Argentina aparece como a porta-voz do Vaticano, no nível local, a cúpula da Comissão Episcopal (CEA) se encontra intimamente ligada ao governo.

Durante os dois mandatos de Menem, a Igreja tem um espaço privilegiado em questões que considera primordiais: moral, sexualidade, educação (Esquivel, 2004, p. 125 e seguintes).[7] Como contrapartida, a CEA faz críticas difusas às conseqüências da política econômica, se congratula com as manifestações pró-católicas de Menem[8] e apóia as controvertidas leis que indultaram, durante os dois períodos de governo de Carlos Menem (1989-1999), os militares julgados e condenados pela violação sistemática dos direitos humanos (Dri, 1987).

Todas essas situações condicionaram os cenários posteriores ao reforçar uma idéia corrente nos diversos partidos políticos e seus dirigentes: o poder da Igreja não pode ser cerceado sem que se arque com grandes custos políticos (como sucedeu com Alfonsin), e é conveniente atuar pragmaticamente diante de suas exigências (como fez Menem).

---

[7] Esse autor também refere que o governo de Menem atende a numerosas demandas eclesiásticas com referência à radiodifusão (concessão de espaços gratuitos), educação (que devia basear-se em valores cristãos), fundos para fundações de caridade das dioceses a favor do governo, postura antiabortista na reforma constitucional de 1994, etc. (Esquivel, 2004, p. 165-180). Além dos fundos destinados para caridade, lembremos que o Estado sustenta a Igreja Católica e reserva cerca de U$S 4 bilhões por ano do orçamento nacional para este fim. Outorga salários equivalentes aos pagos aos juízes a todos os bispos, subsídios de viagens internacionais, bolsas para seminaristas católicos, pagamentos a paróquias de fronteira.

[8] Entre elas, em 1998 – e a pedido de Esteban Caselli, que então era o embaixador argentino na Santa Sé – a designação do dia 25 de março como o Dia Nacional da Criança por Nascer, coincidindo com a comemoração da Assunção da Virgem, em um claro gesto antiabortista.

Porém, a essa altura, uma parte da Igreja havia chegado à conclusão de que a proximidade com o Estado trazia custos para o catolicismo, em especial o relativo a uma política econômica e social cujas conseqüências começavam a ser dramaticamente visíveis para os agentes católicos que trabalhavam entre as classes mais baixas. Assim, começou a planejar por si mesma, e de forma seletiva, lenta e moderadamente, um programa de "desconexão" de seus vínculos estatais. Ocorre que a partir de meados da década de 1990, interrompe-se a hegemonia pró-menemista na condução do Episcopado e, sob a liderança de monsenhor Karlic, busca-se a transparência e a formalidade institucional, em contraposição com os encontros reservados e os acordos informais da liderança de Quarracino (Dri, 1987). F. Mallimaci (1988) e M. Gutiérrez (1998) relatam como, a partir desse momento, uma parte da Igreja começa a tomar distância do governo de Menem e a criticar as políticas econômicas neoliberais. Dessa vez, aponta Esquivel (2004, p. 205-208), a simbiose com o poder político atentava contra a sua imagem institucional e, por isso, a Igreja começa a posicionar-se como árbitro moral das políticas de governo e como mediadora nos conflitos sociais. Nesse contexto é que deve ser entendida a tentativa feita por parte do Episcopado de renunciar aos subsídios que recebe do Estado para recuperar a legitimidade religiosa, a autoridade moral e conseguir uma eficácia maior na sociedade civil em um momento em que a proximidade com o Estado custava mais do que uma possível autonomia econômica (Esquivel, 2004, p. 210-216).

Porém, se a Igreja estava se comportando de uma forma menos constantinista, o governo radical que se seguiu a Menem, consciente de sua debilidade e temendo as conseqüências sofridas pelo presidente Alfonsín, decorrentes do questionamento da Igreja Católica durante seu governo, tomou para si as conclusões pragmáticas que haviam guiado Menem. Assim, Fernando de la Rúa (1999-2001) tentou combinar uma operação de moderação do laicismo de seu partido com a afirmação do catolicismo do presidente. Já desde a campanha eleitoral, e em seguida como presidente, De la Rúa se fez presente nas principais festas patronais do interior do país e manteve o alinhamento automático com o Vaticano. No entanto, a crise social, política e econômica crescente provocava documentos episcopais cada vez mais críticos, e a sanção, em junho de 2000, da lei de saúde reprodutiva, gerou mal-estar com a instituição eclesial. Ao descrédito do governo se contrapunha[9] o aumento da confiança na Igreja, que começou a atuar publicamente, promovendo pedidos de diálogo político e social. O governo de De la Rúa cai, em dezembro de 2001, em meio ao caos econômico social e à deterioração institucional. O verão de 2002 encontra uma Argentina com uma inédita sucessão de presidentes até que, eleito pela Assembléia Legislativa, em 2 de janeiro de 2002, assume Eduardo Duhalde. O período de transição que inicia como presidente[10] é coroado com a convocação da Mesa do Diálogo Argentino, um foro de discussão que planejava, no mais alto nível, a intercessão eclesial citada anteriormente e que deveria formular e entregar uma agenda de atividades, propostas e recomendações ao governo. A Mesa do Diálogo esteve constituída por bispos representantes da Igreja Católica, a representação permanente do PNUD na Argentina e senadores nacionais.[11] Sua constituição refletia o êxito do deslocamento católico de uma posição estatal para outra mais ancorada nas expectativas sociais.

---

[9] Esquivel cita que, em um teste de confiança, aplicado em 2001, pela consultora Graciela Römer & Associados, a instituição com maior índice de confiança (63%) era a Igreja católica, seguida pela escola e os meios de comunicação (Esquivel, 2004, p. 223).

[10] Embora seu mandato fosse de dois anos, até completar o período que faltava para as eleições, Duhalde convocou antes as eleições e deixou o governo 16 meses depois.

[11] A Mesa do Diálogo foi composta pelos bispos J. Maccarone, J. Cassareto e A. Sataffolani, representando a CEA, Carmelo Angulo, J. Faieta e C. Sersale, representando o PNUD, e os senadores Antonio Cafiero, Juan P. Cafiero e Juan M. Diaz Bancalari, em nome do governo.

Segundo Ameigeiras (2002), a Mesa foi fundamental para recuperar a institucionalidade do país em um momento de grave crise, embora tenha tido dificuldades para estabelecer prioridades, muitas vezes fruto das próprias tensões e dificuldades das diferentes demandas setoriais. No entanto, declara Ameigeiras (2002), a Igreja concorda em participar da Mesa, assumindo assim um compromisso com o governo, não somente por uma atitude de caridade em um momento crítico para o país, mas também o faz, segundo monsenhor Bergoglio, arcebispo de Buenos Aires, em função de uma autoridade moral que lhe é concedida como sustentáculo da nação: a Igreja, então, não é "um membro a mais, e sim [...] quem proporciona um espaço de encontro". Dessa maneira, defende Ameigeiras, através de sua participação na Mesa, a Igreja inicia uma nova estratégia de vinculação com o Estado e a sociedade.

A Mesa do Diálogo permitiu à Igreja não somente se distanciar de sua trajetória junto ao menemismo, de um tipo específico de relação com o Estado e de uma proximidade nociva com o governo, mas também abriu a possibilidade a um grupo privilegiado da instituição de alicerçar a (re)fundação da Nação. No entanto, o futuro traria um paradoxo. A relegitimação da Igreja em mãos de um grupo que pretendia distanciar-se do Estado lhe permitia voltar à cena pública e aspirar a incidir no conjunto da instituição. Essa possibilidade se concretizou porque o vencedor das eleições de 2003 seria um político cujas posições abrigavam um potencial de dissidência em temas que levam a Igreja a se unificar ao redor das posições mais profundamente conservadoras.

Néstor Kirchner assumiu em 25 de maio de 2003, data de comemoração cívica na Argentina na qual, entre os atos oficiais, tradicionalmente se celebra um *Te Deum* na catedral de Buenos Aires com a presença do presidente. Nessa oportunidade, em sintonia com o novo lugar que ocupa a Igreja, o arcebispo Bergoglio exorta a "colocar a pátria nos ombros" e não "esperar tudo de quem nos governa [...] temos de ser parte ativa na reabilitação e no auxílio ao país ferido" (Bergoglio, 2004, p. 33-34).

Encontramo-nos, então, diante de uma Igreja que, após 20 anos de democracia, recupera a legitimidade social que havia perdido no quadro de abertura democrática, em virtude de seus compromissos com os governos militares e com a presidência de Menem. O fato de exercer um papel de mediação e, ainda mais, de "reconciliação reparadora" (Bergoglio, 2004, p. 35), a torna protagonista, junto a outras instituições, como sustentáculo ético e moral da Nação. Que sucederia com esse capital? A resposta a essa pergunta é obtida quando se analisa a série de conflitos que a Igreja Católica manteve com o governo de Kirchner e a variação radical do padrão de relações promovido pelo Estado em relação ao catolicismo. Sobre esses conflitos, em especial um deles, e sobre essa variação trataremos a seguir. É possível antecipar, desde já, a conclusão principal: a tormentosa relação que se desenvolve entre a Igreja e o governo desde maio de 2003 constitui uma novidade histórica de conseqüências imprevisíveis nas relações entre catolicismo e Estado na República Argentina.

Os conflitos entre o Governo nacional e a Igreja Católica na presidência Kirchner

Com apenas dois anos de governo, Kirchner afrontou com a cúpula da Igreja um número considerável de conflitos, ocupando um importante espaço nos meios de comunicação. Os conflitos se sucedem, se sobrepõem e, longe de encontrar soluções rápidas, se intensificam e se retroalimentam com o correr dos meses.

Em meados de maio de 2004, perto de completar o primeiro ano de governo, a Igreja emitiu seu primeiro documento crítico ao governo, resultado da 87ª Assembléia Plenária da CEA. Resgatando seu papel na Mesa de Diálogo, os bispos afirmam que para poder sair da crise não basta a melhoria de alguns indicadores econômicos. Em uma crítica ao estilo de governo do novo presidente afirmava que é necessária:

> A busca de políticas de consenso que transcendam a pessoas e governos e facilitem uma participação mais ampla dos cidadãos, o que *impedirá o acúmulo de poder em uns poucos e ajudará a desterrar os caudilhismos e personalismos que tanto mal causaram a nosso povo, debilitando as instituições* (*Necesitamos ser nación*, 2004, grifo nosso).

O documento inclui também uma frase que alude, sem citar nominalmente, aos resultados da violenta ditadura dos anos 70, um ponto sensível para o governo de Kirchner:

> Cremos que é fundamental tornar possível a reconciliação em nossa sociedade, ferida pela divisão e pelo desencontro. O passado continua pesando demais para nós, argentinos. Se o assumirmos a partir da reconciliação, em lugar de ser causa de divisões se transformará em escola que nos ensina tudo o que devemos fazer para integrarnos e crescer em comunhão (*Necesitamos ser nación*, 2004).

O governo de Kirchner teve, desde seu início, uma política de Direitos Humanos que, para muitos atores, incluindo a Igreja Católica, acabou sendo surpreendente e mobilizadora de reações que foram desde o apoio entusiasta dos movimentos de Direitos Humanos, até o receio e a contrariedade dos que haviam declarado encerrada – por conveniência, por convicção ou por simples pragmatismo – a etapa de revisão da ditadura. Kirchner revogou as leis de Ponto final e Obediência Devida (que liberaram do cárcere e de processos os responsáveis por violações contra os Direitos Humanos, que haviam sido julgados no início da abertura democrática, e haviam sido impostas no contexto de rebeliões militares e de medidas de reconciliação promovidas por Menem), converteu em Museu a Escola de Mecânica da Armada, para honrar a memória daqueles que foram torturados e mortos no campo de concentração que ali funcionava, retirou das paredes do Colégio Militar as fotos dos militares que foram presidentes da ditadura, recebeu na Casa Rosada a presidenta das *Madres de Plaza de Mayo*, Hebe de Bonafini, e absteve-se de comparecer a celebrações militares e eventos eclesiásticos, como o Dia do Exército ou o Congresso Eucarístico, respectivamente.

A insistência da Igreja em conseguir a "reconciliação nacional" não é nova, porém começava a enfrentar uma política explícita do governo. Como veremos mais adiante, as discórdias em torno da memória do passado recente e das políticas de Direitos Humanos não somente não terminam aqui, mas também parecem ser retomadas em cada novo conflito aberto com a Igreja como instituição ou com bispos em particular.

As críticas ao governo tornam a se repetir durante o *Te Deum* de 25 de maio de 2004, quando o arcebispo de Buenos Aires fez referência à cegueira para reconhecer a própria "desorientação e imaturidade para poder reclamar a liberdade de opressões internas" e acusou as "feridas sangrentas e as lutas internas" como responsáveis pela exclusão social: "essa outra forma de exclusão por meio de atitudes: indiferença, intolerância, individualismo exacerbado, sectarismo" (Bergoglio, 2004, p. 50-51). É o próprio porta-voz do arcebispo, Guillermo Marcó, quem se encarrega de confirmar publicamente, e para que não restem dúvidas, que a homilia de Bergoglio estava destinada ao governo: "Perguntar a quem se dirigia é óbvio, já que tinha a sua frente o Presidente e todo seu Gabinete" (*Clarín*, 26/05/04).

A esse motivo de disputa, que já havia causado discórdias entre o primeiro governo democrático e a Igreja Católica, veio somar-se o fato de que tanto o governo de Eduardo Duhalde como o de Kirchner tiveram uma postura ativa votando as leis de saúde reprodutiva e, sobretudo, fazendo com que fossem cumpridas no território nacional.[12] Kirchner foi adicionando pro-

---

[12] Nessa mesma linha, o debate sobre a lei de educação sexual nas escolas da cidade de Buenos Aires, no final de 2004, embora não fosse da responsabilidade do governo federal, foi proposto pelo prefeito da cidade, politicamente ligado a Kirchner. A Igreja, através do arcebispo da cidade e da pressão sobre partidos políticos de direita, adiou o debate (Mallimaci, 2005).

gressivamente motivos de distanciamento que se aprofundaram devido ao seu estilo pessoal firme e pouco contemporizador.

Tal como mostrou Esquivel (2004), qualquer desentendimento interno do episcopado argentino se dilui em torno de questões referentes à moral sexual, embora os motivos possam variar.[13] Assim, se para a eclesiologia da neocristandade, que suspeita da autonomia individual, os pressupostos da saúde reprodutiva atentam contra a ordem natural e o recurso aos métodos contraceptivos é considerado como uma estratégia moderna de colonização que torna vulnerável a soberania nacional, a eclesiologia pós-conciliar moderna, que questiona o recurso aos métodos contraceptivos, reconhece a pluralidade de práticas e oferece a opção de recorrer aos "métodos naturais" de planejamento familiar. Por seu lado, a eclesiologia pós-conciliar social, com um enfoque nacionalista e neocristão, considera o uso de contraceptivos como resultado da expansão capitalista, fruto do imperialismo e dos interesses dos laboratórios multinacionais que criam um mercado para os medicamentos abortivos e contraceptivos. Enquanto isso, a eclesiologia de espiritualidade pastoral – que considera a família como a base social de ação eclesial e de projeto cristão – defende o modelo familiar nuclear e, portanto, rejeita a contracepção e o aborto em defesa da "lei natural". De qualquer forma, e além dos argumentos alegados em cada caso

[13] Esquivel (2004) identifica quatro eclesiologias dentro do Episcopado Argentino: 1) neo-cristandade: integralista, propõe penetrar no Estado para a partir dali catolicizar a sociedade – considera que a identidade nacional é indubitavelmente católica; 2) pós-conciliar moderna: dialoga com a modernidade e propõe a separação entre Igreja e Estado; 3) pós-conciliar social: herdeira da Teologia da Libertação e do Movimento de Sacerdotes pelo Terceiro Mundo – tem uma visão integral, porém a partir de uma identificação com os oprimidos; 4) espiritualidade pastoral: de postura contemplativa e concentrada na distribuição de bens religiosos, apóia a separação do Estado, mantendo uma atitude de respeito e de colaboração com o poder político.

pelos bispos em particular, a condenação da Igreja ao aborto e ao uso de anticoncepcionais já se espera que seja unânime.

Por outro lado, no mês de maio de 2005, o governo dá continuidade ao Programa Nacional de Saúde Sexual, com ampla propaganda nos meios de comunicação, pondo em prática o proposto na lei de Saúde Sexual e Procriação Responsável, aprovada em 2002, em especial a referência à informação e distribuição gratuita de contraceptivos não abortivos e de preservativos em hospitais públicos. Ao mesmo tempo, são distribuídos nos hospitais públicos manuais, destinados a médicos, enfermeiros e pessoal de apoio, aconselhando o tratamento humanitário das mulheres que chegam ao atendimento de emergência com abortos mal realizados. As medidas são consideradas pela Igreja, segundo Monsenhor Aguer, como a "promoção aberta ou encoberta do aborto, a educação sexual reduzida à informação parcial e à distribuição de contraceptivos".[14]

Questões de moral sexual também foram usadas pela Igreja para rejeitar as duas primeiras mulheres candidatas a ocupar a Corte Suprema de Justiça da Nação, acusando-as de pró-abortistas. Uma delas, inclusive, foi combatida por ser atéia, e Monsenhor Basseotto enviou uma carta ao Ministro de Justiça solicitando-lhe que não fosse admitida na Corte.[15] No entanto, e apesar das pressões eclesiais, ambas foram nomeadas.

---

[14] Disponível em: <http://www.lanacion.com.ar/445793>.

[15] Para ocupar a Corte Suprema não é necessário professar nenhuma fé religiosa, como era até 1994, e ser católico, para ser presidente. Carmen Argibay definiu-se publicamente como atéia e isso, além de sua posição favorável à legalização do aborto, foram motivos suficientes para que a Igreja a impugnasse ativamente. Em sua carta, Basseotto argumenta que "A profissional no caso não somente se diz 'atéia', como também 'militante'. O que significa claramente que vai militar para impor o ateísmo, o que não apenas é contrário à Constituição Nacional (como demonstraram especialistas em Direito) como vai contra a cultura própria do povo. Pomos em risco a identidade nacional e os valores que a constituem" (*Carta al Ministro da Justicia...*, [20—?]).

Por outro lado, em fins de 2004, a mostra retrospectiva do artista plástico León Ferrari, no Centro Cultural Recoleta (pertencente ao governo da cidade de Buenos Aires), provocou um novo conflito. Grupos católicos, sentindo-se ofendidos por algumas obras que utilizavam imagens católicas em combinações críticas à Igreja, manifestaram seu desagrado, às vezes com violência, e tentaram, por meios judiciais e por pressões não institucionais, encerrar a mostra.[16] O arcebispo da cidade, por sua vez, a qualificou de "blasfêmia" e exigiu o encerramento da mostra. A resposta dos católicos diante dos argumentos que defendiam a mostra em função do pluralismo e liberdade de expressão era que não se podiam ofender os católicos *em um espaço pertencente ao Estado*. Um Estado cujas instituições e espaços têm sido dedicados, desde 1930, à Virgem de Luján (Martín, 2000).

Paralelamente, as mudanças nas práticas estabelecidas na relação com a Igreja também colaboraram para tornar as relações mais tensas. Historicamente, os funcionários encarregados da Secretaria de Culto e das relações com o Vaticano eram homens reconhecidamente católicos. Porém, a designação de Guillermo Olivieri como secretário de Culto e de Carlos Custer como embaixador no Vaticano, ambos com militância política no peronismo, mas sem "antecedentes católicos", modifica uma tendência histórica. Como afirma Mallimaci (2005), "passou-se de católicos notáveis que ocupam postos na Chancelaria e no Vaticano em representação da instituição eclesial a funcionários que atuam não em nome do poder eclesiástico, mas como membros de um governo que deseja mostrar autonomia dos poderes estabelecidos". Avançando ainda mais neste sentido, o Estado

---

[16] Os grupos católicos formaram cadeias humanas para impedir o ingresso, realizaram uma missa na paróquia vizinha, escreveram cartas aos jornais, mas também influíram para que os patrocinadores retirassem seu apoio à mostra e realizaram uma denúncia judicial que foi acatada por uma juíza que determinou a suspensão imediata da mostra.

argentino abandona uma prática fortemente estabelecida durante o governo de Menem e que havia levado a representação argentina em organismos internacionais a encarnar a voz do Vaticano: o alinhamento automático com as posições do papado nos foros internacionais, especialmente em questões que se referem à moral sexual e à saúde reprodutiva.

Nesse contexto, um dos conflitos que mais espaço ocupou nos meios de comunicação e que, por sua duração prolongada e pelos tópicos em jogo merece uma análise mais detalhada, foi gerado a partir de uma carta do Bispo Castrense, monsenhor Antonio Basseotto, a Ginés González García, Ministro da Saúde. Questões referentes à moral sexual, ao pluralismo, ao laicismo, às atribuições institucionais de Estado e Igreja e aos valores sobre os quais se deve fundar a identidade nacional, foram postas na balança durante os meses que dura o conflito, cuja resolução parece não haver chegado ao fim. A sucessão de fatos e a intensificação do conflito é o resultado da superposição do calendário com as ações dos atores na disputa: a celebração da Páscoa, as datas nacionais, o agravamento e morte do Papa João Paulo II, a posse de Bento XVI, dão ao caso uma relevância que, talvez, não teria havido em outro momento.

A fim de identificar os matizes e as idas e vindas de um conflito revelador de uma mudança no padrão das relações entre o Estado e a Igreja Católica, dividimos a exposição em quatro segmentos, mostrando como uma disputa que começou sendo pessoal, entre um bispo e um ministro, acabou colocando em crise o lugar de privilégio da Igreja Católica, que historicamente caracterizou sua relação com o Estado, e renovando o debate sobre a laicidade e a separação entre ambas instituições.

"Quero e vale quatro!"

A voz de "quero e vale quatro!" no jogo do truco (um jogo de baralhos) significa que o desafio do oponente é assumido e redobrado pelo desafiado que está disposto ir além. A dinâmica do conflito estabelecido poderia ser condensada nessa exclamação. Tradicionalmente, na Argentina, essa conduta não é de se estranhar por parte da Igreja Católica, que desde sempre confiou em seu poder. Em compensação, é relativamente inusitada no Estado e nos dirigentes políticos que, desde a abertura democrática, por convicção ou pragmatismo, cederam às pressões eclesiais. No próximo segmento veremos como o desafio permanente do governo foi modificando a pauta de relação com a Igreja Católica a ponto de ser possível perceber, pela primeira vez em décadas e desde a perspectiva da relação de forças, que foram dados passos na direção de tornar o catolicismo um segmento do campo religioso, e não mais a instituição matricial da Nação que o catolicismo pretende ser.

O conflito entre o Governo e o Bispo Baseotto começou como uma questão secundária, ora como um *ex abrupto* que não refletia a realidade das relações entre o Estado e a Igreja, ora dava conta de um conflito maior, mas que não tinha importância em si mesmo. No decorrer do tempo, porém, o conflito foi passando de um nível pessoal e informal para um nível institucional, condicionado pela própria evolução do conflito. A irritação extraordinária do Bispo destinado a atender o Exército acabou colocando em questão a instituição do Vicariato Castense e, com isso, uma das pontes através das quais subsiste a simbiose entre Estado e Igreja na Argentina. Vejamos agora como foi evoluindo e processando-se o conflito.

Conflito pessoal

No dia 19 de fevereiro de 2005, os jornais de circulação nacional da Argentina[17] noticiam sobre uma carta que monsenhor

[17] Nossa análise se baseia na totalidade de notícias, reportagens, artigos, editoriais e cartas publicadas a respeito nos três jornais de maior circulação nacional (*Clarín*, *La Nación* e *Página 12*), bem como em entrevistas com funcionários da Secretaria de Culto da Nação.

Basseotto,[18] bispo castrense, teria enviado ao ministro da Saúde.[19] Nela, o sacerdote critica a postura do ministro a favor da legalização do aborto e, assinando como "professor de biologia e bispo castrense", argumenta que a distribuição de preservativos "induz à vida sexual prematura" e ao "contágio da enfermidade que dizem combater [a AIDS]" pois "o senhor sabe – como sabe toda pessoa medianamente informada – que os poros do látex permitem a passagem do vírus. E não são a barreira que tanto alardeia a indústria do látex, que movimenta cifras milionárias". Indo além da condenação do aborto, a crítica à distribuição gratuita de anticoncepcionais e preservativos é considerada como propiciatória da "libertinagem sexual" e da "difusão impune da AIDS", que só beneficia "aos que negociam e lucram com a saúde física e moral de nossa juventude". Até aqui, a carta de Basseotto não destoa da postura que tradicionalmente tem caracterizado a Igreja no tocante à sexualidade. No entanto, houve uma frase na carta que disparou a controvérsia:

> Quando o senhor distribuiu publicamente preservativos aos jovens, me lembrava do texto do Evangelho onde Nosso Senhor afirma que "*os que escandalizam os pequenos merecem que lhe pendurem uma pedra de moinho no pescoço e o joguem ao mar*" (AICA, 17 fev. 2005, grifo do autor. Disponível em: <www.aica.org.ar>).

Durante a última ditadura militar, homens e mulheres foram jogados com vida no Rio de la Plata, nos denominados "vôos da morte". Os sacerdotes destinados às Forças Armadas oscilaram entre o silêncio cúmplice e a produção de justificativas espi-

---

[18] Antonio Juan Basseotto assume como bispo castrense em 2002. Seu destino anterior havia sido a diocese de Anhantuya, na província de Santiago del Estero, onde esteve por 10 anos.

[19] O ministro reiterou em numerosas ocasiões que tal carta jamais chegou em suas mãos. Inclusive, quando surge o conflito, ele nem sequer estava no país.

rituais que legitimavam a ação dos membros das Forças Armadas que fraquejavam com seus próprios atos.

Não era a primeira vez que Basseotto, um dos bispos que desfrutou dos benefícios de uma relação fluída com o governo de Menem, expressava seu apoio às Forças Armadas: defendeu publicamente os chefes militares da última ditadura e iniciou uma campanha entre os deputados e senadores para que não se votasse a anulação das leis de Ponto Final e Obediência Devida (Mallimaci, 2005) e num novo aniversário do golpe de 24 de março de 2004, instou o "nosso povo católico por cultura e por princípios" a "construir uma sociedade reconciliada" como objetivo nacional (AICA, [20—?a]). Expressões discriminatórias vertidas contra judeus e muçulmanos em discursos públicos, por outra parte, dão conta do predomínio de uma concepção na qual argentinidade e catolicismo continuam sendo elementos intercambiáveis.

No entanto, inicialmente, as reações pareceram restringir-se ao âmbito das disputas verbais pessoais. A analogia bíblica do bispo castrense escolhida para ilustrar sua carta foi, nas palavras do Ministro da Defesa, "pouco feliz": "Longe de levar uma mensagem de paz e harmonia às Forças Armadas, a frase incentiva os desencontros" (*La Nación*, 20/2/2005).

Embora o vice-ministro de Saúde lamentasse publicamente que "a fortaleza espiritual das Forças Armadas esteja em mãos de um novo Torquemada", o próprio destinatário da carta, o Ministro da Saúde, minimiza as declarações de Basseotto, considerando-as "anacrônicos".

Em meio ao conflito, as denúncias penais se cruzam: alguns grupos e indivíduos processam tanto o ministro da Saúde[20] quanto

---

[20] A organização não-governamental Portal de Belém denunciou o Ministro da Saúde por "apologia do crime de aborto", enquanto que a organização Pró-Família expressou "total apoio" ao bispo castrense, por sua "firme atitude [...] frente a todos aqueles que fazem apologia do delito de homicídio, como possível política de Estado" (AICA, [20—?b]).

o bispo Basseotto,[21] em todos os casos por "apologia do delito". Ao mesmo tempo, grupos católicos manifestam seu apoio ao bispo através de notas pagas nos jornais.[22]

Conflito institucional informal

Após este período de disputas verbais pessoais, o conflito se desloca para um plano informal no qual as partes tratam, infrutiferamente, de moderar a confrontação. O Ministro da Defesa, José Pampuro, convoca o bispo para manifestar-lhe o mal-estar que sua carta havia criado no governo. Longe de retratar-se, Basseotto exibe o apoio do cardeal Martino, considerando-o como um apoio do Vaticano para manter-se em sua posição. O Cardeal Renato Martino, Presidente do Conselho Pontifício de Justiça e Paz do Vaticano, havia se solidarizado com Baseotto dias antes, expressando "admiração" por suas "valentes e contundentes palavras" e animando-o a seguir "defendendo a vida por nascer"

---

21 O advogado Ricardo Monner Sans acusou o bispo de apologia do delito por suas alusões aos "vôos da morte" da última ditadura, enquanto que Guillermo Paruga acusou o sacerdote de ameaças e intimidação ao ministro da Saúde (Rubin, 2005).

22 Mensagem solicitada "Aderimos ao S.E.R. Monsenhor Antonio Baseotto", publicada em *La Nación*, em 22 de março de 2005, assinada por organizações locais e internacionais, entre as quais: Vida Humana Internacional, União Intercontinental de Donas de Casa, Agrupação de Jovens "DUC IN ALTUM", Associação de Escritoras e Publicitárias Católicas, Associação EVA (Evangelium Vite de Argentina), Associação Famílias do Mundo Unidas para Paz, Argentina Jovem, Associação Paladim, Associação Portal de Belém, Associação Pró-Vida, Centro de Investigações da Problemática Familiar, Centro de Planificação Natural da Família, Comunidade de Famílias Aleluya, Fundação Argentina Para a Mulher, Fundação BIOS, Fundação "Con mirada de Mulher", Jovens pela Vida, Liga de Donas de Casa da República Argentina, Movimento Cívico de Mulheres, Sociedade Argentina de Ética Médica e Biológica, Sociedade Internacional Santo Tomás de Aquino (AICA, [20—?a]).

(AICA, 21 fev. 2005. Disponível em: <http://www.aica.org/aica/a_marcos/mar_noticias.htm>).[23]

Num primeiro momento, tanto o governo quanto a Igreja mostram-se cautelosos: o Ministro da Defesa diz que não é parte de suas funções pedir a renúncia do bispo. Paralelamente, e ao contrário do cardeal Martino, a Conferência Episcopal Argentina se mantém em silêncio, à margem. Quatro dias depois do início do conflito na mídia, o presidente inicia os trâmites para pedir ao Vaticano a remoção do bispo. O canal escolhido, o Ministério de Relações Exteriores, os motivos alegados (consideravam inconveniente que, depois de suas palavras, continuasse como bispo das Forças Armadas) e o prognóstico de que o desenlace se realizaria no ritmo do Vaticano (ainda mais vagaroso naquele momento, devido ao iminente falecimento do Papa), pareciam pressagiar uma diluição rápida do conflito, minimizando sua importância e presença nos meios de comunicação. Nesta mesma linha, procurando resolver a questão a Comissão Episcopal Argentina (CEA) manifesta-se pela primeira vez. Através de um comunicado de seu presidente, informa que o bispo Basseotto havia enviado uma carta na qual afirmava que "de nenhuma maneira quis alentar um ato de violência nem ofender a autoridade de um membro do governo nacional, tudo isto sendo alheio a sua intenção", e expressava "seu pesar pela confusão e mal-estar que produziu a inclusão da citação do Evangelho de São Mateus, capítulo 18, na carta dirigida ao senhor Ministro da Saúde da

[23] Pouco depois, o cardeal Alonso López Trujillo, presidente do Conselho Pontifício para a Família, também felicita monsenhor Baseotto, "por dar depoimentos verdadeiros contra o aborto, a execução capital de um inocente no seio da mãe, e sobre o preservativo, que como em vários países começa a ser oferecido a crianças e jovens, aumentando os riscos morais, e também físicos, com a desculpa de garantir um impossível 'sexo seguro'." (AICA, 8 mar. 2005. Disponível em: <http://www.aica.org/aica/a_marcos/mar_noticias.htm>).

Nação" (AICA, 24 fev. 2005 – Comunicado da Presidência do Episcopado. Disponível em: <www.aica.org.ar>).

Veremos que tais esforços foram inúteis. A Igreja Católica e o governo voltaram a agir de forma intransigente e a elevar o nível dos desafios e embates. Do ponto de vista da Igreja, isto era esperado porque a questão em jogo estimulava e potencializava as reações, vencendo qualquer tentativa de resposta moderada. Do ponto de vista do governo, era menos esperado, mas não impossível, que surgisse a tentação de dobrar a aposta. Alguns analistas argumentaram que, como o verdadeiro ponto não era o bispo castrense, mas sim a política de saúde reprodutiva, o confronto diminuiria e se deslocaria para sua verdadeira origem, de modo que se podia esperar uma negociação entre o Estado e a Igreja. É possível que este conflito tenha sido expressão de outro, mas o certo é que, como mostraremos daqui em diante, transformou-se em um problema em si mesmo e na causa de outros conflitos posteriores. Esta alteração da estrutura dos conflitos é paralela ao deslocamento da origem das iniciativas: já não se trata de responder concessivamente (como Menem) ou agressivamente (como Alfonsín) aos questionamentos e pretensões da Igreja Católica, e sim de estabelecer situações a partir do Estado que, dessa forma, começa a controlar a agenda da relação entre ambas instituições.

Conflito institucional formal

Acirramento do conflito por parte da Igreja

Porém, um dia depois de tornada pública a carta de desculpas de Basseotto, o jornal *La Nación* anuncia que o bispo argentino Marcelo Sánchez Sorondo, chanceler da Pontifícia Academia das Ciências, respalda Basseotto "por haver sido fiel a seu dever de bispo e ao presidente, que também se opõe ao aborto".

Sorondo, colaborador de Ratzinger até sua assunção como Papa, mantém uma estreita relação com Esteban Caselli, ex-embaixador em Roma durante a presidência de Menem e homem de confiança do Vaticano, operou como lobista desde o começo do conflito Basseotto e, especialmente, durante as cerimônias que se realizaram em Roma por ocasião da morte de João Paulo II e da eleição de Bento XVI.[24]

Simultaneamente, em uma rádio da cidade de Anhatuya, na província de Santiago del Estero, onde já havia sido bispo, Basseotto afirma que seus pronunciamentos foram mal interpretados ao serem "tirados do contexto" e que existia uma campanha "contra a Igreja e a favor do aborto", comprovada pelo pedido de sua remoção do Vaticano. A partir desse momento, o conflito começa a ganhar altura, favorecido pela tomada de posição dos principais jornais nacionais: membros da hierarquia católica apóiam publicamente o governo; os jornais, conforme sua orientação ideológica, tomam partido publicando "provas" a favor ou contra o bispo; o Ministro da Saúde afirma que Basseotto mente ao afirmar que o uso de preservativo não impede o contágio da AIDS; monsenhor Stöckler pede a renúncia do Ministro de Saúde, que também é criticado pela CEA; a Delegação de Associações Israelitas Argentinas (DAIA) pede ao núncio apostólico Bernardini a remoção do sacerdote, devido a declarações anti-semitas realizadas em 1986 (e oportunamente publicadas pelo jornal *Pagina 12* naqueles dias); o jornal *La Nación* anuncia as intenções do presidente de remover ele mesmo o bispo castrense.

Paralelamente, em meados de março, ocorre a 140ª Reunião da Comissão Permanente da Comissão Episcopal Argentina. Embora advertisse que "o caso Basseotto" não estava na agen-

---

[24] Caselli também é próximo do Cardeal Martino, o primeiro bispo que, do Vaticano, apoiou Basseotto quando o conflito ainda não havia saído do plano pessoal com o ministro da Saúde.

da, o documento que encerra a reunião é lido nos meios de comunicação e relaciona-se a ele: o Episcopado ratifica a crítica ao aborto e adverte sobre a convalidação no Senado do Protocolo da CEDAW (sigla em inglês de "Comitê sobre a eliminação de toda forma de discriminação contra a mulher").

> Os argumentos empregados para legalizar o aborto refletem as diretrizes neocolonialistas que alguns organismos internacionais tentam impor a nosso país e a toda América Latina [...]. Por outra parte, nosso compromisso a favor dos direitos da mulher não pode depender de acordos ou recomendações que pretendam garantir a prática do aborto como um serviço público. A este propósito advertimos particularmente a nossos legisladores sobre o perigo de dependência cultural que implicaria a iminente ratificação do Protocolo Facultativo da CEDAW (AICA, 2005).

Com uma velocidade considerada pouco habitual pelos jornalistas, no dia 16 de março, apenas três semanas após o pedido de seu afastamento e com um Papa agonizante, o Vaticano ratifica Basseotto no cargo, argumentando não haver encontrado motivos canônicos para removê-lo. A via escolhida para a ratificação, uma carta dirigida ao Ministro de Defesa e não ao Ministro das Relações Exteriores, que havia iniciado o processo, é criticada pelo governo devido à falta de respeito às instâncias formais de comunicação entre ambas instituições. A partir desse momento, o governo irá radicalizar sua posição.

Acirramento por parte do governo

Em 18 de março, um mês depois de iniciado o conflito, o presidente Kirchner assina o decreto 220/04 que deixa sem efeito decreto anterior, de número 2.499/02, assinado pelo então presidente Duhalde, que designava Basseotto como bispo castrense. Na prática, o decreto retira de Basseoto o posto de

Secretário de Estado e o salário correspondente: o bispo pode ser sancionado "como qualquer outro funcionário" do governo, segundo o Ministro de Interior. Frente a este fato, diferentes bispos manifestam seu mal-estar na imprensa: não admitem o que consideram uma intromissão em questões eclesiais, enquanto outros analisam o evento como parte de um enfrentamento maior com a Igreja que inclui a despenalização do aborto. A CEA, como porta-voz do "sentir de todos os Bispos da Argentina", lamenta a falta de prudência no tratamento do conflito que "abandonado à competência da mídia" em lugar de ser resolvido por meio do diálogo, desemboca em uma "determinação apressada e unilateral" que estimularia "disputas estéreis que algumas vezes respondem a intenções ocultas" (AICA, 19 mar. 2005 – Declaração da Comissão Executiva. Disponível em: <www.aica.org.ar>).

Ao mesmo tempo, o porta-voz do Papa, Joaquín Navarro Vals, em um comunicado à imprensa, afirma que se o decreto impedisse o bispo de cumprir com suas funções pastorais isso implicaria uma violação da liberdade religiosa.

Por sua parte, monsenhor Carmelo Giaquinta (de um acentuado antiperonismo e uma voz constante no conflito), afirma que – embora não concorde com "a metodologia de enviar uma carta pública a um ministro da Nação [pois] [...] não responde ao estilo de relações que nossa Conferência Episcopal quer ter com as autoridades civis" – o Governo havia exacerbado a questão, agindo com desmesura e imprudência, dado que as declarações de Basseotto refletiam a doutrina constante da Igreja sobre o aborto e o uso de preservativos. Para Giaquinta, o presidente havia aproveitado a ocasião para reagir novamente contra os bispos:

> Como o fez em outras ocasiões, reagiu desmesuradamente, e arrogou-se uma atribuição que não tem, como a de privar o Bispo castrense da liberdade de exercer seu ministério. Devo respeito ao Presidente e rogo por ele. Mas devo-lhe, também, o pronunciamento da verdade. Por isso, recomendo-lhe que poupe o povo

argentino de suas intemperanças e que cultive a virtude da prudência, que é a sabedoria prática para o bom governo, que tanto necessitamos (Entrevista do monsenhor Giaquinta concedida ao jornal *Norte*, em 20 de março de 2005, publicada integralmente em AICA [20—?a]).

Parênteses

Logo em seguida, o Chefe de Gabinete, Alberto Fernández, minimiza os temores do porta-voz do papa e o Ministro das Relações Exteriores, Bielsa, reitera que não existe conflito com a Igreja, que o ocorrido em relação a Basseotto foi apenas uma "decisão administrativa". Segundo Bielsa, o bispo poderia continuar cumprindo suas funções sem receber o salário que o Estado lhe pagava, ainda que lhe recomendasse prudência. Então, num clima de suspense criado pela imprensa, Basseotto suspende a missa de crisma programada para aquela semana, não assiste os atos do Dia do Exército e tampouco comparece à cerimônia de 2 de abril, comemorativa do dia da Soberania nas Ilhas Malvinas.

Embora Aníbal Fernández afirmasse em reiteradas oportunidades que a relação com a Igreja era excelente e que não existia nenhuma crise política com o Vaticano, os principais jornais do país anunciam que tanto a Santa Sé como a CEA haviam solicitado ao governo que garantisse por escrito a liberdade religiosa no país. Para o porta-voz da CEA, monsenhor Oesterheld, era necessário especificar "por escrito" os alcances do decreto, para conhecer "a verdadeira liberdade de monsenhor Basseotto", argumentando que impedir a liberdade religiosa era algo próprio das ditaduras.

O governo minimiza a desconfiança eclesiástica, alegando que o pedido do Vaticano não havia sido realizado formalmente, que a liberdade de cultos era uma garantia constitucional, letra suficiente em si mesma, e que não pretendia suprimir unilateralmente o bispo castrense. O Secretário de Culto propõe a necessidade de revisar a utilidade do Vicariado Castrense, para preservar a autonomia e garantir a independência entre Estado e Igreja, da mesma forma que o Ministro da Defesa, que afirma ser prioridade, no entanto, a manutenção das boas relações com o Vaticano.

Desta maneira, no tratamento com a Igreja se prioriza, mais do que em relação ao episcopado, a fluidez nas relações entre os Estados: Vaticano e Argentino. A ênfase na liberdade de cultos como direito constitucional, por outra parte, coloca a Igreja no espaço das religiões, equiparando-a a outros cultos e reduzindo, de algum modo, sua preponderância histórica como outorgadora de identidade nacional.

A proximidade da Páscoa cria um clima de expectativa. O Domingo de Ramos e o de Páscoa são duas das ocasiões que, durante o ano, congregam mais pessoas nas igrejas. As palavras pronunciadas nas homilias nessas ocasiões não só são escutadas por um número maior de pessoas, mas também, e ainda mais em meio a um conflito no qual a imprensa tomou partido, são rapidamente publicadas. Assim, em sua mensagem de Páscoa, monsenhor Giaquinta, refletindo sobre as perseguições dos primeiros cristãos e da Igreja, retoma os conflitos durante o segundo governo de Perón[25] para criticar Kirchner e perguntar:

[25] "Um dia a perseguição também chegou à Argentina. Pronto se cumprirão cinqüenta anos de quando o general Perón encarcerou praticamente todo o clero da República. Preparava uma degola universal? E incendiou os templos mais antigos de Buenos Aires e a cúria portenha, com um dos arquivos históricos mais importantes. Por quê? Seus demônios internos o enlouqueceram? Houve outros externos que o manipularam? Pela graça de Deus, a Igreja não cobrou nenhuma dívida. Nunca realizou comemoração alguma que pudesse reabrir feridas. Que culpa tinham as pessoas da loucura do presidente? No auge da perseguição talvez a Igreja não foi suficientemente crítica para que a oposição política não se aproveitasse da circunstância. Mas apenas passada a loucura, os mesmos sacerdotes encarcerados deslindaram as águas: por um lado, a loucura do presidente, e ver como se podia fazer para devolver-lhe a razão; por outro, o povo sofrido" (Giaquinta, 2005a).

Hoje a loucura volta a regular as relações do Estado com a Igreja? Em julho passado o presidente Kirchner agrediu gratuitamente os Bispos que falamos da pobreza. [...]. Agora arremeteu contra o Bispo castrense, o qual em sua desafortunada carta não disse o que se diz que foi dito. São só seus demônios internos, ou há demônios externos que o incitam? Está bem que o governo argentino e o Vaticano tratem de reencaminhar a questão do Bispo castrense. Mas há em jogo uma questão muito grave que afeta a todos: a Argentina será uma sociedade democrática, ou regirá aqui a lei do chicote? (Giaquinta, 2005).

Paralelamente, somado aos editoriais, ao estilo e à seleção de notícias que privilegiava a postura eclesial, o jornal *La Nación* vinha publicando desde fevereiro as opiniões de seus leitores a respeito do que já se havia constituído como o "caso Basseotto". Em 30 de março, publicou uma carta que acrescentou um novo ingrediente ao conflito. A missiva, assinada pela "esposa de um oficial do Exército Argentino", Maria Cecilia Pando de Mercado, fazia menção à outra carta enviada a Kirchner como comandante chefe das Forças Armadas. Na mesma, a mulher instava:

> Aqueles que ainda confundidos por sua retórica nacional não terminam de conhecer o verdadeiro rosto de nosso presidente, convido-os a refletir sobre um velho e conhecido refrão de nossa cultura popular: "Diga-me com quem andas e te direi quem és". [...] uma de suas melhores amigas, considerada pessoalmente sua mãe espiritual, é a senhora Hebe de Bonafini, quem da mão do Governo, e nunca desmentida por seus porta-vozes, convidava a Sua Santidade o Papa João Paulo II "a apodrecer no inferno". Outros de seus amigos nunca censurados, quando terminava o ato cívico de 24 de março, dedicaram-se à tão artística tarefa de pintar a Catedral de todos os argentinos, com frases tais como "Igreja lixo, você é ditadura".[26]

[26] No original: "Iglesia basura, vos sos dictadura".

A carta enviada a Kirchner, por outra parte, foi lida por sua autora na Rádio Mitre, uma das emissoras mais importantes do país, e os fragmentos mais veementes foram divulgados em todos os noticiários e em programas televisivos de opinião, nos quais a mulher afirmava que o presidente padecia de "complexo de inferioridade" e que agia como um "menino malcriado".

É interessante notar que a mídia deu mais importância às palavras ofensivas e a ironias dirigidas contra o presidente por Pando do que a uma frase que, dada a tradicional união entre a Igreja e o Exército e os eventos históricos que testemunham o alcance que poderiam ter as convicções católicas dos militares, deveria ter causado maior temor. A mulher adverte o presidente para não colocar "os militares católicos frente à encruzilhada de obedecer ao senhor ou a sua própria consciência", e afirma que o exército tenta "conter o mau humor dos oficiais jovens, de fortes convicções religiosas".

A carta de sua esposa provocou uma sanção ao Major Mercado, que foi afastado de seu cargo, pois, como afirmou o Ministro da Defesa, a liberdade de expressão tem limites no âmbito militar e o major havia quebrado o elo disciplinário. Políticos da oposição e afins ao governo criticaram a medida e afirmaram o direito à liberdade de expressão da esposa do militar. O major foi condenado a 20 dias de prisão, mas, um dia depois, Kirchner suspendeu a sanção.

O GOVERNO SE AFIRMA

Na fase final do enfrentamento, no recorte que temos analisado, o governo não fez concessões e avançou em gestos e decisões que aumentaram a tensão. Aquilo que, aparentemente, expressava uma desavença anterior, transformou-se num conflito em si mesmo e na causa de posteriores enfrentamentos.

A morte do Papa João Paulo II encontra as relações ainda

tensas. Se, por um lado, o governo tentava minimizar o conflito na mídia e as negociações para a substituição de Basseotto continuavam pela via diplomática, teria sido considerado ofensivo que o bispo comparecesse aos atos oficiais na qualidade de Capelão Castrense. Kirchner, por sua vez, dirige-se ao país em cadeia nacional para manifestar suas condolências pela morte do Papa, decretando três dias de luto nacional, mas não participa da missa de exéquias ecumênica em memória de João Paulo II na catedral de Buenos Aires, nem comparece aos funerais em Roma.[27] Do Ministério das Relações Exteriores argumentam-se motivos "técnicos" e "protocolares" para fundamentar sua ausência: não era necessário que o presidente assistisse ao funeral, podendo enviar representantes, ainda mais quando compareceria, logo depois, à assunção do novo Papa. Políticos da oposição e parte da imprensa criticam a decisão presidencial. O jornal *La Nación* insiste que Kirchner é um dos poucos presidentes que não compareceu aos funerais e que não havia motivos na agenda que o impediam de estar presente.

Kirchner não havia visitado o Papa durante os dois anos de seu governo, nem sequer durante a campanha presidencial, gesto habitual para os candidatos argentinos, mas comparece, finalmente, à assunção de Bento XVI, com sua esposa, o Chefe de Gabinete, o Ministro do Interior, o Ministro das Relações Exteriores e o ex-presidente Alfonsín. Os eventos em Roma mantiveram a atualidade do conflito na Argentina e o "caso Basseotto" na mídia.[28] Os gestos do presidente na assunção de Bento XVI

---

[27] À missa na catedral de Buenos Aires assistem, representando o governo, o vice-presidente Daniel Scioli, vários ministros, a primeira dama e senadora Cristina de Kirchner, e o governador da província de Buenos Aires, Felipe Solá. Ao funeral, em Roma, assistem o vice-presidente e Ministro das Relações Exteriores Rodolfo Bielsa.

[28] Por meio de monsenhor Maulión, a Igreja remarca que o único que tem poder para nomear e destituir bispos é o Papa, portanto, Basseotto continuaria sendo bispo castrense (*Clarín*, 22/04/2004).

são interpretados em função do mesmo. Assim, o fato de o presidente não beijar o anel do papa ao cumprimentá-lo são noticiados como uma tomada de partido num conflito mais amplo entre o governo e a Igreja.[29]

Por sua vez, ao regressar de Roma, onde havia participado do conclave (no qual fora considerado como um dos possíveis papáveis) o cardeal Bergoglio declara à imprensa que quem designa e destitui bispos é o Papa. O Ministro das Relações Exteriores Bielsa reitera que o conflito com Basseotto só se resolverá quando o Vaticano apresentar uma nova tríade. Basseotto continua em suas funções apesar de, por decisão do Vaticano, restringir sua atividade pública.

Paralelamente ao conflito suscitado pela Campanha de Saúde Sexual, que mencionamos anteriormente, em 9 de maio a CEA emite um documento, fruto das Jornadas Sociais realizadas naqueles dias em Mar del Plata. A mensagem, elaborada pela Comissão Episcopal da Pastoral Social, afirma a necessidade de "uma maior transparência na sociedade e nos dói saber hoje que se pagavam salários extraordinários em vez de gerar novos empregos" (*Jornadas Sociais...*, 2005). Como resposta, o Ministro do Interior, Aníbal Fernández, queixa-se de que os bispos apenas diagnostiquem e não colaborem na resolução dos problemas que afetam o país.

No entanto, as palavras que tiveram maior difusão na imprensa, nas mencionadas Jornadas, foram as da conferência do bispo Giaquinta. Em um longo texto no qual expõe as contri-

[29] Especialmente o jornal *La Nación* (25/04/2004) se encarrega de enfatizar os gestos de distanciamento do presidente: "Kirchner se diferenciou com seu cumprimento ao Papa. Não fez uma genuflexão nem beijou-lhe o anel, como os outros mandatários"No dia seguiente, em um artigo de menor relevância e cujo título não se refere ao presidente e sim ao "flexível protocolo do Vaticano", o jornal esclarece que Kirchner foi apenas um entre vários presidentes que não se ajoelharam diante do Papa (*La Nación*, 26/04/2004).

buições do cristianismo e dá conselhos pastorais para recuperar a "cultura do trabalho", afirma:

> O efeito mais pernicioso que deixou o estatismo argentino é a presença freqüente de um tipo de cidadão passivo [...] que espera tudo do Estado, que se limita a exigir direitos, e que não titubeia em fazê-lo de forma violenta. Este efeito é, a meu entender, de conseqüências muito piores do que o insuportável peso da Dívida Pública. *Inclusive, que as dolorosas conseqüências do terror de Estado dos anos da ditadura.* Estas podem ser choradas. Aquela pode ser negociada (Giaquinta, 2005b, grifo nosso).

Os argumentos escolhidos para criticar a difícil situação social não podem ter sido aleatórios em um contexto, como vimos, sensível a discursos que retomam a última ditadura argentina e seus resultados. O Secretário Geral da Presidência, Oscar Parrilli, afirma que só um inconseqüente ou um irresponsável pode comparar a situação social atual com as conseqüências da ditadura.

A celebração oficial central da comemoração cívica do dia 25 de maio tem lugar, tradicionalmente, na cidade de Buenos Aires. Desfiles cívico-militares, shows musicais e expressões folclóricas, distribuição de leite achocolatado quente aos visitantes e uma missa na catedral da cidade, contam com a presença das mais altas autoridades do governo, das Forças Armadas e da Igreja. A homilia dessa data é considerada como um documento eclesiástico importante, pois, embora não necessariamente condense a opinião da CEA, a importância da ocasião e a presença das autoridades lhe concedem a relevância de ser o porta-voz "da Igreja" analisando, avaliando, recomendando em questões referentes à pátria.

A decisão do governo de transferir a celebração à cidade de Santiago del Estero, no norte do país, respondeu à tentativa de esvaziar de público a homilia do cardeal Bergoglio que, com certeza, seria crítica ao governo. A decisão contou com a cumplicidade de uma parte da Igreja com a qual o governo tinha entrado em entendimento.

Paralelamente, ao longo dos três meses que vão da carta de Basseotto até a celebração de 25 de maio em Santiago del Estero, o presidente Kirchner realizou gestos conciliatórios com o catolicismo, não com o catolicismo tradicionalmente aliado ao exército e aos setores dominantes na Argentina que se chocava com o governo, mas sim com sua vertente mais "progressista". Dessa forma, promove a canonização de Frei Mamerto Esquiú[30] e visita a Igreja que recorda os sacerdotes Palotinos, assassinados durante a última ditadura militar argentina, quando assiste à assunção de Bento XVI, mostrando claramente que, embora cumpra com as formalidades que lhe são impostas por sua posição de chefe de Estado, sua opção pessoal é de *outro* catolicismo: "Sou um homem cristão e católico, e pertenço a essa Igreja, com minhas diferenças. E as discuto como corresponde" (Kirchner apud Van der Kooy et al, 2005).

Essa linha de alianças parece ter intensificado a polarização das relações. Pouco tempo depois da realização do ato do 25 de maio em Santiago del Estero o Bispo Maccarone foi objeto de uma manobra em que participou ativamente a direita da Igreja Católica e acabou renunciando ao seu cargo.

Conclusão

O que começou como um incidente secundário imputável ao temperamento e ao papel tão peculiares do bispo castrense, passou a ser interpretado como sintoma de uma relação conflitiva

---

[30] Kirchner impulsiona a causa de Frei Mamerto Esquiú alegando que "para o povo argentino tem um valor muito especial, dado que sua figura se manifesta plena de significado, tanto por sua santidade de vida, quanto por seu caráter de prócere de nossa história nacional", escolhendo-o como santo nacional, pois "os argentinos [...] necessitamos afirmar-nos em idéias e figuras que possam definir caminhos de comportamento social." (AICA, março 2005. Disponível em: <www.aica.org.ar>).

entre o Estado e a Igreja a propósito das políticas relativas à saúde e à moral sexual, que acabou ganhando vida própria. O conflito com o bispo Basseotto, dada a particular forma de atuar dos representantes governamentais envolvidos, não foi percebido pelo governo simplesmente como uma dimensão a mais de um complexo conjunto de questões a serem resolvidas numa negociação, mas sim como uma nova arena de confronto e disputa com a Igreja Católica. Se a Igreja lutou para fazer com que sua doutrina valesse como direito público, dando por suposto sua identificação com a Nação, o governo aceitou que o conflito começasse com a primeira questão, mas a deslocou para a segunda. O desfecho parcial do episódio Basseotto, a transferência do *Te Deum* da catedral de Buenos Aires para Santiago del Estero, no âmbito de uma festividade em que dominaram as expressões musicais onde, porém, às músicas folclóricas tradicionais somaram-se a cúmbia e o rock (abrindo culturalmente a festa, num gesto em que a Igreja portenha/identificada com a definição de nação hegemônica dificilmente aceitaria), veio colocar um grande sinal de interrogação na suposta simbiose em que eram concebidas a comemoração cívica e o catolicismo.

Boa parte deste padrão emergente surge do fato de que o governo de Kirchner redesenhou a agenda de conflitos em base a uma interpretação da história argentina que reconhece parcial e seletivamente o legado das presidências anteriores: o respeito aos direitos humanos e às instituições liberais da democracia que havia sido recuperado e assentado durante a presidência de Alfonsín é retomado na pretensão de superar as claudicações que havia demonstrado este presidente radical. O legado dos anos 90, da racionalidade econômica, do pragmatismo, do equilíbrio fiscal, é absorvido, embora num contexto de crítica à irresponsabilidade com que o governo de Menem desenvolveu suas ações no plano das finanças, da política industrial, do comércio internacional e das privatizações. Em conjunto, essa operação compõe uma novidade relativa: nem as impugnações nem as reivindicações são totais, nem seguem o corte partidário tradicional entre peronistas e radicais. Retomando a influência democrática e liberal, Kirchner apostou na "separação" entre a Igreja e o Estado. Retomando a tradição peronista de exercício executivo e decisório do poder, Kirchner tratou de enquadrar os atores e disciplinar as rebeldias agindo sem fissuras no cenário do poder. Pela primeira vez, a combinação de motivos e práticas republicanas se associa à forma com que o peronismo concebe a si mesmo como Estado e à forma com que esta sensibilidade política concebe o exercício do poder.

Como argumentamos em outro texto (Aboy; Semán, 2006), a presidência de Kirchner tenta reordenar a relação entre Nação e democracia de forma tal que a primeira possa ser incluída na segunda e que se veja eliminada a aura autoritária com que foi identificada durante décadas de história argentina. Nas relações com a Igreja ocorre um processo do mesmo tipo, mas em sentido contrário: o Estado toma distância ativamente, se não do catolicismo, de sua fração dominante e de sua permanente aspiração integrista. Assim como se redefinem as relações entre democracia e nação tem se começado a redefinir o vínculo entre Nação e Catolicismo.

Referências

ABOY, Geraldo Carlès; SEMÁN, Pablo. Repositionnement et distance du populisme dans le discours de Nestor Kirchner. In: CORTON, André. *Clôture du politique en Amérique latine*: imaginaires et émancipation. Paris: Karthala, 2006. No prelo.

AICA. [20—?a]. Disponível em: <http://www.aica.org/aica/a_marcos/mar_documentos.htm>.

______. [20—?b]. Disponível em: <www.aica.org.ar>.

______. *Apostemos sempre pela vida*: declaração da Comissão Permanente do Episcopado. 15 mar. 2005. Disponível em: <www.aica.org.ar/aica/documentos_files/CEA/ComisionPermanente>.

AMEIGEIRAS, Aldo. *Los laberintos del diálogo*: una aproximación a la Mesa del Diálogo Argentino. [S.l.: s.n.], 2002. Mimeografado.

BERGOGLIO, Jorge. *Ponerse la patria al hombro*: memoria y camino de esperanza. Buenos Aires: Editorial Claretiana, 2004.

BRESCI, Domingo. Panorama de la Iglesia Católica en Argentina: 1958-1984. *Sociedad y Religión*, Buenos Aires, n. 5, 1987.

CAIMARI, Lilá. *Perón y la Iglesia Católica*: religión, Estado y sociedad en la Argentina (1943-1955). Buenos Aires: Ariel Historia, 1994.

CARTA AL MINISTRO DA JUSTICIA, Seguridad e Derechos Humanos. [20—?]. Disponível em: <http://www.aica.org/aica/a_marcos/mar_documentos.htm>.

DRI, Rubén. *Proceso a la Iglesia argentina*: las relaciones de la jerarquía eclesiástica y los gobiernos de Alfonsín y Menem. Buenos Aires: Biblos, 1987.

ESQUIVEL, Juan. *Detrás de los muros*: la Iglesia católica en tiempos de Alfonsín y Menem (1983-1999). Bernal: Universidad Nacional de Quilmes, 2004.

GIAQUINTA, C. *A hora da glorificação*. 2005a. Disponível em: <http://www.aica.org/aica/a_marcos/mar_documentos.htm>. Texto de 27 mar. 2005, domingo de Páscoa.

______. *Por uma cultura do trabalho*. 2005b. Disponível em: <http://www.aica.org/aica/a_marcos/mar_documentos.htm>. Inauguração das Jornadas Sociais de Mar del Plata, 6 maio 2005.

GUTIÉRREZ, María Alicia. Economía, política y religión: un análisis de la Argentina de los '90. In: JORNADAS SOBRE ALTERNATIVAS RELIGIOSAS NA AMÉRICA LATINA, 8., 1998, São Paulo. *Anais*..., São Paulo, 1998.

JORNADAS SOCIAIS sobre "La Cultura del Trabajo": Argentina, levanta e trabalha. 8 maio 2005.

KENNEDY, John. *Catholicism*, nationalism and democracy in Argentina. Notre Dame Indiana: University of Notre Dame Press, 1958.

MALLIMACI, Fortunato. Catolicismo y militarismo en Argentina (1930-1983): de la Argentina liberal a la Argentina católica. *Revista de Ciencias Sociales*, n. 4, Bernal, Universidad Nacional de Quilmes, 1996a.

______. Catolicismo, religión y política. *Página/12*, [s.l.], 26 marzo 2005. Disponível em: <http://www.pagina12web.com.ar/diario/especiales/18-48932.html>. Acesso em: 27 mar. 2005. Especiales del Sábado.

______. El catolicismo argentino desde el liberalismo integral a la hegemonía militar. In: VV. AA. *500 años de Cristianismo en Argentina*. Buenos Aires: CEHILA y Centro Nueva Tierra, 1992.

______. *El catolicismo integral en la Argentina (1930-1946)*. Buenos Aires: Editorial Biblos, 1988.

______. *Historia general de la Iglesia en America Latina*. Salamanca: Sigueme, 1993. Volume IX.

______. Iglesia, Estado y sociedad en la Argentina: desde la caída del peronismo hasta la caída del peronismo (1955- 1976). In: SONEIRA, Abelardo (Comp.). *Sociología de la religión*. Buenos Aires: Fundación Hernandarias/ Editorial Docencia, 1996b. p. 167-182.

MARTÍN, Eloísa. La Virgen de Luján: el milagro de una identidad nacional católica. *Revista Imaginário*, São Paulo, n. 6, p. 136-158, 2000.

MOYANO, Mercedes. Organización popular y conciencia cristiana. In: AA.VV. *500 años de cristianismo en Argentina*. Buenos Aires: CEHILA y Centro Nueva Tierra, 1992.

NAVARRO FLORIA, Juan G. El obispado castrense en cuestión. *Criterio*, Buenos Aires, n. 2.303, p. 136-137, abr. 2005.

NECESITAMOS SER NACIÓN. Suplemento do *Boletim Semanal AICA*, n. 2.474, 19 maio de 2004.

PRINCE, Alejandro. *Iglesia-Estado*: las relaciones entre la Iglesia Católica y el Estado Nacional frente a la reforma constitucional. Buenos Aires: Ediciones i4/Instituto Internacional de Investigaciones Interdisciplinarias, 1994. Colección Tesis y Ensayos.

RUBIN, Sergio. Fuerte respaldo de un cardeal del Vaticano al vicario castrense. 22 fev. 2005. Disponível em: <http://www.clarin.com/diario/2005/02/22/sociedad/s-03601.htm>.

SONEIRA, Abelardo J. *Las estrategias institucionales de la Iglesia Católica (1880-1976)*. Buenos Aires: Centro Editor de América Latina, 1989.

VAN DER KOOY, Eduardo et al. *Néstor Kirchner*: "La Argentina tiene que reconstruirse y ser un país serio" [S.l.: s.n.], 2005. Disponível em: <http://www.clarin.com/diario/2005/05/22/elpais/p-00315.htm>.

ZANATTA, Loris. *Del Estado liberal a la Nación Católica*: Iglesia y Ejército en los orígenes del peronismo (1930-1943). Bernal: Universidad Nacional de Quilmes, 1996.

Religião e Política no Brasil

Ari Pedro Oro

Introdução

No Brasil verificam-se fatos novos na relação entre religião e política que tendem a confirmar a existência de uma fronteira relativamente fluída entre elas, em razão de continuidades, pontes, passagens e trânsitos, ora mais intensos ora mais reduzidos, segundo as situações e os momentos históricos.

Na atualidade, o dado mais visível da aproximação entre religião e política consiste na presença significativa de igrejas evangélicas, sobretudo pentecostais, na política, e a formação das chamadas "bancadas evangélicas" nos diferentes níveis políticos, indo das câmaras municipais ao congresso nacional, passando pelas assembléias legislativas dos estados. Este fato, por sua vez, tem alguma importância na produção de um efeito mimético sobre outros segmentos religiosos, entre os quais o católico, que, nos últimos anos, parece ter aumentado o interesse pela formação do que podemos também chamar de "bancadas católicas", sendo esta mais uma faceta da histórica relação, ora mais estreita ora mais distanciada, como recordaremos a seguir, da Igreja católica com o Estado e a sociedade em nosso país.

A exposição que segue é composta de três tópicos, que versam sobre as três principais, mas não únicas, expressões religiosas que integram a diversidade do campo religioso brasileiro, a saber: a católica, a evangélica e a mediúnica[1] – aqui circunscrita ao

[1] Segundo os dados revelados pelo último censo de 2000, os católicos romanos somam 124.976.912 pessoas (isto é, 74,3% do total), os evangélicos 26.166.930 (ou seja, 15,44%), os espíritas 2.337.432 (o que representa 1,28%), os afro-brasileiros 571.329 (ou seja, 0,34%). Seguem, com percentagens abaixo de 1%, os judeus, os budistas, outras religiões orientais, os muçulmanos, os hinduístas, os esotéricos e as tradições indígenas. Os sem-religião alcançam 12.330.101, ou seja, 7,28%.

afro-religioso[2] – e suas relações com o campo político institucional. Portanto, não serão aqui exploradas outras importantes aproximações entre religião e política ocorridas em nosso meio, como a levada a efeito pelos movimentos messiânico-mileranistas ou por expressões e mobilizações que têm lugar fora das instituições religiosas mencionadas[3].

A Igreja católica e o Estado brasileiro

As considerações que seguem são, até certo ponto, reducionistas, pois não contemplam na análise da relação entre Igreja católica e Estado no Brasil os diferentes modelos de Igreja e as várias instâncias que formam o Estado brasileiro. Ou seja, diante da complexidade e heterogeneidade inerentes tanto ao Estado quanto à Igreja, será privilegiado um recorte das históricas relações *institucionais* estabelecidas entre Estado e Igreja Católica no Brasil, bem como uma breve análise da participação de clérigos nos cargos eletivos da política nacional. Não será, também, contemplada aqui a presença católica laica na política, seja ela eletiva ou participativa das várias instâncias que compõem a sociedade civil.[4]

---

[2] O campo mediúnico, como se sabe, envolve o Espiritismo e as religiões de matriz africana (Candomblé, Casa das Minas, Xangô, Quimbanda, Macumba, Umbanda e outras). Embora haja importantes diferenças tanto entre estas últimas, e destas em relação ao Espiritismo, elas têm em comum a concepção da manifestação, em determinados rituais, dos espíritos e das entidades sobrenaturais nos espaços sagrados, através da mediação de indivíduos em transe.

[3] Sobre o primeiro aspecto, ver, entre outros, Amado, 1978; Carneiro da Cunha, 1973; Consorte, 1985; Consorte e Negrão, 1984; Cunha, 1947; Della Cava, 1977; Monteiro, 1974; Pereira de Queiroz, 1977; Zaluar, 1983. Sobre o segundo tópico ver, entre outros, Gonçalves da Silva, 2002; Martins, 1981; Motta, 1988; Steil, 1996; Velho, 1995.

[4] Para uma resenha das distintas abordagens teóricas das relações entre Igreja e Estado no Brasil e na América Latina, ver Azevedo, 2004. Para uma análise dos diferentes modelos de Igreja e suas presenças na política com suas distintas concepções dos objetivos institucionais, ver Mainwaring (1989). Para uma análise das relações entre filiações/opções religiosas e nação, comparando Brasil, Argentina e Estados Unidos, ver Segato, 1997.

O Brasil, como se sabe, adotou o catolicismo como religião oficial até 1889, ano da proclamação da República. Ou seja, durante todo o período colonial (1500-1822) e imperial (1822-1889), o catolicismo era a única religião legalmente aceita, não havendo liberdade religiosa em nosso país. Por isso mesmo, pondera Ricardo Mariano, sobretudo durante o Brasil Colônia,

> [...] o Estado regulou com mão de ferro o campo religioso: estabeleceu o catolicismo como religião oficial, concedeu-lhe o monopólio religioso, subvencionou-o, reprimiu as crenças e práticas religiosas de índios e escravos negros e impediu a entrada das religiões concorrentes, sobretudo a protestante, e seu livre exercício no país. (Mariano, 2001, p. 127-128)

Neste contexto, sublinha Dermi Azevedo, "a Igreja era uma instituição subordinada ao Estado e a religião oficial funcionava como instrumento de dominação social, política e cultural" (Azevedo, 2004, p. 111).

Em grande medida, essa situação se manteve também durante o período imperial. De fato, o artigo 5 da Constituição Imperial de 25 de março de 1824, outorgada por D. Pedro I, dizia: "a religião católica apostólica romana continuará a ser a religião do império". Um corolário deste artigo previa que professar a religião católica era condição para alguém ser eleito deputado (Artigo 95, parágrafo 3 da mencionada Constituição). Vale registrar que, por ocasião da Constituinte de 1823, 15 entre os 93 eleitos eram sacerdotes católicos.

Durante todo o período que cobre o Brasil Colônia e Império havia uma dependência orgânica da Igreja ao Estado, este representado pelo instituto do Padroado Régio Português, que garantia ao monarca o direito de "nomear bispos e prover os benefícios eclesiásticos", segundo rezava o artigo 102 da Constituição de 1824.[5] Ou seja, de acordo com o "regime do padroado", o Poder Executivo possuía a obrigação de proteger a religião do Estado (o catolicismo), e seus membros da hierarquia, bispos e sacerdotes, eram tidos como funcionários públicos, recebendo uma remuneração, tida por eles, porém, como insuficiente. Por isso, era comum os párocos desempenharem outras atividades remuneradas (Hauck, 1992). Mas, ao mesmo tempo, o governo detinha prerrogativas constitucionais como nomear bispos e fiscalizar a Igreja em assuntos administrativos e econômicos, bem como aprovar ou não bulas pontifícias, mesmo aquelas dedicadas exclusivamente a temas religiosos (Artigo 102).

Como se pode facilmente deduzir, o instituto do Padroado "ocasionou um sufocante abatimento do catolicismo no Brasil" (Esquivel, 2003, p. 4), deixando o poder eclesiástico cada vez mais em situação de submissão ao poder político, o que contribuiu para que a relação entre esses poderes fosse de crescente oposição e mesmo de conflitos. Neste sentido, durante o período imperial ocorreram, entre outros, dois grandes conflitos entre a Igreja Católica e o Estado. Trata-se do "Cisma de Feijó" (1827-1838) e da "Questão Religiosa" (1872-1875).

O primeiro conflito girou em torno do celibato do clero, defendido pelo padre Diogo Antonio Feijó – que se tornou regente do Império entre os anos de 1835 e 1837 – e por outros parlamentares, e da não confirmação por parte da Santa Sé da nomeação do padre Antonio Maria de Moura para o bispado do Rio de Janeiro,

---

[5] A instituição do Padroado Régio Português remonta ao século XV, através de sucessivas Bulas papais e de acordos com a monarquia portuguesa, e representava a junção entre "o trono e o altar", na esfera política, entre "a espada e a cruz", no campo militar, entre "o estado e o trabalho missionário", frente às populações consideradas "pagãs". Segundo Beozzo, o resultado prático da união Igreja Estado "afeta intimamente a definição de cidadania. A pessoa não se torna fiel da igreja sem que, automaticamente, torne-se súdita do rei e do Estado e vice-versa, um súdito do Estado deve necessariamente tornar-se fiel da igreja" (Beozzo, 2000, p.109; também Azzi, 1987).

por ter ele assinado projetos contrários aos preceitos eclesiásticos então vigentes. Segundo Scampini, "essa recusa da Santa Sé foi interpretada como uma violação do art. 102 da Constituição que estabelecia o direito do governo imperial de nomear os bispos: essa recusa constituía uma afronta à soberania da nação" (Scampini, 1978, p. 41). Por isso, o Regente Pe. Feijó manifestou claramente, em 1836, a intenção de separar a igreja brasileira da igreja romana, fato que gerou importantes embates que somente foram superados com a retirada do Pe. Feijó da regência imperial e com a renúncia do Pe. Moura ao bispado do Rio de Janeiro.

O segundo conflito ocorreu quando o bispo de Olinda, Frei Vital Maria, resolveu aplicar, em 1872, os preceitos das encíclicas *Quanta Cura*, *Syllabus* e *Qui Pluribus*, do papa Pio IX,[6] as quais sustentavam a proibição da comunhão para católicos maçons, prática comum no país. Também com base nestes documentos, o mencionado bispo recusou a celebração comemorativa da fundação de uma loja maçônica em Pernambuco e ordenou às confrarias religiosas que expulsassem seus membros ligados às "sociedades secretas". Tais medidas foram também adotadas por D. Antonio Macedo Costa, bispo do Pará. A maçonaria reagiu recorrendo ao governo imperial, que, em razão da sustentação das medidas por parte de ambos os bispos, condenou-os, em 1874, a quatro anos de prisão em regime de trabalho forçado, anistiados no ano seguinte (Mariano, 2002).

Esses episódios evidenciaram o conflito aberto entre os po-

[6] Trata-se de encíclicas contra a Modernidade, nas quais, sobretudo em Syllabus, o Papa Pio IX expressava os principais erros do liberalismo e do racionalismo. Sanchez recorda que "O Syllabus foi publicado em resposta a um congresso de eruditos católicos, em Munique, Alemanha, sob a liderança do teólogo Ignaz Von Doellinger. Esse e vários outros teólogos foram excomungados entre 1871 e 1872, pois suas posições eram contrárias à definição do dogma da infalibilidade papal, pelo concílio Vaticano I (1869-1870)" (Sanchez, 2005, p. 47).

deres eclesiástico e político, com o predomínio deste último, e tiveram sua influência na separação entre Igreja e Estado, que irá ocorrer na aurora do regime republicano.

No entanto, a mesma Constituição de 1824 fez algum avanço na direção da liberdade religiosa dos cultos não-católicos. Preconizava que ninguém poderia ser perseguido por motivos religiosos desde que respeitasse a religião do Estado e não ofendesse a moral pública, e desde que os estrangeiros adeptos de credos não-católicos expressassem suas crenças em suas próprias línguas e no âmbito doméstico, portanto, não em espaços físicos com características de templos (artigo 5b).[7] Desta forma, como destaca R. Mariano,

> Por mais precária e limitada que fosse a liberdade religiosa estabelecida na Constituição de 1824, não há como negar que ela possibilitou o ingresso e a difusão de novos grupos religiosos no Brasil – leia-se protestantes – e, com isso, provocou as primeiras fissuras no secular monopólio católico. (Mariano, 2002, p. 130)

O estabelecimento deste dispositivo constitucional, continua o autor, ocorreu em razão de pressões da Inglaterra para a implementação da liberdade de culto para os estrangeiros residentes na colônia (anglicanos ingleses e luteranos suíços e alemães), muitos deles tendo chegado ao Brasil junto com a Família Real Portuguesa, em 1808.[8] Assim sendo, como recorda Antonio Gouvêa Mendonça,

---

[7] Reza este dispositivo constitucional: "Todas as outras religiões serão permitidas com seu culto doméstico ou particular, em casas para isso destinadas, sem forma alguma exterior de templo".

[8] Esclarece Mariano: "Para a poderosa Inglaterra não bastava que seus aliados portugueses lhe escancarassem os portos brasileiros e rompessem seu antigo monopólio comercial com a colônia: ela também fez com que Portugal assegurasse a liberdade religiosa dos trabalhadores ingleses no Brasil" (Mariano, 2002, p. 128). Reitero que a Constituição Imperial de 1824 permitiu a liberdade de cultos a tais cidadãos desde que praticados em casas sem aparência externa de templo (Hoornaert, 1992).

> [...] no Império a Igreja Católica Romana, embora hegemônica e garantida pela Constituição como religião do Estado, teve de começar a conviver com outras religiões que lhe faziam concorrência. Dessas, a que mais incomodava era o protestantismo, nem tanto pela conquista de adeptos em sua grei, mas pelo conjunto de idéias novas de que ele era portador. (Mendonça, 2003, p. 147)

Entretanto, com a instalação da República (15/11/1889), o governo provisório decretou, em 7 de janeiro de 1890, e a primeira constituição republicana promulgada em 1891 oficializou, a separação entre Igreja e Estado, pondo fim ao monopólio católico, extinguindo o regime do padroado, secularizando os aparelhos estatais, o casamento e os cemitérios, e garantindo, pela primeira vez, a liberdade religiosa para todos os cultos.

Assim, junto com a separação da Igreja Católica do Estado, estavam inscritas na constituição de 1891 "a instituição da plena liberdade religiosa e de culto para todos os indivíduos e credos religiosos (que) propiciariam, no decorrer do século XX, a ascensão de um mercado aberto no campo religioso brasileiro" (Mariano, 2001, p. 141). De sorte que, com a separação, a Igreja Católica "perdia a prerrogativa de religião oficial, mas ganhava em liberdade" (Mendonça, 2003, p. 151).

Três grupos, ou correntes de pensamento, foram importantes para a promulgação republicana da separação Igreja-Estado. São eles: os republicanos, os positivistas e os protestantes, além dos maçons que, via de regra, estavam presentes nos três grupos mencionados (Giumbelli, 2002).

Foi todo um processo, como lembra Augusto Kirchhein, que ocorreu até certo ponto de forma amistosa, "onde a implantação legal da liberdade religiosa partiu de iniciativas do Estado e não tanto como fruto de pressões populares" (Kirchhein, 2003, p. 51). Também Mainwaring sublinha que, se comparada com outros países, a laicização do Brasil foi uma das menos conflituosas (Mainwaring, 1989). Isto porque, em seu tempo, a questão da laicidade não chegou a alcançar um público abrangente, ficando restrita às elites eclesiásticas, políticas e intelectuais, como, aliás, no dizer de José Murilo de Carvalho, a própria mudança do regime monárquico para o republicano não se fez sentir de forma marcante na sociedade (Carvalho, 1987). A conseqüência disso, frisa Giumbelli, é que o momento fundante da separação passa praticamente despercebido no Brasil, enquanto que na França, por exemplo, é sempre rememorado (Giumbelli, 2002, p. 238).

Especificamente em relação à Igreja Católica, diz Lustosa, sua hierarquia "ficou atordoada" com a situação diferente que se criou para ela. Em certo sentido sentiu-se traída pelo novo governo, pois o que saiu publicado no decreto 119A, de 7 de janeiro de 1890, não coincidiu com que havia sido acordado nas conversas particulares travadas entre o Ministro da Fazenda, Rui Barbosa, e Dom Antonio de Macedo Costa, seu antigo mestre no colégio da Bahia (Lustosa, 1990, p. 10-11).

Por isso mesmo, logo após a promulgação do decreto de janeiro de 1890, a Igreja Católica se mobilizou contra a implantação do estado laico no Brasil. Em março de 1890, todos os bispos do país assinaram uma Carta Pastoral na qual defendiam o princípio da união entre Igreja e Estado e preconizavam "perspectivas para um estatuto de harmonia e cooperação entre as duas instituições" (Lustosa, 1990, p. 17). Igualmente, a hierarquia católica emitiu o documento denominado "Reclamação", dirigido ao Presidente da República, que se dizia católico, Marechal Deodoro da Fonseca. Tratava-se, afirma Lustosa, de um documento "escrito em uma linguagem mais direta e pessoal, lançando mão de recursos afetivos, capazes de dobrar a rigidez disciplinar do velho chefe militar e explorar a sua fragilidade emocional" (Lustosa, 1990, p. 19).

Mas após essas reações dos primeiros meses ao processo de laicização, despontaram no interior da Igreja Católica, mesmo nos meios eclesiásticos, divergências que levaram à formação de dois diferentes grupos: os católicos monarquistas e os católicos republicanos. Os primeiros situavam-se tanto junto aos leigos quanto nas fileiras do clero e no episcopado. Eram conservadores em política e ultramontanos em religião. Por isso, opunham-se à posição neutra do estado diante da religião e levantavam-se contra o estabelecimento do ensino laico nas escolas públicas. Quanto ao grupo republicano, no período de 1869 a 1889 não era significativa a parcela de católicos que nele se situavam, embora, lembra Lustosa, todos os republicanos históricos se dissessem também católicos, pendendo ate mesmo para o radicalismo maçônico e anticlerical e para o liberalismo em termos políticos. Porém, sacerdotes como Julio Maria passaram a defender a abertura de diálogo da Igreja diante do regime republicano, "capaz de facilitar a consecução de um estatuto de bom relacionamento e de convivência pacífica entre o Estado e a Igreja" (Lustosa, 1990, p. 23).

Além disso, no início do período republicano, visando à reformulação da Lei Magna nos artigos que feriam os direitos da Igreja, surgiu no meio católico a idéia de efetuar uma articulação política mais direta e eficaz, através da realização de um sonho há algum tempo acalentado: o da criação do Partido Católico. Todavia, como existia uma ambigüidade sobre o tema no seio da própria hierarquia – esta jamais se comprometeu oficialmente com o Partido Católico, ao mesmo tempo em que fechava os olhos em relação ao engajamento de sacerdotes e fiéis nessa iniciativa – e como se tratou de uma mobilização política que, nas palavras de Lustosa, fora feita "a toque de caixa e privada de uma encampação ostensiva do episcopado [...], poucos foram os senadores e deputados que tiveram a sorte de ser eleitos pelo Partido Católico para a Assembléia Nacional Constituinte" (Lustosa, 1990, p. 25).

Assim, continua o autor, diante da falta de consistência interna e de apoio eclesial, o "Partido Católico não conseguiu, em período algum da história do catolicismo brasileiro, passar de fogo de palha de agitações locais de clérigos e leigos católicos bem-intencionados, porém politicamente mal-preparados" (Lustosa, 1990, p. 24).

Mesmo assim, usando essas e outras formas de pressão, a Igreja conseguiu algumas vitórias por ocasião da Assembléia Constituinte de 1890. Conseguiu, por exemplo, impedir a aprovação da lei da mão-morta, pela qual se pretendia esbulhar os bens materiais das instituições religiosas.

Com o passar dos anos, a comunidade e a hierarquia católica passam a admitir a idéia de reconciliação. "É nessa perspectiva que os entendimentos e a colaboração mútua entre poder civil e poder eclesiástico brotam nos acontecimentos e gestos de apoio da hierarquia ao governo na guerra de 1914" (Lustosa, 1990, p. 26).

Talvez tenha contribuído para tal encaminhamento o fato de que a secularização do Estado brasileiro não retirou alguns privilégios da Igreja Católica. Por exemplo, como vimos acima, o clero católico conseguiu evitar o confisco de seus bens, as ordens e congregações religiosas tiveram permissão para continuar funcionando, algumas subvenções ainda permaneceram e em algumas localidades do território nacional a obtenção de documentos continuou a passar através dos religiosos (Fonseca, 2002). Além disso, segundo Sérgio Micelli, após a separação republicana "a Igreja ainda ocupava espaços consideráveis nas áreas da saúde, educação, lazer e cultura". Ou seja, ela

> [...] presidia à organização das festas e comemorações coletivas (procissões, quermesses, etc.), fazendo praticamente coincidir o calendário de festas e eventos religiosos com os momentos fortes de efusão coletiva e doméstica. A administração dos sacramentos, por sua vez, ritmava e sancionava os eventos-chaves do itinerário pessoal e familiar dos grupos dirigentes. Ungia os dirigentes das irmandades, os detentores de mandatos parlamentares e executivos, dispensava diplomas e certificados escolares, sacramentava formaturas, inaugurações, posses e acordos políticos, benzia prédios públicos, residências, fazendas, fábricas, geria hospitais, dispensários, asilos, escolas, marcando presença em quaisquer dimensões da vida social. (Micelli, 1988 apud Mariano, 2001, p. 146-147)

A fase de "reconciliação" entre Igreja Católica e Estado reafirma-se de forma mais estreita na década de 1930, sob o governo de Getúlio Vargas (1930-1945), amigo de Dom Sebastião Leme, nomeado arcebispo coadjutor do Rio de Janeiro e da capital da Republica em 1921, vindo a se constituir, desde então, numa importante liderança católica. A boa relação existente entre estas duas renomadas figuras públicas "solidificou uma aliança que aproximaria novamente a Igreja ao Estado, mas numa modalidade diferenciada à traumática experiência imperial" (Esquivel, 2003, p. 9).

Visando a recuperação do poder da igreja, D. Leme apresentou uma sugestão de "Emenda Constitucional" de reconhecimento oficial da religião católica como sendo "a fé do povo". Apesar da sutileza da proposta, que associava a religiosidade à sociedade e não ao Estado, a emenda foi vetada.

Mesmo assim, a Constituição de 1934 selou a aproximação entre a Igreja Católica e o Estado brasileiro. No dizer de Giumbelli, tal constituição teria ferido a Constituição de 1891 ao introduzir o princípio da "colaboração recíproca" entre estado e religião (subentende-se igreja católica) (Giumbelli, 2002).[9] Essa constituição, diz Mariano, é a mais católica de todas, tendo esta

[9] Juan Esquivel recorda que, de fato, nesta Carta Magna foram incluídas as exigências da cúpula católica. Assim, "[...] o texto final invocou a Deus no preâmbulo e um parágrafo no artigo 17 contemplou a colaboração recíproca entre o Estado e a Igreja em prol do interesse coletivo. Apesar de ter mantido a proibição de subvenções à instituição católica, o Estado foi autorizado para contribuir financeiramente às obras de assistência social implementadas pelo catolicismo – escolas, seminários, hospitais e atividades de beneficência. O ensino religioso facultativo nas escolas oficiais ergueu-se como outro dos pontos de concessão à reclamação católica. O artigo 153 admitiu a instrução religiosa nos colégios e abriu as portas para o financiamento as escolas confessionais [...] Definitivamente, a Constituição de 1934 alterou boa parte dos princípios liberais estabelecidos em 1891." (Esquivel, 2003, p. 10).

instituição religiosa conseguido avançar de tal maneira na retomada de sua privilegiada relação com o Estado que alcançou o status de religião "quase oficial" (Mariano, 2002, p. 145). Também Ralph Della Cava sublinha que durante a era Vargas o catolicismo foi a "religião oficial *de facto* do Estado, da nação e das Elites dominantes", assim se mantendo até a década de 60 (Della Cava, 1987). Assim, segundo Alexandre Brasil Fonseca, na década de 30, "O Brasil presenciava a ascensão de um Estado autoritário e de uma Igreja que finalmente recuperava acesso íntimo ao poder após 40 anos de uma Republica laica, com ares positivistas" (Fonseca, 2002, p. 79).

Ainda é importante sublinhar que na década de 1930 fora criada a Liga Eleitoral Católica, próxima à Ação Católica, que "analisava os candidatos a postos eleitorais, a partir de alguns princípios ou exigências que julgava indispensáveis para os interesses da Igreja (indissolubilidade do matrimônio, ensino religioso nas escolas...) e recomendava ou vetava esses candidatos" (Gómez de Souza, 2004, p. 84).

Tal procedimento da Igreja gerou críticas e motivou a reflexão de uma presença na política numa dimensão mais ampla do que a eleitoral, isto é, "se daria ao nível da consciência ética, em ações e posicionamentos na sociedade (polis), nos processos de tomada de decisão coletiva e na gestão da coisa pública" (Gómez de Souza, 2004, p. 84).

A Constituição de 1946 reafirmou, em seu Artigo 31, II e III, os princípios da separação Estado-Igreja e da colaboração do Estado com a Igreja na realização do bem comum. Isto significa, conforme sublinha R. Mariano, que malgrado a laicização, o Estado republicano não rompeu com a Igreja Católica. Da mesma forma, para este autor, a partir da constituição republicana o Estado não passou imediatamente a tratar de forma isonômica os diferentes grupos religiosos (Mariano, 2002, p. 142). Ao contrário, como lembra O. Beozzo, apesar dos dispositivos legais, outras religiões encontraram dificuldades para serem socialmente aceitas, entre elas as evangélicas e, sobretudo, as mediúnicas (afro-brasileiras e espíritas), tendo estas últimas sido inúmeras vezes acusadas de perturbação da ordem pública, de prática de curandeirismo e de exercício ilegal da medicina. Isto tudo significa, como destaca Beozzo, que "muito da legislação republicana permaneceu letra morta" (Beozzo, 2000, p. 120).

Mas após a segunda guerra mundial, sobretudo nas décadas de 50 e 60, a situação nacional havia mudado. O Estado procedeu a uma centralização crescente do sistema político, alcançando sua culminação com o golpe militar em 1964. A igreja, por sua vez, se reestruturou com a criação da Conferência Nacional dos Bispos do Brasil (CNBB), em 1952,[10] ampliou, no início da década de 60, sua presença nas áreas social e política (sindicalização rural, educação popular, além de continuar com ações já em andamento junto a jovens do meio rural, estudantes secundários e universitários, operários) – dando origem à chamada igreja popular progressista, que será a grande defensora dos direitos humanos nos anos 70 – e passa a ter uma estrutura nacional (Gómez de Souza, 2004).

De fato, na década de 60, no Brasil e em quase toda a América Latina, serão gestadas as Comunidades Eclesiais de Base (CEBs) que, juntamente com toda uma série de movimentos sociais, repensam e questionam a sociedade, suas estruturas e valores. Segundo Prandi e Souza, as CEBs visavam "recuperar o espaço perdido na sociedade" e significaram uma "mudança efetiva na prática pastoral, com inequívoca abertura para as questões sociais, gerando também mecanismos de formação de militância político-partidária" (Prandi; Souza, 1996, p. 69). Lembram ainda estes autores que o auge desse movimento deu-se

[10] Segundo Prandi e Souza, a fundação da CNBB nesta data consistiu em uma das primeiras conferências nacionais de bispos do mundo e seu objetivo "era mudar a Igreja aqui, fomentando o surgimento e expansão de um novo reformismo católico" (Prandi; Souza, 1996, p. 60).

entre o final dos anos 70 e início dos anos 80, e tinha como "espelho" a ditadura, "cuja obra é identificada como a injustiça social, a falta de respeito aos direitos humanos, a censura, a perseguição política, a tortura, a prisão e a morte", e o seu esvaziamento ocorreu em razão da "política de 'restauração conservadora' promovida pelo alto controle institucional da Igreja [...], o refluxo dos movimentos sociais [...], uma certa crise do catolicismo devido à forte concorrência com outras opções religiosas, sobretudo o evangelismo pentecostal..." (Prandi; Souza, 1996, p. 69-73). No ano de 1994, as CEBs reuniam 1,8% do total dos católicos, perto de dois milhões de eleitores, enquanto que o Movimento de Renovação Carismática Católica alcançava 3,8% do eleitorado do país (Pierucci; Prandi, 1996, p. 217-218).

Legalmente, a Constituição de 1967, em seu artigo 9, II, reiterou o princípio da separação Igreja-Estado, tal como fora estabelecido nos mesmos termos de 1891, 1934, 1937 e 1946, "com a proibição de estabelecer, subvencionar ou embaraçar os cultos religiosos e de manter com eles relação de dependência ou aliança" (Scampini, 1978, p. 234).[11] Este artigo constitucional introduziu, portanto, uma cláusula restritiva à "colaboração recíproca", presente nas Constituições de 1934 e de 1946, uma vez que explicita a possibilidade de colaboração de interesse público somente no setor educacional, assistencial e hospitalar.

Enfim, a Constituição de 1988 manteve os dispositivos vigentes nas demais constituições acerca da separação Igreja-Estado, mas o fez de maneira indireta, no artigo 19, inciso I, o qual dispõe:

---

[11] Diz o mencionado artigo: "À União, aos Estados, ao Distrito Federal e aos Municípios é vedado: estabelecer cultos religiosos ou igrejas, subvencioná-los, embaraçar-lhes o exercício ou manter com eles ou seus representantes relações de dependência ou aliança, ressalvada a colaboração de interesse público, na forma e nos limites da lei federal, notadamente no setor educacional, no assistencial e no hospitalar".

> É vedado à União, aos Estados, ao Distrito Federal e aos municípios: estabelecer cultos religiosos ou igrejas, subvencioná-los, embaraçar-lhes o funcionamento ou manter com eles ou seus representantes relações de dependência ou aliança, ressalvada, na forma da lei, a colaboração de interesse público.[12]

Faz-se necessário agora um registro mais específico sobre a relação estabelecida entre a Igreja Católica e o regime militar implantado no país entre os anos 1964 e 1985. Num primeiro momento, a Igreja, enquanto instituição – embora não traduzindo a posição de todos os setores internos – através de mensagem da CNBB, datada de 27 de maio de 1964, apoiou o golpe militar, sob o pretexto de ele ter evitado a implantação do comunismo no Brasil. Reproduzia, assim, semelhante apoio ao regime, tal como fizera alguns anos antes em relação ao Estado Novo de Getulio Vargas. Poucos anos depois, porém, a partir de 1968, a Igreja mudou de posição, mostrando, assim, como destaca Mainwaring, que "o conservadorismo político não é tão intrínseco às Igrejas" (Mainwaring, 1989, p. 25). Desde então, e até o início dos anos 80, a Igreja se tornou "uma adversária resoluta dos regimes de exceção e uma das forças motrizes na luta pela democratização" (Lowy, 1997, p. 198), aparecendo "aos olhos da sociedade civil e dos próprios militares como o principal adversário do regime de exceção" (Lowy, 1997, p. 202). De fato, no período dos anos de chumbo, a Igreja "atua, simultaneamente, como um ator da sociedade civil e da sociedade política, no processo de pressão e de negociação com a arena estatal com vistas ao restabelecimento da plenitude democrática" (Azevedo, 2004, p. 113). Assim sendo, ela se posiciona fortemente não só

---

[12] A mesma Constituição também manteve o direito à liberdade de crença. O artigo 5º, inciso VIII, assim reza: "Ninguém será privado de direitos por motivo de crença religiosa ou de convicção filosófica ou política, salvo se as invocar para eximir-se de obrigação legal a todos imposta e recusar-se a cumprir prestação alternativa, fixada em lei".

contra a violência utilizada pelos órgãos de repressão, mas também contra a estrutura econômica vigente, preconizando atenção aos setores excluídos da população e defendendo o retorno da democracia. Assim procedendo, a Igreja deu um importante impulso "à democratização, ao fortalecimento da sociedade civil, ao movimento das liberdades; numa palavra, à *liberdade*" (Pierucci, 1996, p. 256).

No dizer de R. Della Cava, poucas instituições têm, como a Igreja católica, "defendido os direitos humanos contra o regime militar dos anos 70 e organizado as classes populares com o intuito de participar na restauração dos direitos civis e prática democrática durante os anos 80" (Della Cava, 1987, p. 145).

Também Antonio Flavio Pierucci sublinha que a Igreja católica atuou como defensora dos direitos humanos, sobretudo por meio das Comissões de Justiça e Paz. Segundo ele, "para o bem ou para o mal, a igreja católica no Brasil passaria a ser identificada como a instituição-chave de defesa dos direitos humanos" (Pierucci, 1996, p. 254). Isto, ou seja, "a exigência das mais amplas liberdades civis e políticas", ou, em outras palavras, demandas por justiça social e por reformas sociais profundas, constitui, para este autor, o aspecto mais importante da igreja católica brasileira e latino-americana durante o período ditatorial, mais do que a decantada "opção pelos pobres".

Alguns bispos destacaram-se na "defesa valente dos direitos humanos e na denúncia à repressão e à tortura, sem restrições às diferentes crenças e ideologias" (Pierucci, 1996, p. 254). São eles: D. Paulo Evaristo Arns, D. Helder Câmara, D. Waldyr Calheiros, D. Antonio Fragoso, D. Tomas Balduíno, D. Pedro Casaldáliga.

A posição critica da Igreja Católica em relação ao regime militar deveu-se a uma série de fatores, tais como: a influência do Vaticano II, da Conferência de Medellín (1968), a repressão contra setores da Igreja e, sobretudo, segundo M. Lowy, ao papel da "base" religiosa, ou seja,

> [...] os meios cristãos – laicos ou membros do clero, militantes da JUC e da JOC, religiosos e religiosas, intelectuais e trabalhadores – ativamente engajados no combate contra o regime de exceção, que foram, sem dúvida, o "motor" da transformação da instituição. (Lowy, 1997, p. 203)

Tal movimento nascido na "base", vale recordar, deu origem à chamada "Igreja dos pobres", a qual, como se sabe, teve uma importância significativa no Brasil e na América Latina entre as décadas de 60 e 90. C. A. Steil lembra que a igreja dos pobres se opunha tanto contra a igreja institucional, comprometida com o *status quo,* quanto contra a igreja de massa, sem comprometimento com a "causa dos pobres". Na atualidade, porém, complementa este autor, a igreja dos pobres está

> Assumindo novas configurações, de modo que dentro dela passam a caber formas novas de religiosidade – sincréticas, místicas, neo-tradicionais – que escapam ao entendimento ortodoxo do que ela deveria ser. Assim, práticas que haviam sido expulsas, ou barradas na porta da frente, retornam, sorrateiramente, pela porta dos fundos, na forma de um retorno do reprimido. (Steil, 1998, p. 72)

Seja como for, e para retornar à análise da Igreja católica durante o período em que vigorou o regime militar, é importante sublinhar que a Igreja não adotou uma posição unívoca durante todo esse período. Como refere R. Azzi, uma parte adotou uma postura política progressista, de oposição, enquanto outra se manteve arraigada à mentalidade conservadora e apologética, reforçada pelo ultramontanismo do século 19 (Azzi, 1997). Esta última posição prevaleceu nos primeiros anos do regime militar (até 1968), e a primeira nos anos seguintes (até 1985), constituindo-se a Igreja na porta-voz da crítica do regime, no maior abrigo institucional das organizações populares contra a repressão militar.[13] Também importa frisar, como faz Scott Mainwaring, que as diferentes relações mantidas pela Igreja em relação ao Estado e ao regime militar refletem o jogo de forças existente no interior da própria Igreja, cada um dos "modelos de Igreja" detendo suas próprias concepções dos objetivos institucionais, com reflexos nas relações com o Estado. Segundo o autor norte-americano, sobretudo no início dos anos 60, início da década de 70 e após 1982, "surgiram graves tensões entre os grupos tradicionais e os progressistas" (Mainwaring, 1989, p. 20), tendo contribuído, para tanto, as importantes "intervenções" sofridas pela Igreja católica brasileira progressista de parte do Vaticano. De fato, segundo Mainwaring, a partir de 1982,

> A nomeação de bispos conservadores, a pressão contra teólogos, bispos e práticas progressistas, e o favorecimento dos moderados e conservadores, junto com a pressão para que a Igreja cortasse e modificasse seu envolvimento político porque a sociedade civil produzira seus próprios canais políticos, começou a impedir os católicos progressistas de expandir seu nicho dentro da Igreja. Entretanto, a Igreja brasileira já havia se estabelecido como agente dos mais importantes e inovadores da Igreja internacional e da política brasileira das últimas décadas. (Mainwaring, 1989, p. 35)

Também Gómez de Souza sublinha que, apesar de pressões em contrário, após a abertura política a Igreja continuou vigilante no trato da coisa pública, de tal sorte que hoje se pode afirmar "que há uma tradição, constituída e amadurecida, de voz ativa e de presença permanente da Igreja no que se refere à coisa pública, isto é, à vida política em seu sentido mais amplo e abrangente" (Gómez de Souza, 2004, p. 86).

---

[13] Segundo Pedro Ribeiro de Oliveira, neste período, as Comunidades Eclesiais de Base e suas pastorais populares "foram muitas vezes o espaço utilizado pelos movimentos populares para se organizarem..." (Oliveira, 1986, p. 37).

Resumindo essa rápida recuperação histórica das relações entre Igreja Católica e Estado no Brasil, pode-se afirmar, reforçando as observações de Mainwaring e Lowy, que tais relações foram ora de separação ora de aproximação, de fato e de direito, visando tanto a recatolicização da sociedade ou a manutenção dos privilégios da Igreja, por um lado, quanto, por outro lado, a uma melhor legitimação social do poder político em determinados momentos históricos (Mainwaring, 1989; Lowy, 1997). Além disso, a forma e o tipo de relações que Igreja e Estado mantiveram dependeu também de quais tendências internas à Igreja e ideológicas partidárias se relacionaram entre si.

Relativamente à participação direta de membros do clero católico na política brasileira, nos diferentes níveis, vale recordar que o padre Diogo Feijó chegou à condição de regente do Império entre os anos de 1835 e 1837. Talvez seja este o mais alto posto político ocupado por um clérigo na política nacional. No mais, em praticamente todos os estados da federação, em um momento ou outro da política regional, alguns sacerdotes compareceram como candidatos a cargos eletivos, em diferentes níveis, logrando ou não a eleição.

Neste sentido, e relativamente, por exemplo, às eleições proporcionais do ano 2000, o Setor de Vocações e de Ministérios da CNBB constatou que houve um aumento de candidaturas de religiosos a cargos públicos. Um estudo de Moreira de Oliveira, realizado junto a 176 dioceses brasileiras, correspondendo a 65,67% do total, apurou que nas mencionadas eleições a quantidade de candidatos "superou a faixa de cem padres" (Moreira de Oliveira, 2002, p. 263), tendo cerca de 70% deles concorrido a cargo de prefeito, seguido de vice-prefeito e de vereador. Os dados da pesquisa mostraram que 41% dos padres candidatos concorreram pelo PT, seguido do PMDB, com 12% e do PSDB, com 9%. A pesquisa mostrou ainda que 44,77% dos candidatos venceram as eleições (Moreira de Oliveira, 2002, p. 264-265).

Tomando agora como exemplo o estado do Rio Grande do Sul, verificamos que nos anos 50 um sacerdote atuou durante oito anos como vereador na cidade de Caxias do Sul; um padre foi o primeiro prefeito do município de Vitória das Missões, emancipado em 1991; em 1996, um sacerdote foi eleito prefeito de Entre Rios do Sul e, em 1998, um sacerdote, Pe. Roque Grazziotin, conquistou pela primeira vez uma cadeira na Assembléia Legislativa do Estado.[14]

Nas eleições municipais de 2000, no Rio Grande do Sul, oito sacerdotes católicos concorreram, sem êxito, como candidatos a vereadores, um deles por Porto Alegre. O partido de filiação da maioria dos sacerdotes em questão foi o PT, com cinco candidatos. Trata-se de sacerdotes que trabalham em pastorais sociais e atuam em comunidades carentes. Mas, como se vê, o engajamento social, bem como o carisma de função (padres), não asseguraram os votos necessários para a eleição, ou seja, não provocaram o reconhecimento no campo político através do voto.

Nas eleições de 2002, no Rio Grande do Sul, dois membros do clero católico se candidataram à Assembléia Legislativa, ambos pelo PT. O já deputado e sacerdote Roque Grazziotin e o Frei Sergio Goergen. O primeiro, que nas eleições de 1998 havia feito 29.113 votos, nas eleições de 2002 obteve 23.409 votos, ficando na segunda suplência; o segundo foi eleito com 44.633 votos. Sérgio Goergen é membro da Ordem dos frades Menores da Província do Rio Grande do Sul. Durante o governo Olívio Dutra, do PT, trabalhou, por dois anos, na Secretaria da Agricultura como Coordenador da Reforma Agrária.

---

[14] De fato, durante oito anos, nos anos 50, o padre Eugênio Giordani foi eleito vereador em Caxias do Sul; o padre João Aloysio Konzen administrou o novo município de Vitória das Missões e o sacerdote Nestor Moroni foi eleito prefeito de Entre Rios do Sul em 1996. A eleição do padre Roque Grazziotin, em 1998, pelo PT, para a Assembléia Legislativa do Estado, foi um fato inédito no Rio Grande do Sul (Jornal Zero Hora, 17/09/2000, p. 5).

Já nas eleições 2004, a Igreja Católica, enquanto instituição, reproduziu a nível local, regional e mesmo nacional, o comportamento que vem adotando há vários anos. Ou seja, a posição oficial foi de não disputar cargos políticos e de não indicar ou apoiar explicitamente algum candidato. Porém, isto não significa que a Igreja se mantenha alheia às eleições. De fato, nessas, como nas demais eleições, as autoridades eclesiásticas manifestaram-se publicamente no sentido de orientar o voto dos fiéis. Assim, em texto publicado na Folha de São Paulo, no dia das eleições municipais de outubro de 2004, Dom Geraldo Majella Agnello, presidente da CNBB, chamou a atenção dos fiéis da seguinte forma:

> Estimulamos que a escolha do candidato se faça a partir do seu programa, do respeito ao pluralismo cultural e religioso, do comportamento ético, do compromisso com a justiça e a partir de qualidades como honestidade, competência, liderança, transparência, vontade de servir ao bem comum. Conheça a história de vida do candidato para que seu voto comece a mudar sua própria história de vida! (Folha de São Paulo, 03/10/2004)

Já o arcebispo metropolitano de Porto Alegre, dom Dadeus Grings, divulgou, em julho de 2004, a cartilha "Política – Eleições Municipais 2004", cujo lançamento ocorreu na reunião-almoço da Associação de Dirigentes Cristãos de Empresas (ADCE), na Igreja da Pompéia, em Porto Alegre. Composta de 44 páginas e 12 capítulos, a cartilha diz, entre outras coisas, o seguinte:

> Temos [...] critérios para votar em alguém. E, no plano municipal, onde as pessoas mais facilmente se conhecem, eles são mais fáceis de serem entendidos e aplicados. [...] No plano ideológico, para nós o critério fundamental é a valorização da vida. Nos primeiros tempos do cristianismo, três pecados, considerados os mais graves, exigiam penitência pública: o homicídio, o adultério e a apostasia.

E mais adiante afirma: "Muitos candidatos, apesar de todas as leis em contrário, continuam servindo-se das carências do povo para conseguir votos. Com isto ficamos apenas numa pretensa democracia".

É possível que as explicações sugeridas para o insucesso eleitoral dos clérigos católicos gaúchos nas eleições 2000 (Oro, 2001) possam ter algum grau de generalização. Em primeiro lugar, predomina ainda uma forte resistência no meio social católico, ou seja, junto aos fiéis, à candidatura de sacerdotes a cargos políticos. Parece que a idéia prevalecente nesse meio é a de que ao padre cabem atividades de ordem espiritual e não política. Por isso, muitos recusam a votar em membros do clero. Em segundo lugar, a forma organizativa da igreja católica (em dioceses, paróquias e capelas), embora seja uma ordem hierárquica, está longe de congregar os fiéis em torno de candidaturas de sacerdotes políticos. Em terceiro lugar, a resistência da própria hierarquia católica. Ou seja, os bispos geralmente se manifestam publicamente contrários à presença de sacerdotes na política, enfatizando que, quando isto ocorre, eles são aconselhados a se afastar das atividades religiosas.[15] Enfim, e não sem menor importância, o fato de não ter sido criado em nosso país um forte partido democrata-cristão que aglutinasse a presença político-partidária dos católicos, diferentemente de países como Itália, Chile e Venezuela. Este fato por certo tem sua importância na dificuldade de eleição, seja de membros do clero, seja de fieis católicos na vida po-

[15] Segundo Dom José Mário Stroeher, na época presidente da Regional Sul 3, da Conferência Nacional dos Bispos do Brasil (CNBB), a orientação da Igreja Católica é de que os padres não se candidatem, sobretudo ao Executivo. Diz ele: "Ao se candidatar por um partido, ele toma parte de uma parcela do povo, e o pároco não deve representar apenas alguns". Por sua vez, o então bispo de Frederico Westphalen, Bruno Maldaner, diz: "São traidores de sua missão e prejudicam o povo de Deus" (Jornal Zero Hora, 17/09/2000, p. 6).

lítica nacional (Gómez de Souza, 2004). Porém, como ressalta este autor, embora tenhamos hoje a presença de católicos numa grande gama partidária, o PT, surgido em 1980, agregou parcelas importantes do meio católico, além de lideranças sindicais, dos movimentos sociais e correntes da esquerda tradicional. Ou seja, porção significativa da militância católica "encontrou fortes afinidades entre sua ação na sociedade e a nova proposta partidária" (Gómez de Souza, 2004, p. 87). Trata-se, sobretudo, dos membros das Comunidades Eclesiais de Base, afinados com o catolicismo ou cristianismo da Libertação, dos membros das pastorais específicas e de sindicatos, que tiveram a sua importância na fundação do Partido dos Trabalhadores. Aliás, o próprio presidente Lula, em discurso pronunciado na catedral de São Bernardo do Campo, em 01/05/2004, reconhece que: "Toda essa luta que nós fizemos (sindicato, PT), não seria possível se não fosse a participação ativa da Igreja". E acrescente-se que tal relação com a Igreja Católica, embora não somente com ela, e não com a mesma intensidade de alguns anos, se mantém até hoje. Exemplos disso, entre outros, são a visita de Lula, com vários ministros e assessores, à 41ª. Assembléia da CNBB, reunida em Itaici, em 1 de maio de 2003,[16] e a presença anual de Lula, desde 1980, e mesmo agora como presidente, na "Missa do Trabalhador",[17] celebrada na matriz de São Bernardo do Campo, SP.

Porém, reiteramos que se, por um lado, a Igreja Católica não participa diretamente, com seus membros, da vida política partidária, por outro lado, isto não quer dizer que ela se mantenha alheia à política. Basta ver os documentos da CNBB, bem como os posicionamentos críticos, institucionais ou individuais, tomados pelo clero. Isto significa que a Igreja age "de modo a

---

[16] Foi, segundo a CNBB, a primeira vez que um presidente da República realizou esse gesto.

[17] A Missa do Trabalhador foi crida em 1980 por Frei Betto e a Pastoral Operária, e Lula nunca faltou a esta celebração nos últimos 24 anos.

influir na política e nas políticas, com base em sua mensagem religiosa e sociopolítica", caracterizada pelo "compromisso da Igreja no Brasil com a democracia e com o Estado de Direito e sua opção de apoiar um modelo democrático, politicamente soberano e participativo, economicamente inclusivo e socialmente justo" (Azevedo, 2004, p. 118).

Mas, assim sendo, evidencia-se uma outra situação: a de que malgrado a separação oficial do Estado, a igreja católica "continuou influenciando os processos sociais pelo fato de que sua estrutura simbólica manteve-se preservada na sociedade e nas instituições" (Fonseca, 2002, p. 53). Também A. G. Mendonça recorda que

> Embora não sendo mais religião do Estado, a Igreja Católica Romana continuou sendo hegemônica em todos os aspectos da vida no Brasil e não perdeu, de fato, ao menos seu papel formal de poder religioso. Assim, continua se pronunciando com autoridade em questões de seu interesse na vida nacional, sejam políticas, econômicas ou éticas, tendo seus prelados presença livre em atos cívicos, assim como presença de governantes e outras autoridades políticas em atos religiosos de relevância nacional. Apesar da pluralidade de religiões, o catolicismo, especialmente no seu aspecto mais popular, constitui a religião civil brasileira. Exemplo é o calendário religioso católico que, inserido na legislação, obriga não-católicos a observar feriados e festas que não constam no seu próprio. (Mendonça, 2003, p. 152)

Finalizamos as considerações sobre a Igreja Católica na política no Brasil com três apreciações analíticas. A primeira foi proposta em 1986 por Pedro Ribeiro de Oliveira. Trata-se, justamente, do momento de transição da sociedade brasileira para a democracia. Nos anos anteriores, como já foi mencionado, a Igreja havia dado importante cobertura institucional às organizações populares diante da repressão militar. Distinguiam-se, então, duas principais posições entre os setores progressistas da Igreja Católica do Brasil. Uma formada por bispos que ocupavam cargos na CNBB, por largos setores do clero e talvez pela maioria do laicado, a qual defendia que

> O envolvimento direto da Igreja nas lutas sociais e políticas justificava-se plenamente porque tratava-se de fazer respeitar os Direitos Humanos, e neste campo a Igreja não pode omitir-se. Agora, entretanto, as lutas populares já seriam propriamente políticas, pois trata-se de implementar um ou outro projeto político e social [...]. Os bispos não querem ser envolvidos em projetos políticos. Preferem retirar-se de qualquer envolvimento, de modo a salvaguardar um discurso ético e uma postura que não comprometa a unidade do episcopado. Preferem que os leigos entrem nas lutas sociais e políticas, mas sem envolver a responsabilidade da Igreja. (Oliveira, 1986, p. 37-38)

A outra posição, também formada por influentes bispos, padres e religiosos comprometidos com pastorais populares, sustentava que

> Não se trata de a Igreja retrair-se, mas de encontrar novas formas de apoio aos movimentos populares nesta nova fase de sua história. Nesta posição alinham-se os que pensam que os cristãos diretamente envolvidos nas lutas sociais e políticas [...] devem encontrar nos organismos eclesiásticos não só ajuda espiritual mas também um apoio concreto para sua ação. (Oliveira, 1986, p. 38)

Além dessas duas posições, recorda Oliveira, havia aquela composta por setores conservadores e integristas, "que não apoiaram os movimentos populares durante o período militar, e que mantém sua postura política de guardiães da ordem estabelecida" (Oliveira, 1986, p. 38-39).

A segunda apreciação é de Zélia Seiblitz, que, ao analisar as posturas da Igreja por ocasião da campanha presidencial de 1989, detectou quatro diferentes tendências políticas no seu interior, todas sustentando posicionamentos diferentes acerca do campo político. Uma tendência defendeu a participação do clero na campanha eleitoral indicando e apoiando candidatos comprometidos com a superação dos problemas dos oprimidos e pela restituição da dignidade das camadas mais pobres (é o grupo da Teologia da Libertação e da dita igreja progressista); outra tendência afirmou a exterioridade da Igreja frente às questões políticas e se opôs ao ateísmo, ao fim da propriedade privada e à reforma agrária (é o grupo tradicionalista, conservador); outra tendência não tomou posição política, mas alertou os fiéis para escolherem candidatos que sigam os princípios de dignidade e solidariedade humana (é a posição que expressa a fala oficial da Igreja, a CNBB); e, enfim, uma posição semelhante à anterior, no sentido de assumir que a Igreja permanecesse fora e acima dos partidos políticos, mas criticando a Teologia da Libertação e o engajamento de sacerdotes nas campanhas eleitorais (Seiblitz, 1990).

Enfim, Francisco Weffort, ao apresentar um percurso histórico da Igreja Católica em relação ao Estado e à sociedade brasileira, percebe uma trajetória da Igreja que vai do religioso ao social, até início dos anos 60 – influenciada pelo pensamento social da igreja, sobretudo a partir de João XXIII – e do social ao político, nos anos 60 e 70, definida por uma atitude de defesa da Igreja, seja em favor de seus membros atingidos pelo Estado, seja em defesa dos direitos humanos aviltados pelo regime ditatorial (Weffort, 1977).[18]

Para esse autor, historicamente a presença da Igreja Católica na política brasileira sempre foi tímida. Mas "por que, se pergunta ele, a Igreja não elaborou no Brasil uma concepção mais ativa – partidária ou, talvez melhor, suprapartidária, mas em qualquer hipótese não só defensiva – de sua presença na política,

[18] Evidentemente, pondera o autor, os três percursos – o religioso, o social e o político – de alguma forma estão sempre presentes em qualquer fase da história da igreja no país (Weffort, 1977).

a exemplo do que ocorreu nos últimos decênios em vários países da Europa e mesmo da América Latina?" (Weffort, 1977, p. 121).

O autor deixa sem resposta esta pergunta. De fato, por um lado, pode-se dizer que historicamente a igreja católica não tem tido uma presença incisiva na política institucional brasileira. Mas, por outro, ressalve-se que ela está longe de figurar como um ator social desatento ao político. Exemplo disso, como vimos, é que em momentos que antecedem as eleições, ela sempre tem lançado uma espécie de cartilha para orientação do voto dos seus fieis. É a sua forma "preferencial" de ingressar na política, posto que nela revela suas posições e concepções em relação à política em geral e ao modelo de sociedade em particular. Outrossim, vimos que a Igreja Católica comparece de forma mais incisiva na política nacional quando se defronta com a figura de um "outro oponente", real ou imaginário. Assim, na década de 60 (com o apoio institucional ao golpe militar), o horizonte era o comunismo, cuja implantação no Brasil desejava impedir; já nas últimas décadas, após o ingresso expressivo dos evangélicos na política, como veremos mais à frente, e a formação de "bancadas evangélicas" no Congresso Nacional e em assembléias legislativas estaduais e câmaras municipais, parece que a Igreja Católica, ao menos em determinadas regiões, dioceses ou municípios, tem demonstrado interesse em se aproximar dos políticos alinhados com o catolicismo. Tal relação, que se dá na forma de encontros com membros da hierarquia,[19] tem suscitado a evocação de se tratarem de "bancadas católicas". Não se trata, evidentemente, de um efeito mecânico e de uma resposta católica ao surgimento das "bancadas evangélicas" – embora possa haver, em algum grau, alguma relação entre elas – como não se trata também, segundo o Pe.

---

[19] Trata-se, afirma Dom Antonio Cheuiche, bispo Emérito de Porto Alegre, de um "novo espaço onde os parlamentares se reúnam para rezar, para melhorar a sua vida espiritual e aprofundar a consciência e seus conhecimentos sobre o compromisso político do cristão" (Jornal Nova Versão, 18-24/10/2001, p. 5).

Roberto Paz,[20] responsável pelo setor da cultura da Arquidiocese de Porto Alegre, de "bancadas católicas, enquanto grupo de pressão política". Trata-se, antes, de "um espaço de acompanhamento dos políticos que se identificam com a fé católica, oferecendo-lhes uma ferramenta de princípio inspirador baseado na Doutrina Cristã". Esclarece ainda o mesmo sacerdote que a Arquidiocese de Porto Alegre tem promovido encontros periódicos de políticos – reunindo cerca de 80 vereadores, de diferentes municípios, e 25 deputados da Assembléia Legislativa do estado – e a intenção é prosseguir com a "evangelização do setor político", através da formação dada pela "Escola do Bem-Comum". Toda essa *démarche* católica, finaliza o mencionado sacerdote, não resulta de uma "guerra de mercado religioso" com os evangélicos. Antes, inscreve-se no âmbito da evangelização da cultura preconizada por João Paulo II e reforçada pela CNBB. Enfim, no dizer do sacerdote, para os católicos é mais interessante que haja políticos evangélicos do que ateus ou laicistas nos parlamentos, uma vez que aqueles políticos tendem a defender, como a hierarquia católica, as grandes causas: a família, a vida, os direitos humanos.

Seja como for, já por ocasião da Constituinte de 1986 podia-se ver a existência de um "Bloco Parlamentar Católico". É o que sugere Paul Freston, que, ao analisar o conjunto dos deputados daquela Assembléia Nacional, apresenta 33 nomes de parlamentares que poderiam ser incluídos no chamado "Bloco Parlamentar Católico". Isto porque, continua este autor, seus nomes estão associados ao catolicismo e mesmo ligados à hierarquia e aos interesses católicos. Esse número, como veremos, é praticamente igual ao da "bancada evangélica" que foi formada na mesma Constituinte, a qual era composta por 33 parlamentares (Freston, 1993).[21]

---

[20] Conforme entrevista que este sacerdote nos concedeu em 05/05/2005.

[21] Além dos autores citados neste item, o leitor tirará proveito em ler, acerca de um período histórico das relações entre Igreja Católica e política no Brasil, entre outros, Azzi, 1977; Camargo, Souza e Pierucci, 1984; Alves, 1979; Maués, 1990; Miceli, 1988; Sanchis, 1990; Follmann, 1985.

Embora os evangélicos, com seu trabalho assistencial e educacional, participem, de alguma forma, da vida pública nacional desde a sua implantação no país, a saber: o protestantismo de imigração a partir de 1824, o protestantismo de missão a partir do século XIX, e o pentecostalismo a partir da primeira década do século XX,[22] a sua presença na política propriamente dita é um fenômeno da Nova República. Vale registrar, por exemplo, que nenhum protestante integrava a já mencionada Constituinte de 1823, composta de 93 parlamentares, sendo 15 sacerdotes católicos.

Por ocasião da Primeira República (1889-1930), a presença protestante na política nacional é, como diz Paul Freston, quase nula (Freston, 1993). Restringe-se a alguns casos, em municípios e estados, e a três senadores: o paulista Alfredo Ellis (1850-1925), que representa a adesão nominal do protestantismo de imigração; o carioca Erico Coelho (1849-1922), que aderiu à Igreja Presbiteriana; e o baiano Joaquim Nogueira Paranaguá (1855-1926), membro da Igreja Batista.

Na era Vargas (1930-1945), continua Freston, houve o primeiro e talvez o mais importante pronunciamento político realizado por líderes protestantes brasileiros que se mobilizaram em reação ao estreitamento das relações entre o governo Vargas e a

[22] Por protestantismo de imigração referimo-nos fundamentalmente ao luteranismo, implantado no Brasil pela imigração germânica, enquanto o protestantismo de missão cobre um conjunto de denominações (presbiteriana, batista, metodista e outras), difundidas principalmente pela ação missionária anglo-saxônica. O pentecostalismo desembarca no Brasil em 1910, em São Paulo, com a fundação da Igreja Congregação Cristã do Brasil, e em 1911, com a fundação da Igreja Assembléia de Deus; em Belém do Pará. Na década de 30 difunde-se a Igreja do Evangelho Quadrangular e a partir da década de 50 inicia a proliferação de igrejas pentecostais "brasileiras", como O Brasil para Cristo (1956), Deus é Amor (1962), Universal do Reino de Deus (1977), etc.

Igreja Católica. Tal pronunciamento, chamado Memorial, lançado em maio de 1932, foi articulado sobretudo por líderes presbiterianos, e nele constavam reivindicações típicas da tradição laica, do liberalismo e da social-democracia da época: voto secreto, justiça popular rápida e gratuita, completa laicidade do Estado e do ensino oficial, absoluta liberdade da manifestação de pensamento, educação popular obrigatória, promoção do pacifismo, etc.

A Constituinte de 1933-34 marcou a estréia dos protestantes na política nacional, oportunizada pela nova legislação eleitoral e impulsionada pelas pretensões católicas. Ou seja, o ingresso protestante na política nacional ocorreu até certo ponto em reação à intenção católica do momento de recatolicizar a sociedade e o Estado. Mas, nessa Constituinte, a presença protestante resumiu-se a um único parlamentar. Trata-se de Guaracy Silveira (1893-1953), um paulistano, pastor metodista, que se dizia socialista-cristão, eleito praticamente pelo eleitorado evangélico. Defendia o Estado laico, o divórcio, a livre sindicalização, o salário mínimo e a nacionalização das jazidas minerais. Após a Constituinte, retornou ao pastorado e foi eleito para o Congresso em 1945, sendo, novamente, o único evangélico. Nesta ocasião, aliou-se ao catolicismo, em oposição ao comunismo. Lutou pela igualdade de privilégios dos evangélicos.

Na mesma eleição de 1945, a "União Cívica Evangélica Paulista", que contabilizava cerca de 15 mil evangélicos no estado de São Paulo, empreendeu esforços visando à eleição do pastor presbiteriano Miguel Rizzo Jr., o qual, porém, obteve insuficientes 3.533 votos. Segundo L. Campos, já nesta época as explicações para o fracasso giraram em torno do divisionismo evangélico, argumento que será repetido com freqüência nos últimos 70 anos (Campos, 2002).

Seja como for, Guaracy foi o primeiro a ser eleito, em 1934 e em 1945, a partir de uma mobilização evangélica na política. Nesse período, continua Campos, havia um sério debate no campo evangélico acerca de quem seriam os seus melhores "representantes" na política: os pastores, com o ônus de terem de se afastar de suas atividades, ou os membros "leigos" da comunidade. Mais uma vez a polêmica se instalou, embora houvesse algum consenso no sentido de que o "político evangélico" do momento deveria ser alguém disposto a combater frontalmente a Igreja Católica. Neste sentido, a eleição de Guaracy Silveira, com sua postura liberal, desagradou a muitos evangélicos, uma vez que além de não se apresentar como anticatólico, agradeceu a todos que nele votaram, reconhecendo que precisou contar com votos não-evangélicos para ser eleito (Campos, 2002).

Por ocasião das eleições de 1947, vários deputados estaduais e vereadores evangélicos lograram se eleger. Na Câmara Federal, na legislatura 1951-1955, foram eleitos cinco evangélicos, entre os quais o gaúcho Ruy Ramos, da igreja metodista, o primeiro político evangélico do Rio Grande do Sul.[23] O número de deputados protestantes permaneceu entre seis e doze até a legislatura que chega a 1987. Nas eleições de 1982 foram eleitos três evangélicos para o legislativo: José Fernandes, PDT-AM (Assembléia de Deus); Mário de Oliveira, PMDB-MG (Evangelho Quadrangular) e Daso Coimbra, PMDB-RJ (Congregação Cristã). Dos três representantes, apenas Mário de Oliveira estava em seu primeiro mandato. Como veremos, com a Constituinte de 1986, a bancada evangélica sobe para trinta e três deputados.

Até esta Constituinte, a representatividade evangélica do

---

[23] Convertido à idade adulta, foi educado no colégio metodista, formado em Direito em Porto Alegre, exerceu advocacia em Alegrete, (Rio Grande do Sul), onde era também pecuarista e pregador leigo metodista. Na Câmara defendeu a reforma agrária, os direitos trabalhistas para os trabalhadores do campo, o tratamento isonômico dos evangélicos em relação à Igreja Católica. Em 1954, foi candidato derrotado ao senado, ao lado de João Goulart, tendo sofrido combate por parte da Igreja Católica, especialmente pela sua defesa do divórcio. Mas retornou à Câmara Federal em 1958, integrando a Frente Parlamentar Nacionalista. Apoiou e defendeu a posse de Jango na Campanha da Legalidade. Morreu em um desastre aéreo em 1962 (Freston, 1993).

norte e nordeste é praticamente nula. Ela se concentra em três estados: São Paulo, Rio de Janeiro e Rio Grande do Sul. Em termos denominacionais, Paul Freston identifica quatro fases da participação parlamentar evangélica a nível nacional: de 1946 a 1951 (a fase metodista, que se resume a Guaracy Silveira); de 1951 a 1975 (a fase presbiteriana); de 1975 a 1987 (a fase batista) e, após 1987, pela primeira vez, o predomínio de uma igreja pentecostal, a Assembléia de Deus (Freston, 1993). Como veremos mais à frente, a importância que a Igreja Universal do Reino de Deus assume, a partir de 1990, no campo político evangélico, leva Flávio C. dos Santos Conrado a propor o surgimento de uma quinta modalidade da política evangélica, a sua neopentecostalização (Conrado, 2000).

Antes de nos atermos à presença evangélica na política por ocasião da Constituinte de 1986, vale lembrar que, por ocasião do golpe militar de 1964, o posicionamento majoritário das igrejas evangélicas em relação ao regime foi semelhante ao da igreja católica, ou seja, de apoio. Mas, a partir de 1968, enquanto a igreja católica, como vimos, retirou o seu apoio ao regime, as igrejas evangélicas, menos a luterana, continuaram a sustentá-lo. Aliás, o próprio regime militar aproximou-se do segmento evangélico na medida em que a igreja católica dele se distanciava, posicionando-se criticamente.[24] No entanto, houve líderes evangélicos que atuaram fortemente contra o regime. É o caso do missionário presbiteriano Jaime Wright, que, ao lado de D. Pau-

[24] Devemos lembrar, como assinala André Corten, que "O general Ernesto Geisel, presidente da República de 1974 a 1979, é um luterano 'evangélico' do Rio Grande do Sul. Devemos notar também o apoio ativo do televangélico Fanini ao general João Figueiredo. Na ocasião do sétimo aniversário da sua emissão, o pastor Fanini reuniu em agosto de 1982 no estádio do Maracanã 120.000 pessoas para um culto 'cívico religioso'. Estavam presentes como convidados especiais o presidente Figueiredo (1979-1985) e cinco dos seus ministros. No dia 29 de novembro de 1982, o decreto 89.078 atribui o canal 13 da TV Rio ao pastor Fanini por um período de 15 anos..." (Corten, 1996, p. 175).

lo Evaristo Arns, atuou na defesa dos direitos humanos. Ambos organizaram e publicaram o livro *Brasil: nunca mais* (1985).

Esse fato revela que, de forma semelhante ao que vimos em relação à Igreja Católica, não parece ter havido uma unanimidade de posicionamentos de parte das igrejas evangélicas e de seus líderes frente ao regime militar, embora, como assinala Ricardo Mariano,

> Em face da oposição católica, o Estado de exceção, privado desse apoio na sociedade civil, rompe com sua prática política de privilegiar esse grupo religioso em prejuízo dos demais, passando a costurar alianças com (e barganhar o apoio) de novos interlocutores religiosos, visando à legitimidade de sua autoridade e do exercício de seu poder. Os evangélicos destacam-se entre estes aliados, tanto por seu encarniçado anticomunismo, sua inclinação pelo clientelismo, como pela ávida busca – dada sua condição de minoria discriminada – de poder, recursos, reconhecimento social e político. (Mariano, 2002, p. 20)

No entanto, como assinala Paul Freston, essa proximidade com o governo central não resultou em aumento da representatividade parlamentar dos segmentos evangélicos, uma vez que ela permaneceu estável durante todo o período militar (1964-1985) (Freston, 2001).

A partir da Assembléia Nacional Constituinte de 1986, ou seja, após a redemocratização do país, os evangélicos ingressaram em maior número na política brasileira e ganharam visibilidade. Nesta ocasião, foi implantada no Congresso Nacional a chamada "Bancada Evangélica", uma bancada pluripartidária, composta por 33 membros, sendo 18 deles do ramo pentecostal, especialmente da Assembléia de Deus, com 14 deputados. Segundo Antonio Flavio Pierucci, não se tratou de uma bancada "política e ideologicamente homogênea e, por conseguinte, tampouco o são suas bases de voto"; sendo majoritariamente formada por conservadores, eles teriam indicado a direção por onde andou esse grupo parlamentar (Pierucci, 1996, p. 165-166).

Esses novos políticos pentecostais são denominados por

Leonildo Campos como "políticos de Cristo", "cuja performance, atuação e discurso de legitimação passou a se valer de uma "escolha divina" intermediada pela Igreja" (Campos, 2002, p. 5). Ou seja, seriam, sobretudo, políticos representantes oficiais de igrejas pentecostais, principalmente nos anos 90, mas que já se faziam presentes na primeira "bancada evangélica" da Constituinte de 1986.

Segundo Paul Freston, por ocasião desta Constituinte, os deputados evangélicos não se distinguiram muito dos demais deputados no que tange à faixa etária e composição socioprofissional. Tinham tido, porém, menos experiência anterior do que os demais deputados, enquanto legisladores e administradores públicos. Quanto ao exercício do mandato, mantiveram-se tão fieis aos seus partidos quanto os demais e, igualmente, compartilhavam com os demais semelhante ideologia econômica. Além disso, agiram como um grupo de pressão política visando à satisfação de interesses próprios e a obtenção de benefícios na forma de liberação de verbas federais, revelando seu apetite fisiológico, que chegou a ser motivo de denúncias por parte da imprensa em razão de malversação de verbas e mesmo de desvio das mesmas (Freston, 1993). A este propósito, R. Mariano sublinha que vários parlamentares pentecostais, membros de igrejas e partidos conservadores, protagonizaram escândalos variados de malversação de recursos públicos e revelaram possuir uma voracidade fisiológica que em nada diferia da dos piores de seus pares não crentes (Mariano, 2000).[25]

---

[25] Segundo Pierucci, além do apetite por verbas, a atuação destes políticos não foi desprovida de dissensões e divergências internas. Diz ele: "Foi uma trajetória de alianças com o poder econômico (UDR, UBE, 'centrão') e com o governo federal, política e materialmente vantajosa, marcada, porém, desde o início, por rupturas internas à bancada, que foram acentuando-se no percurso. O fortalecimento de pontes com o Planalto, da parte da maioria conservadora, redundaria num alargamento das fissuras com a minoria de esquerda, uma minoria, diga-se de passagem, cada vez mais escandalizada com o insaciável apetite dos crentes conservadores por benesses, verbas, cargos e concessões de emissoras de rádio e canais de TV: para suas igrejas, sim, mas também para si próprios." (Pierucci, 1996, p. 189).

Porém, relativiza Paul Freston, o "fisiologismo" evangélico talvez não seja mais grave do que em outros casos. Por falta de experiência, faltou-lhes discrição, acrescenta (Freston, 1993).

Seja como for, a bancada evangélica guardou alguma especificidade ao longo da Assembléia Nacional Constituinte de 1986-1988. Segundo Pierucci, atuou como um bloco corporativo na defesa da "maioria moral", assumindo posição contrária ao aborto, ao jogo, ao homossexualismo, às drogas, ao feminismo, à pornografia, à liberação dos métodos contraceptivos abortivos, à censura de costumes nos meios de comunicação social. Assim procedendo, como se vê, pensaram em fazer política não somente tendo em mira as suas comunidades religiosas, mas também a sociedade como um todo. Por isso mesmo, além de conservadores na esfera cultural e fundamentalistas na esfera religiosa, os evangélicos aliaram-se politicamente à direita e mostraram-se conservadores na defesa da "lei e da ordem" e pela "moralidade e decência" (Pierucci, 1996, p. 175 e seguintes). Freston também sublinha que o grupo evangélico manteve unidade em questões comportamentais (aborto, drogas, divórcio, homossexualismo), elegendo a família, mas também a mídia, como temas de grande interesse, e caracterizando-se, ainda, pela ausência de crítica às autoridades e distância de questões sociais como a reforma agrária.[26] Porém, continua esse autor, os evangélicos formaram menos uma "direita ideológica" e mais um "centro fisiológico", posto que determinadas votações, tais como a reforma agrária e a duração do mandato do então Presidente José Sarney, foram definidas a partir da negociação de recursos financeiros e de benefícios, como concessões de estações de rádio e televisão. Além disso, mais especificamente os pentecostais, revelaram-se mais

[26] Ainda segundo Freston, as posições da maioria da bancada evangélica sobre o aborto, o homossexualismo e a pena de morte coincidiram com as posições oficiais da Igreja Católica. Divergiram, porém, na questão do divórcio (Freston, 1993).

governistas, mas menos conservadores do que os evangélicos históricos e alguns partidos políticos, e menos democráticos e mais nacionalistas (Freston, 1993).

Ainda relativamente à Constituinte de 1986, nota-se que a presença evangélica no Congresso Nacional se modificou com o ingresso de representantes de igrejas pentecostais que abandonaram os slogans "tu não participarás" e "crente não se mete em política", e assumiram os slogans "irmão vota em irmão" e "um crente vota em um crente", os quais se tornarão importantes palavras de ordem utilizadas nas eleições a partir de então (Freston, 2001). Segundo este autor, tal mudança de orientação ocorreu especialmente às vésperas da Constituinte, mobilizando sobretudo a Assembléia de Deus, em razão de notícias que corriam então neste meio religioso na forma de boato, segundo as quais a Igreja Católica estaria articulando voltar a ser a religião do Estado, cerceando, dessa forma, a liberdade religiosa para as demais igrejas e religiões. Igualmente, "falava-se" que a Nova Constituição iria trazer prejuízos para a família, uma vez que havia articulação para a liberalização do aborto, das drogas e do casamento entre homossexuais. Assim sendo, o ingresso pentecostal, sobretudo assembleiano, na Constituinte, consistia numa reação às transformações culturais e religiosas, não aceitas pela Igreja, que se prenunciavam naquele momento histórico.

Mas é claro que, por um lado, tal reação não poderia ocorrer sem uma tomada de consciência pentecostal, sobretudo de parte de algumas igrejas, da sua força numérica que poderia ser transformada em capital político, assim como, por outro lado, a inserção pentecostal na política não ocorreu sem reação, na forma de "uma repulsa aos 'políticos evangélicos' tradicionais, acusados de transigirem em seus princípios morais para defender interesses próprios ou de grupos 'incrédulos'" (Campos, 2002, p. 7).

De sorte que o ingresso dos pentecostais na política mudou a representatividade regional dos parlamentares evangélicos no Congresso Nacional, posto que eles são originários, em sua maioria, do norte, nordeste e centro-oeste do país, diferentemente dos evangélicos de igrejas históricas que, como vimos, representavam estados do sudeste e do sul do país. Igualmente, alterou o perfil social dos parlamentares evangélicos, uma vez que eles provêm de meios sociais mais humildes, contrariamente aos evangélicos históricos, que se situavam sobretudo nas camadas médias da sociedade. Alem de vir de meios populares, geralmente os deputados pentecostais tendem, em sua atuação parlamentar, a guardar seus vínculos com esse meio social. Outra característica dos deputados pentecostais é que a metade deles se constitui em candidatos oficiais de suas igrejas, e não em candidatos avulsos, como ocorria com os políticos membros das igrejas históricas. Na Assembléia de Deus e na Igreja Quadrangular, os nomes para concorrer ao mandato eram escolhidos mediante uma prévia interna nas igrejas. Em sua prática política, na Câmara Federal, verificou-se também algum conflito entre os próprios deputados evangélicos, posto que os representantes das igrejas mostraram-se mais defensores dos valores tidos como evangélicos, contrariamente aos candidatos que possuíam menor compromisso com as igrejas, que atuaram mais movidos pelos condicionamentos políticos. Mesmo assim, a defesa da moralidade e da ética constituiu um ponto de convergência da maioria dos deputados evangélicos, sejam eles pertencentes a igrejas históricas ou pentecostais. Ainda parece ter sido comum a ambos os grupos evangélicos o fato de que seus candidatos a cargos eletivos não se vincularam a um ou alguns partidos políticos. Eles são encontrados em quase todas as legendas partidárias, menos as de extrema-esquerda, com percentagens maiores nos partidos tidos como de direita, independentemente das siglas partidárias.

A Assembléia de Deus foi a igreja que mais contribuiu para a mudança do perfil evangélico acima mencionado. Com apenas 1 representante no Congresso Nacional na legislatura de 1983-1986, elegeu 13 deputados em 1986, todos eles pastores, ou radialistas ou cantores vinculados à igreja, ou, ainda, evangelistas, alguns com alguma experiência política. Em segundo lugar vem a Universal do Reino de Deus que, em 1986, elegeu apenas 1 deputado para a Assembléia Nacional Constituinte, mas que, em 1990, elegeu 3 deputados federais, 6 em 1994, 17 em 1998, e nas eleições de 2002 elegeu 16 deputados federais vinculados à própria igreja, e ajudou a eleger outros 4 deputados federais não pertencentes à Igreja (Folha de São Paulo, 10/10/2002).

A partir de 1989, os evangélicos se engajaram nas eleições majoritárias. Tratava-se de uma realidade bem diferente das eleições proporcionais, pois, naquelas, buscava-se uma união evangélica, algo sempre difícil e mesmo quase impossível de ser alcançado.

Nessas eleições deu-se a pré-candidatura de Íris Rezende, ministro da agricultura do governo Sarney, que pertence à Igreja Cristã Evangélica, e que foi o primeiro evangélico a governar um Estado da federação, o Estado de Goiás, pelo voto popular. Recebeu apoio explícito de várias lideranças evangélicas de diferentes denominações, sobretudo de parte do pastor Manoel Ferreira, da Assembléia de Deus. Mas foi derrotado na convenção do PMDB. Então, as manifestações das igrejas evangélicas históricas tenderam, de forma semelhante ao que faz a CNBB, a expressar princípios e posicionamentos, mais do que a indicar apoio explícito a determinado candidato. Já as igrejas pentecostais, como Assembléia de Deus e Quadrangular, embora não tivessem apoiado explicitamente nenhum candidato no primeiro turno, inclinaram-se a apoiar Fernando Collor de Mello no segundo turno.[27] Por sua vez, as igrejas Universal e Casa da Bênção externaram, através de seus líderes, apoio a Collor já no primeiro turno. Pesou para o apoio a este candidato a sua pregação contra a

[27] De acordo com Leonildo Campos, "Collor, durante a campanha eleitoral, tanto no primeiro como no segundo turno, visitou vários templos e participou de cerimônias em igrejas pentecostais, assim como esteve presente em programas de rádio da Igreja Universal" (Campos, 2002, p. 15).

corrupção, as suas promessas de mudança e a sua imagem de pessoa "temente a Deus", diferentemente de Luiz Inácio Lula da Silva, que foi acusado de ser "ateu" e "comunista". Por ocasião da campanha eleitoral, teria ocorrido entre os pentecostais um verdadeiro "pânico religioso" (Pierucci, 1996) em razão de afirmações construídas acerca do candidato do PT, no sentido de que o mesmo iria discriminar os evangélicos e implantar o regime comunista, caso fosse vitorioso.[28] Também ocorreu um "delírio persecutório", que supunha a existência de uma associação entre Lula e a Igreja Católica e de uma aliança entre eles para "a tomada do poder pelo voto", com a conseqüente finalidade de eliminar as demais igrejas. Assim sendo, este estigma contribuiu para uma desqualificação a mais de Lula, encaminhando importantes segmentos pentecostais a darem seu apoio a Collor de Mello (Mariano; Pierucci, 1992).

Mas, nessas mesmas eleições, "setores progressistas" de algumas igrejas protestantes históricas formaram dezoito comitês evangélicos pró-Lula, espalhados em vários estados do país (Mariano; Pierucci, 1992). O líder de tal mobilização foi Robinson Cavalcanti, professor universitário e pastor da Igreja Episcopal. Nessas eleições, também Brizola contou com o apoio de líderes pentecostais, sobretudo da Assembléia de Deus, como o televangelista Silas Malafaia (Freston, 2001).

Na ocasião do *impeachment* de Collor, em 1992, a bancada evangélica tendeu a não se engajar nele, ou seja, "os eleitos protestantes são os menos a favor do *impeachment*, ou mesmo resolutamente contra" (Corten, 1996, p. 179). É somente no final do pro-

---

[28] Para Mariano e Pierucci, este dado teria tido o peso maior na inclinação pentecostal pró-Collor, no segundo turno. Dizem eles: "Todos os dados de que dispomos mostram que fator que mais pesou na decisão de voto dos pentecostais no segundo turno foi um desmedido e alastrado temor da implantação de um regime comunista por um governo petista" (Mariano; Pierucci, 1992, p. 202).

cesso que bom número de seus componentes veio a se posicionar favoravelmente. Na ocasião, circulou no meio pentecostal que as razões para o fracasso de Collor estariam associadas à "ação demoníaca sobre o ser humano", posto que ele teria freqüentado "cultos satânicos" nos porões da Casa da Dinda, sua residência particular em Brasília. Aliás, dizia-se, também, que mesmo as mortes de seu irmão, Pedro Collor, que denunciou à imprensa irregularidades supostamente cometidas pelo irmão presidente, e de Paulo César Farias, tesoureiro de campanha de Collor, estariam vinculadas às "atividades demoníacas" (Campos, 2002).

Nas eleições de 1990, a representação evangélica no Congresso Nacional baixou para 22 deputados, dado interpretado dentro e fora das igrejas como uma reação do eleitorado evangélico ao tipo de atuação política (fisiológica e antiética, em alguns casos), levada a efeito por alguns parlamentares evangélicos na legislatura anterior. Dos 12 deputados oficiais da Assembléia de Deus eleitos em 1986, somente 5 foram reeleitos em 1990 e 4 assumiram como suplentes. Também diminuiu em um terço o número de representantes eleitos da Igreja Quadrangular. Somente a Universal aumentou o número de representantes eleitos, que de 1 passou para 3.

A partir de 1990, surge também no meio evangélico o Movimento Evangélico Progressista, que consistiu numa tentativa de mudar o perfil político evangélico. Conforme Freston, tal movimento se quer evangélico (conservador na teologia, afirmando a Bíblia, a evangelização e a conversão), progressista (comprometido com mudanças estruturais) e suprapartidário (uma associação informal). Benedita da Silva e Robinson Cavalcanti eram as figuras mais expressivas desse movimento. Paul Freston dizia, acertadamente, em 1993, que tal movimento teve dificuldade em eleger candidatos com o voto religioso e a tendência seria a sua marginalização, tal como os movimentos ecumênicos dos anos 60 e mesmo como a "Igreja popular" dos anos 70 no âmbito católico (Freston, 1993).

Por ocasião das CPIs de 1993, denúncias atingiram alguns políticos evangélicos, como Itsuo Takayama, João de Deus Antunes e Manoel Moreira, tendo o primeiro e o último sido cassados por corrupção.

Em 1994, ano das eleições gerais, surgiu forte no meio evangélico a figura de Caio Fabio D'Araujo Filho, pastor presbiteriano e presidente da Associação Evangélica Brasileira (AEVB), que liderou uma série de campanhas cívicas e de obras sociais no Rio de Janeiro, sobretudo a Fábrica da Esperança, na favela de Acari. Na ocasião, era tido como "pastor ético" e "anti-bispo Macedo". Também nesse ano, duas entidades reivindicaram falar em nome dos evangélicos. São elas: a Confederação Evangélica do Brasil, fundada em 1934 e transformada em Associação Evangélica Brasileira em 1991, tendo sido Caio Fabio seu primeiro presidente; e o Conselho Nacional dos Pastores do Brasil (CNPB), fundado em 1992 com o apoio da Universal e da ala dissidente da Assembléia de Deus Madureira, e que mais tarde recebeu apoio de outras igrejas, tais como a Casa da Benção, a Quadrangular, a Internacional da Graça de Deus, a Convenção Batista Nacional, a Renascer em Cristo.

Por ocasião das eleições presidenciais de 1994, a cisão entre as duas entidades veio à tona. A AEVB, presidida por Caio Fabio, lançou um documento intitulado "Dez Mandamentos do Voto Ético", no qual pregava, entre outras coisas, que nenhum eleitor evangélico deveria se sentir culpado por ter posições políticas diferentes de seu pastor, cujas opiniões deveriam ser consideradas como as de um cidadão comum e não como profecias divinas. Por seu turno, o CNPB contra-atacou, defendendo o direito de o pastor adotar posições políticas e indicar candidatos aos seus fiéis, acusando Caio Fábio de estar aliado a Lula (Freston, 2001).

Dessa forma, nenhuma das associações conseguiu galvanizar os apoios evangélicos. Igualmente nas eleições de 1994 apareceu forte junto à sociedade em geral, e ao próprio campo evangélico em particular, a força política da Universal, que, para tanto, contava com uma já bem montada rede midiática e recursos financeiros. Nessas eleições, houve apoio morno dos evangélicos ao candidato Fernando Henrique Cardoso,[29] e relativamente ao candidato Lula, embora tenham sido fortalecido em quase todos os estados da federação os "Comitês Evangélicos Pró-Lula", tal como nas eleições de 1989, a eles se integraram sobretudo evangélicos dos meios históricos. Junto a alguns segmentos pentecostais, especialmente a Universal, a campanha anti-Lula continuou nos moldes de 1989, repetindo em relação a ele os mesmos clichês de ser comunista, de ter a intenção de perseguir os evangélicos, de receber apoio da Igreja Católica e de freqüentar terreiros de umbanda e candomblé para pedir ajuda aos "demônios" (Campos, 2002). A. Corten acrescenta que além desses rumores circulava outro, nesta ocasião, no meio evangélico, a saber: o de obrigar as igrejas pentecostais a se unificarem, o que significa "O cúmulo para igrejas cujo princípio de desenvolvimento é a multiplicidade", recorda o cientista político (Corten, 1996, p. 180-181). Por isso mesmo, segundo este autor, nessas eleições a IURD lançou uma palavra de ordem de "guerra santa". "Esta eleição será uma luta entre os candidatos de Deus e do diabo". Não citando explicitamente Lula como representante do Diabo, continua Corten, o bispo Macedo acrescenta: "mas eu não votarei em Lula" (Corten, 1996, p. 180).[30]

---

[29] Segundo Paul Freston, alguns elementos combinados contribuíram para tanto: o estilo e as convicções pessoais do próprio candidato, um renomado sociólogo que chegou a perder uma eleição para a Prefeitura de São Paulo por ter, entre outros motivos, se confessado ateu; um certo constrangimento dos líderes religiosos em apoiar enfaticamente alguém que se supunha não crer em Deus; a origem intelectual e elitista do Partido da Social Democracia Brasileira (PSDB), partido do candidato, pouco vinculado à realidade deste segmento religioso (Freston, 2001).

[30] Corten cita trecho de uma matéria intitulada "Sem ordem e sem progresso (a face oculta do PT)", publicada no Jornal Folha Universal, n. 115, 19-25/6/1994, na qual pode-se ler o seguinte: "Está enganado aquele que vota em Lula pensando votar num candidato de origem modesta, da classe trabalhadora e defensor dos pobres. Lula transformou-se num escravo do Partido dos Trabalhadores (PT) que por sua parte representa o radicalismo e a destruição dos valores familiares e cívicos.... Votar em Lula é implantar o medo e enterrar a esperança de uma nação livre e soberana." (Corten, 1996, p. 180).

Diferentemente do que ocorreu na IURD, no conjunto dos evangélicos parece ter havido uma redução da rejeição a Lula, embora eles tenham se dividido nos apoios entre os candidatos à Presidência da República.[31]

Nas mesmas eleições de 1994, a bancada evangélica no Congresso subiu novamente, agora para 31 deputados federais, dos quais 19 pentecostais, e destes 6 da Igreja Universal do Reino de Deus, que, desde então, além de investir na política, aumentou fortemente sua atuação na área social através da criação, naquele mesmo ano, da Associação Beneficente Cristã (ABC). Também nessas eleições foram eleitos os senadores evangélicos Íris Rezende, por Goiás, e Benedita da Silva, pelo Rio de Janeiro, tendo ela sido a primeira mulher negra a se eleger para o senado em toda a história do Brasil.

Mas talvez o caso mais surpreendente tenha sido o de Francisco Rossi, que realizou uma campanha fazendo forte uso de sua identidade evangélica e chegou ao segundo turno na disputa para o governo do Estado de São Paulo, obtendo 43% dos votos. A sua peculiaridade residia no fato de ser "um político de carreira se convertendo e continuando sua carreira num novo estilo evangélico" (Freston, 2001, p. 44).

Nos anos seguintes, ambas as associações evangélicas mencionadas se esvaziaram. A Associação Evangélica Brasileira em virtude de uma série de incidentes em que seu líder, o pastor Caio Fábio, se viu envolvido; e o Conselho Nacional dos Pasto-

---

[31] Recordemos que nas eleições majoritárias à presidência da república de 1994, Fernando Henrique Cardoso foi eleito com 54,3% dos votos válidos enquanto que Lula teve oficialmente 27,0%. Nessas eleições, segundo Pierucci e Prandi, "A candidatura Lula mostrou-se mais próxima dos católicos das comunidades de base, dos afro-brasileiros e dos eleitores que se declararam sem-religião, e mais distante dos católicos carismáticos e dos pentecostais [...]. Fernando Henrique obteve maiores taxas de preferência entre os carismáticos, os kardecistas e os católicos tradicionais." (Pierucci; Prandi,1996, p. 238).

res do Brasil devido sobretudo ao abandono da IURD, que, ao ampliar a sua própria força política, não viu mais necessidade de continuar servindo como pilar de sustentação dessa entidade (Freston, 2001).

Nas eleições presidenciais de 1998 apresentaram-se novamente como candidatos, embora não sendo os únicos, Fernando Henrique Cardoso e Luiz Inácio Lula da Silva, tendo o primeiro sido re-eleito. Tal como nas eleições precedentes, foram organizados comitês agregando os evangélicos para ambos os candidatos. Leonildo Campos assinala que, mais uma vez, os evangélicos penderam para o lado de FHC (Campos, 2002). Entretanto, é importante assinalar que, pela primeira vez, a IURD se mostrou mais simpática a Lula, publicando em seu jornal Folha Universal entrevistas e frases favoráveis ao candidato do PT. L. Campos sugere que com esta atitude a Universal quisesse manifestar suas reservas em relação a Fernando Henrique, devido a certas medidas tomadas durante o seu primeiro mandato e consideradas por ela como desfavoráveis (Campos, 2002).

Relativamente às eleições para o governo de certos estados, pôde-se perceber a importante influência do segmento evangélico. Assim, comentou-se à época que no Distrito Federal os próprios integrantes do Partido dos Trabalhadores reconheceram que o fracasso do então governador Cristovam Buarque se deveu, em alguma medida, à dificuldade encontrada durante o seu mandato governamental de manter boa relação com os evangélicos. Em São Paulo, Francisco Rossi chegou a estar à frente nas pesquisas, mas perdeu a vaga no segundo turno para Paulo Maluf, que conseguiu formar uma Frente Cristã liderada pela Igreja Renascer em Cristo. Porém o caso mais representativo verificou-se no Rio de Janeiro, com a vitória de Anthony Garotinho para governador e de Benedita da Silva na condição de vice-governadora, ambos membros da Igreja Presbiteriana. Paul Freston lembra que

> Garotinho teve considerável apoio entre os Batistas e a Assem-

bléia de Deus. A brochura de seu Comitê Evangélico mostra os dois principais apelos: "parceria" entre o governo do estado e as igrejas em programas sociais, e possíveis cargos no governo. De fato, em meados do primeiro ano de seu governo, um programa de assistência para famílias pobres foi levado adiante em grande medida através de igrejas evangélicas, levando a acusações de favorecimento religioso. Por outro lado, havia apenas dois evangélicos em posições de importância no seu governo. (Freston, 2001, p. 49)

Nas eleições de 1998 foi eleita para o Congresso Nacional a maior "bancada evangélica" vista até então na história do Brasil, composta por 53 deputados ligados a 13 igrejas (Revista Época, 02/10/2000). Trata-se, registrou na época um jornal catarinense, da "quarta maior bancada capaz de emperrar votações e provocar negociações com o governo, como aliás já fez" (Jornal Diário Catarinense, 30/07/2000). Do total dos deputados evangélicos referidos, 17 são pastores e bispos da Igreja Universal, egressos de distintas unidades federativas[32] e 3 foram apoiados por esta igreja, que obteve cerca de 1.400.000 votos, "feito comparado a partidos de médio porte como PTB e PDT" (Conrado, 2000, p. 26). Nas mesmas eleições de 1998, a Universal elegeu 26 deputados nas assembléias legislativas de 18 estados da federação (Fonseca, 1998).

A partir do êxito político da Universal, P. Freston escreveu, ainda em 1998, que a Universal "representa uma força que desequilibra o meio evangélico e começa a polarizá-lo", precisando ser levada em consideração sempre que se discutir a relação entre protestantismo e política (Freston, 1999, p. 8). Os fatos ocorridos nos anos posteriores confirmaram o acerto dessa afirmação. Por exemplo, dois anos mais tarde, Conrado escreveu, acerca da

---

[32] Quatro do Rio de Janeiro, 3 de São Paulo, 2 de Minas Gerais, e 1 de cada um dos seguintes estados: Bahia, Espírito Santo, Maranhão, Ceará, Rio Grande do Sul, Pernambuco e Paraná e 1 do Distrito Federal (Machado, 2001).

Universal, que ela constitui hoje uma força política na vida pública brasileira à qual "o campo político não pode mais ficar alheio" (Conrado, 2000, p. 77).[33]

Por ocasião das eleições majoritárias de 2002, dirigentes da Universal, assim como uma parcela importante de líderes religiosos do campo evangélico, mas não sua unanimidade, expressaram, durante a campanha do primeiro turno, seu apoio ao também evangélico Anthony Garotinho, do PSB, o primeiro candidato evangélico a participar de uma campanha à presidência da república. O ex-governador do Rio de Janeiro se converteu ao protestantismo em 1994, após um acidente automobilístico. Segundo Leonildo Campos, Garotinho "não é bem um 'político de Cristo' fabricado por uma Igreja e sim um político populista que assumiu uma filiação religiosa para alavancar a sua candidatura para o governo do Rio e, depois, para a presidência da República" (Campos, 2002, p. 20).

Mas Garotinho não foi eleito para o segundo turno. Ele recebeu a significativa, mas não suficiente votação de 15.175.729 votos, ou seja, 17,87% dos votos para a presidência.[34] Diante desse fracasso, para o segundo turno a Universal se inclinou a apoiar Lula, o mesmo acontecendo com Anthony Garotinho, que declarou o seu apoio ao candidato do PT, já na largada do segundo turno. De acordo com a imprensa, tanto Bispo Rodrigues, então articulador político da Universal,[35] quanto

---

[33] Durante os anos 90 ocorreu no Estado de São Paulo duas importantes mobilizações políticas evangélicas não-eleitorais: a primeira consistiu na formação do Sindicato de Ministros Evangélicos e Trabalhadores Assemelhados (SIMEESP), e a segunda da mobilização do Conselho de Pastores de São Paulo visando a modificação do Código de Obras e Edificações em prol da isenção dos templos religiosos e multas e impostos (Gaskill, 2006).

[34] Vale recordar que nessas mesmas eleições, a esposa de Garotinho, a também evangélica Rosinha Matheus foi eleita governadora do Estado do Rio de Janeiro com 4.101.423 votos, ou seja, 51,30% do total de votos.

[35] Mais adiante voltaremos a falar sobre este político.

Garotinho, atuaram como mediadores junto a outras igrejas evangélicas para conseguir o apoio a Lula para as eleições de 27 de outubro de 2002. Assim, em 15 de outubro daquele ano a Igreja Renascer em Cristo expressou o seu apoio a Lula, e no dia 17 o candidato do PT se reuniu no Rio de Janeiro com cerca de 900 pessoas de várias igrejas, que manifestaram a ele o seu apoio. Representavam igrejas como Metodista, Batista, Sara Nossa Terra, além da Universal e parte da Assembléia de Deus que não seguiu a decisão das duas principais convenções da igreja de apoiar o candidato José Serra.

De fato, José Serra se mobilizou pessoalmente para obter o apoio das Assembléias de Deus, bem como da Quadrangular. Assim, em 10 de outubro de 2002 recebeu o apoio da Convenção Nacional das Assembléias de Deus (CONADE) e, em 16 de outubro, o apoio da Convenção Geral das Assembléias de Deus no Brasil (CGADB) e da Igreja Quadrangular.[36]

Portanto, relativamente às eleições presidenciais de 2002, por ocasião do primeiro turno os evangélicos se inclinaram majoritariamente para a candidatura de Garotinho, enquanto no segundo turno dividiram-se nos apoios a Lula e a Serra.

Ainda relativamente às eleições majoritárias de 2002, vale registrar que a "bancada evangélica" saiu mais fortalecida, com 59 parlamentares, sendo 23 deputados filiados às Assembléias de Deus, 22 vinculados ou apoiados pela Universal, 8 batistas, e os demais de outras denominações, isto significando um aumento de cerca de 25% em relação à bancada anterior (Folha de São Paulo, 10/10/2002). Também no Senado houve um aumento de evangélicos. Agora são quatro: Marina Silva (PT-AC), Bispo Marcelo Crivella (PL-RJ), Magno Malta (PL-ES) e Paulo Ota-

[36] Segundo a Folha Online (18/10/2002), em troca do apoio, José Serra (PSDB) se comprometeu a não patrocinar nenhum projeto ou lei que viesse a ferir os princípios e os interesses dos evangélicos, tais como: a união civil de homossexuais, a tributação da renda das igrejas evangélicas e a lei do silêncio.

vio (PFL-DF). Atualmente a bancada evangélica transformou-se em "Frente Parlamentar Evangélica" e seu líder é o deputado federal da Assembléia de Deus Adelor Vieira, do PMDB de Santa Catarina.[37]

Hoje, passados praticamente 20 anos da formação da primeira "Bancada Evangélica" no Congresso Nacional, um balanço de sua atuação mostra que ela não constitui um grupo político coeso. Segundo A. B. Fonseca, são raros os temas e as votações em que se pode perceber a existência de uma unidade evangélica. Esta aparece em assuntos ligados à moral e aos "bons costumes", como a discussão em torno do aborto e da união civil dos homossexuais. Mas, continua Fonseca, "uma análise do comportamento do congressista evangélico mostra que esta 'bancada' (evangélica) é um mito" (Fonseca, 2006, no prelo). De certo modo, a revista evangélica Ecclésia também sustenta essa idéia, ao dizer que "os congressistas ligados ao povo evangélico [...] são submetidos mais às orientações partidárias e aos interesses pessoais do que às igrejas que os elegeram" (Revista Ecclésia, n. 81, setembro de 2002).

Igualmente, hoje é prudente também relativizar a questão da posição político-ideológica da "bancada evangélica". A. Corten mostra que ela foi tida geralmente como "de direita e conservadora". Porém, frisa este autor, em verdade ela não é mais conservadora do que a média da população. E, especificamente sobre o pentecostalismo, este autor afirma que este "não é nem mais nem menos conservador do que a igreja católica" (Corten, 1997, p. 18). A título ilustrativo, um levantamento efetuado por Fonseca na metade de 2001 acerca do vínculo partidário dos deputados evangélicos no Congresso Nacional mostrou que eles se distribu-

---

37 Para uma análise recente sobre a presença evangélica nas eleições de 2002 ver Burity, 2006. Para uma análise das construções de candidaturas pentecostais nas disputas eleitorais do Ceará de 1986 a 2002 ver Miranda, 2006.

íam tanto em partidos tidos como de "direita" quanto de "esquerda". Mais especificamente "25 congressistas evangélicos estavam em partidos da oposição e 32 em partidos pró-governo" (Fonseca, 2006, no prelo).

Por ocasião das eleições proporcionais de 2004, novamente os evangélicos se mobilizaram no sentido de eleger seus representantes, sobretudo nos legislativos municipais. Talvez o fato que então mais chamou a atenção do observador atento à participação evangélica na política brasileira tenha sido a redução de votos e de eleitos da Universal. Ela elegeu 70 vereadores contra 360 vereadores eleitos nas eleições do ano 2000.

Aproveitamos, agora, o "gancho" justamente para focarmos um pouco mais de perto a face política dessa igreja, que detém uma inegável importância no meio evangélico, em particular, e religioso, mais geral, no Brasil atual.

Igreja Universal do Reino de Deus: uma nova força evangélica na política nacional

Recordamos que a IURD iniciou o seu efetivo ingresso na política institucional em 1986 com a eleição de 1 deputado federal para a Assembléia Nacional Constituinte. Em 1990, elegeu 3 deputados federais e 6 deputados estaduais. Em 1994, duplicou o número de deputados para a Câmara Federal e aumentou para 8 o número de deputados para as Assembléias Legislativas. Por ocasião das eleições de 1998, elegeu 26 deputados nas assembléias legislativas de 18 estados da federação (Fonseca, 1998) e 17 deputados federais (sendo 14 egressos da própria Igreja, de distintas unidades federativas e 3 deputados apoiados pela Igreja), obtendo cerca de 1.400.000 votos, "feito comparado a partidos de médio porte como PTB e PDT" (Conrado, 2000, p. 26).

Nas eleições de 2000, a IURD elegeu 360 vereadores no país, e nas eleições de 2002 16 deputados federais vinculados à própria igreja,[38] 2 a mais do que na legislatura anterior, e 19 deputados estaduais, representantes de 10 estados da federação.[39] Nestas mesmas eleições, segundo informações colhidas pela Folha de São Paulo junto ao então deputado federal Bispo Rodrigues – o principal coordenador político da IURD até fevereiro de 2004[40] – a Igreja ajudou a eleger outros 4 deputados federais não

---

[38] A saber: Almeida de Jesus (do Ceará), Oliveira Filho (do Paraná), Jorge Pinheiro (de Brasília), João Paulo (de Minas Gerais), Paulo Gouvea (do Rio Grande do Sul), Reginaldo Germano (da Bahia), Heleno (de Sergipe), Bispo Wanderval (de São Paulo), Bispo João Batista (de São Paulo), Edna Macedo (de São Paulo), Marcos Abrahão (de São Paulo), Bispo Rodrigues (do Rio de Janeiro), Bispo Vieira Reis (do Rio de Janeiro), Bispo João Mendes (do Rio de Janeiro), Divino (do Rio de Janeiro) e Marcos de Jesus (de Pernambuco).

[39] São eles: Ronaldo (Ceará), Edson Praczyk (Paraná), George (Minas Gerais), Sergio Peres (Rio Grande do Sul), Marcio Marinho (Bahia), Madoqueu (Sergipe), Souza (São Paulo), Maria de Jesus (São Paulo), Roberto (São Paulo), Milton Vieira (São Paulo), Wagner Salustiano (São Paulo), Bispo Caetano (Rio de Janeiro), Bispo Jodenir (Rio de Janeiro), Bispo Leo Vivas (Rio de Janeiro), Armando José (Rio de Janeiro), Ely Patrício (Rio de Janeiro), Edna Rodrigues (Rio de Janeiro), Dilma Lins (Pernambuco) e Odete de Jesus (Santa Catarina).

[40] Este bispo fundou a Igreja Universal na Argentina e na Espanha, e trabalhou em Portugal, Angola, África do Sul e Moçambique, antes de se dedicar integralmente, em 1996, à tarefa de coordenador político da Igreja. Conrado atribui o sucesso eleitoral da IURD, entre outros fatores, à liderança deste bispo que desde a campanha presidencial de 1989 coordenou candidaturas e definiu estratégias políticas da Igreja, e na Câmara Federal conduziu a ação política dos parlamentares nas questões que interessavam à sua instituição religiosa. Bispo Rodrigues foi eleito em 1998 deputado federal pelo Rio de Janeiro pela legenda do PFL com 76 mil votos. Foi reeleito no pleito de 2002 com 192.640 votos, tendo obtido a quarta maior votação no conjunto dos candidatos à Câmara Federal do Rio de Janeiro. No Congresso Nacional, atuou como vice-líder do Partido Liberal (PL) durante o ano de 2003. No entanto, no final de fevereiro de 2004, Bispo Rodrigues foi afastado de suas funções de bispo e de coordenador político da igreja, em razão do seu envolvimento com o "caso" Waldomiro Diniz, ex-subchefe de Assuntos Parlamentares do Planalto. Segundo o jornal Folha de São Paulo, a

pertencentes a ela (Folha de São Paulo, 10/10/2001). Além disso, fato notável foi a eleição do primeiro senador da Igreja, o bispo Marcelo Crivella, pelo PL do Rio de Janeiro, com 3.235.570 votos, superando políticos tradicionais como Artur da Távora e Leonel Brizola, além do pastor Manoel Ferreira, da Assembléia de Deus.

No entanto, nas últimas eleições proporcionais de 2004, a IURD conheceu um importante, e talvez o primeiro revés político, qual seja: a eleição de somente 70 vereadores em todo o Brasil, diferentemente dos 360 eleitos em 2000. Em entrevista que nos concedeu em 16/05/2005, em Porto Alegre, o bispo Paulo Pereira, responsável pelo setor político da Igreja no Rio Grande do Sul, esclareceu que a redução de eleitos tem relação com o fato de que nas eleições de 2004 a igreja tendeu a lançar

---

decisão de afastar Bispo Rodrigues do Conselho de Bispos e da liderança da bancada da igreja na Câmara foi tomada por Edir Macedo para preservar a Universal e a candidatura do senador Marcelo Crivella (PL) à prefeitura do Rio. Ainda segundo o jornal, o fundador da Universal entendeu que teria havido "desvio de conduta" por parte de Rodrigues quando este nomeou diretores da Loterj durante a gestão de Waldomiro Diniz (Folha de São Paulo, 20/02/2004). No dia 12 de setembro de 2005, Bispo Rodrigues encaminhou à Mesa Diretora da Câmara Federal pedido de renúncia do mandato de deputado federal. Ele figurava na lista, entre os 18 deputados citados no relatório preliminar das CPIs dos Correios e do Mensalão, de receber do empresário Marcos Valério Fernandes de Souza, a soma de R$ 400 mil. Rodrigues, por sua vez, nega e afirma que não há nenhuma prova documental ou testemunhal que o vincule aos saques. Este é o teor da correspondência enviada à Mesa Diretora: "Ao Excelentíssimo senhor presidente da Câmara dos Deputados Carlos Alberto Rodrigues Pinto, brasileiro, casado, parlamentar, comparece ante Vossa Excelência para comunicar à Mesa da Câmara dos deputados minha imediata renúncia ao meu mandato de deputado federal. Requer, assim, seja determinada por Vossa Excelência a leitura da presente comunicação no expediente e a devida publicação no Diário da Câmara dos Deputados, tudo conforme determina o artigo 239 do regimento interno.Termos em que pede e espera deferimento, Carlos Alberto Rodrigues Pinto".

"obreiros"[41] e não pastores como candidatos, portanto indivíduos de menor legitimidade do que os pastores. "Retiramos as candidaturas de pastores e colocamos obreiros", afirmou.

Seja como for, e coincidência ou não, este relativo fracasso da Universal nas eleições de 2004 ocorreu quando o ex-bispo Carlos Rodrigues não mais atuou como coordenador político da igreja, ele que, como vimos, foi deposto deste cargo, perdeu o título de bispo e renunciou ao mandato de deputado federal. Até as últimas eleições era ele o estrategista e homem forte da Universal no que tange a questões políticas. É possível, portanto, que sua ausência tenha deixado uma lacuna na igreja, ainda não preenchida, cujo resultado apareceu nas eleições 2004.

Mas até as eleições de 2004 a trajetória política da Universal sempre foi ascendente. Tal êxito, como já referi em outro lugar (Oro, 2003), deveu-se, em grande medida, ao fato de a Universal ter adotado, tal como já fizera a Assembléia de Deus, o modelo corporativo da "candidatura oficial". Seus representantes são escolhidos entre os fieis pela cúpula dirigente da igreja, não havendo nenhuma consulta às "bases". Uma vez lançados os candidatos a IURD usa dos cultos, das concentrações massivas e da mídia própria (televisão, rádio, jornal) – de acordo com a legislação eleitoral – para fazer publicidade dos mesmos.

Além disso, a Universal distribui os seus candidatos segundo os bairros, cidades ou regiões, para serem apoiados separadamente pelas diferentes igrejas locais. Como refere Leonildo Campos, "essas 'paróquias' se comportam como se fossem 'distritos eleitorais' fechados a outros candidatos, estranhos ou não da própria igreja" (Campos, 2002, p. 12).

---

[41] Obreiro é o termo pelo qual é designado na Universal os indivíduos, de ambos os sexos, que iniciam sua carreira na hierarquia da igreja, ocupando-se sobretudo do bom andamento dos cultos no interior dos templos, observando o comportamento das pessoas, além de receberem-nas nas portas dos templos e aconselharem-nas. Exercem tais funções de forma gratuita.

Um levantamento efetuado por Conrado no jornal Folha Universal acerca do que é considerado pela Igreja como o perfil adequado do político revelou o seguinte: "pessoas despojadas de interesses pessoais"; "ter o desejo exclusivo de glorificar o bom nome do Nosso Senhor Jesus Cristo"; possuir "caráter" e "compromisso com o povo de Deus"; preocupar-se com os "desamparados, pobres e necessitados", "sem vaidades interiores, sem egoísmos" (Conrado, 2000, p. 76-77).

Na prática, como observou P. Freston, o principal pré-requisito dos candidatos da Universal é o de serem "pastores que atuam na mídia" (Freston, 2000, p. 299). Ou seja, não seriam recém chegados na Igreja e nem totalmente desconhecidos dos fiéis. No entanto, tal requisito não é suficiente para garantir suas eleições. A votação que recebem resulta, em última instância, sobretudo do fato de terem sido escolhidos, indicados e/ou apoiados pelos dirigentes da Igreja enquanto "homens de Deus", em favor dos quais é usada a "máquina *iurdiana*". Ou seja, torna-se muito importante para o eleitor o carisma institucional. Este revela-se preeminente sobre o individual, e isto se deve à estrutura eclesial "carismática, centralizada e não participativa" (Carneiro, 1998)[42] que caracteriza esta Igreja, reconhecida como tal pelo então deputado e bispo Rodrigues, quando dizia: "Nossa força é que temos uma hierarquia, há uma hierarquia que é seguida à risca" (Jornal do Brasil, 29/10/2001), o que implica dizer que o poder da instituição prevalece sobre o dos indivíduos, sejam eles simples fiéis ou pastores.

É claro que o exitoso exercício da autoridade carismática institucional *iurdiana* na política não se dá de forma opressiva em relação aos seus fiéis. Ela é legitimada mediante a mobilização

---

[42] Isto é, uma instituição onde "o carisma apresenta-se como o único elemento de organização do poder, da igreja local à organização nacional, constituindo um espaço institucional pouco propício à participação dos fiéis nos assuntos da Igreja" (Carneiro, 1998, p. 187).

de vários elementos práticos e simbólicos. Por um lado, a Igreja faz uso da sua bem montada rede midiática, impressa e eletrônica,[43] bem como da sua rede assistencialista, cujo fortalecimento ocorreu em 1994, como vimos, com a criação da Associação Beneficente Cristã (ABC), entidade que concentra a ação social e mantém os diversos projetos assistenciais da Igreja.[44] Mas, por outro lado, ela traz para o campo político e para a construção da sua representação política elementos doutrinários e discursivos próprios do campo religioso, reproduzindo um procedimento comum aos evangélicos, especialmente os pentecostais, de "*religiosizar* o político", ou de "confessionalizá-lo". Mais especificamente, estes últimos concebem que o diabo atua na política, produzindo más leis e atitudes ilícitas de parte dos políticos. Porém, a Universal se diz capaz de libertar a política do poder desse mal, acionando, para tanto, um recurso invisível mais poderoso, a força que purifica tudo, inclusive a política: a "força do Espírito Santo", o "poder do Senhor Jesus", "o pai das luzes que vence o poder das trevas", segundo o dizer dos ministros da IURD.

---

[43] A IURD é hoje detentora de 2 redes de televisão: a Record – com 63 emissoras, sendo 21 delas próprias, e a Mulher, presente em 85% das capitais brasileiras e em cerca de 300 municípios. Exporta seus programas para vários países (especialmente para o México, Chile, Panamá, Equador, Venezuela, Colômbia e Porto Rico); a IURD detém também 62 emissoras de rádio no país, é proprietária do jornal *Folha Universal*, cuja tiragem semanal supera a cifra de 1,5 milhão de exemplares, das revistas *Ester*, *Mão Amiga* e *Plenitude*. Além disso, é proprietária de uma gráfica (Editora Gráfica Universal), de uma editora (Universal Produções, pela qual Edir Macedo publicou seus 34 livros). No exterior, ela possui os jornais *Tribuna Universal* em Portugal; *Universal News* e *Pare de Sufrir* (destinada aos hispânicos) nos Estados Unidos; *Faith in Action* e *City News* na Inglaterra; *Stop Suffering* na África do Sul; *Pare de Sufrir* no Chile e na Bolívia; *Tribune universelle* na França (para maiores informações sobre a IURD e a mídia ver Fonseca, 2002).

[44] Como bem frisou A. Corten: " [...] as obras assistenciais permitem (às igrejas pentecostais) de se constituir uma base eleitoral" (Corten, 1997, p. 29).

A conseqüência desse discurso, como já destaquei (Oro, 2003), é que para os fiéis *iurdianos* votar não constitui apenas um exercício de cidadania. O voto também é concebido como um ato que preenche um sentido quasi-religioso. Trata-se de um gesto de exorcismo do demônio que se encontra na política e de sua libertação para que ela seja ocupada por "pessoas tementes ao Senhor Jesus". Em outras palavras, o efeito de sentido produzido pelo discurso e pelo carisma da IURD por ocasião do período que precede as eleições é tal que os seus fiéis acrescentam um significado a mais ao ato de votar, além do dever cívico. O gesto de votar adquire o sentido de um rechaço do *mal* presente na política e sua substituição pelo *bem*, ou seja, por pessoas convertidas ao evangelho, por "verdadeiros cristãos", por "homens de Deus".

Assim sendo, a Universal mobiliza na esfera política crenças, valores e símbolos do seu universo simbólico, e a partir deles produz uma ressemantização do voto, inscrevendo-o "numa lógica cosmológica, na perspectiva da guerra santa" (Semán, 2001, p. 96).[45]

No entanto, de acordo com Alexandre Fonseca, a análise do comportamento político dos membros da Universal revela que não há um "voto *iurdiano*" no Congresso Nacional. Segundo suas próprias palavras: "o comportamento do voto no congresso não aponta para uma real *bancada* Universal. Em geral os deputados seguem seus partidos" (Fonseca, 2006, no prelo). Este fato, porém, ao contrário de denunciar uma incapacidade política da IURD ou uma dificuldade de entendimento entre os deputados

---

[45] Por outro lado, fica implícito que votar, para os fiéis da Universal, consiste na expressão de sua relação identitária com a Igreja mais do que com qualquer político ou partido político. Ou, então, em certa medida a própria Igreja torna-se o seu partido. Este fato condiz com a concepção prevalecente na cultura brasileira, onde, segundo M. Palmeira, "o voto não é associado ao exercício de um direito individual, mas a uma sinalização de adesão a um 'lado' (facção) da sociedade" (Palmeira, 2000, p. 11), neste caso, um vínculo identitário religioso e político.

iurdianos, parece, antes, revelar o modo "sofisticado" de fazer política dessa Igreja, que distribui os seus deputados em diferentes partidos para alcançar melhor poder de barganha política, o que não impede que em determinadas situações os interesses da Igreja se sobreponham aos dos partidos.

O mais recente lance envolvendo a Universal na política foi veiculado na imprensa no início de 2005, a saber: sua ação no sentido de fundar um partido político. De fato, a Folha de São Paulo noticiou em 13/01/2005 a intenção da Universal de criar um partido político controlado pelos bispos da denominação: o Partido Municipalista Renovador. A reportagem continuava dizendo que as assinaturas necessárias para a criação do novo partido (cerca de 400 mil) foram colhidas nas portas dos templos da Universal, no final dos cultos. A empreitada era dirigida pelo pastor Vitor Paulo Araújo dos Santos, que aparece como requerente do registro provisório do Partido Municipalista Renovador em dois pedidos feitos a Tribunais Regionais Eleitorais a que a Folha de São Paulo teve acesso: de São Paulo e de Roraima.

A reportagem ainda esclarecia que esse partido começou a ser organizado em 2003 pelo então deputado federal e bispo Carlos Alberto Rodrigues (PL-RJ). O senador da Universal e do PL, Bispo Marcelo Crivella, teria sido escolhido pelo bispo Edir Macedo como o líder maior do mencionado partido.

Enfim, a Folha assim justificava o surgimento de um partido político junto à Universal: "o crescimento do PL (que abriga o maior número de deputados ligados à igreja), que teria diminuído o poder de influência da Universal na sigla, e as resistências de outras legendas a aceitarem seus candidatos estão entre as causas apontadas para a criação da nova sigla" (Folha de São Paulo, 13/01/2005).

Em 25 de outubro de 2005, o mencionado partido mudou de nome, agora para Partido Republicano Brasileiro. Trata-se, diz o bispo e senador da Igreja Universal, Marcelo Crivella (RJ), de um "partido laico", declaração feita por ocasião do ato de filiação a ele do atual Vice-presidente da República, José Alencar, em 29 de setembro de 2005 (Folha Uol).

Em entrevista já referida, o bispo Paulo Pereira sustentou, diferentemente do que diz a Folha de São Paulo, que a Universal não mistura religião e política, e que o mencionado partido político resulta de uma iniciativa dos políticos ligados à Igreja. Disse ele: "A Igreja não idealizou um partido político. Não existe partido da Igreja. Foram os políticos que são ligados à Igreja, por meio da função que exercem". Há, aqui, como se vê, uma fronteira muito tênue entre Igreja, enquanto instituição, e políticos ligados à Igreja, leia-se pastores e bispos membros da própria Igreja.

Concluindo este tópico sobre os evangélicos na política, pode-se dizer que o seu ingresso, especialmente pentecostal, na política institucional brasileira, resulta da conjunção de razões de ordem simbólica e de ordem prática. Ou seja, verifica-se, de um lado, uma leitura pentecostal da desmoralização e da deslegitimação da política, visível nas inúmeras reportagens da imprensa acerca da corrupção, malversação de verbas públicas, apropriação, desvio e uso ilícito de dinheiro, alem de fisiologismos e defesa de interesses particulares. Isto tudo ocorre, na ótica pentecostal, em razão da atuação das "forças do mal" na política, mas que eles têm condições de enfrentar e superar através de um poder infinitamente superior de que são detentores: o poder do Espírito Santo. Mas, de outro lado, o ingresso evangélico-pentecostal na política também resulta da tomada de consciência da sua importância numérica e do seu capital político, o que os conduz a reivindicar igualdade de tratamento recebido do Estado pela Igreja Católica em termos de recursos públicos, apoio a seus projetos e programas sociais. Em outras palavras, como refere Coradini em relação aos candidatos evangélicos no Rio Grande do Sul, a maioria deles "parece menos preocupada 'em politizar determinadas esferas e questões sociais' do que em se apropriar dos cargos políticos e colocá-los 'a serviço da religião e da filantropia'" (Coradini, 2001 apud Machado, 2003, p. 286).

Assim sendo, esses políticos estariam reproduzindo uma semelhante lógica corporativa que prevalece junto a outros setores sociais. Especialmente em relação à IURD, haveria "uma relação entre as crescentes iniciativas assistencialistas e o interesse dessa estrutura eclesiástica em ampliar a capacidade de influência na esfera pública" (Machado, 2003, p. 285).

Seja como for, existindo mais ou menos relação entre corporativismo religioso e clientelismo político, mais ou menos lógica e interesses corporativos religiosos na prática política evangélica no Brasil ou em outros países da América Latina, estamos hoje, de qualquer modo, longe da imputação de Lalive D'Epinay às massas pentecostais de terem um comportamento abstencionista e de imobilismo político-social, supostamente reforçado pelas conversões. Por isso mesmo, sublinha Dodson, em razão da sua relevante participação na sociedade civil (áreas do ensino, da saúde e da assistência social em geral), assim como a sua presença na política propriamente dita (apoiando candidatos leigos, apresentando candidatos próprios ou fundando partidos políticos), hoje o pentecostalismo desafia o estereótipo construído sobre ele enquanto passivo e indiferente em relação à sociedade e mesmo hostil em relação à política (Dodson, 1997).

As Religiões afro-brasileiras e a política

Dos três segmentos religiosos acima arrolados que, entre outros, compõem a diversidade religiosa brasileira, o afro é, de longe, o que detém menor presença no campo político institucional, embora, como se saiba, seja grande a sua importância na cultura brasileira.

Parece que os primeiros umbandistas a serem eleitos para o cargo de deputado estadual foram Atila Nunes, para a Assembléia Legislativa do Rio de Janeiro – um radialista que havia sido eleito vereador em 1958 – e Moab Caldas, para a Assembléia Legislativa do Rio Grande do Sul, ambos eleitos em 1960. O primeiro faleceu em 1968 em pleno exercício do mandato e o segundo foi re-eleito nos anos de 1964 e 1968 e, sendo ativo partidário do PTB de Leonel Brizola e de Jango Goulart, foi cassado em 1968, tendo falecido em 1997 (Brown, 1985).

Em São Paulo, segundo Maria Helena Villas Boas Concone e Lisias Nogueira Negrão, não foram homogêneas ao longo dos anos as relações entre umbanda, política e Estado, tendo prevalecido a perseguição àquela religião até o golpe de 1964 e a sua cooptação política a partir de então. Nas eleições de 1982, ocorreu o envolvimento político-partidário da umbanda paulista e a derrota dos seus candidatos (Concone; Negrão, 1985).

Após a redemocratização do país, em 1985, a cada nova eleição, nos principais estados brasileiros, sempre há o comparecimento de alguns agentes das religiões afro-brasileiras como candidatos, seja por indicação de algum partido, em razão de sua presumível liderança, seja pelo cargo que ocupam no contexto dessas religiões, geralmente líderes de uma federação.

No entanto, são raros aqueles que, pautando sua campanha na identidade religiosa, logram se eleger para as assembléias legislativas estaduais. O que tem ocorrido, em diferentes metrópoles e cidades brasileiras de porte médio e grande, é a eleição de pais ou mães-de-santo para os quadros das assembléias legislativas municipais. Vejamos alguns exemplos.

Sebastião de Jesus Costa, conhecido como Sebastião do Coroado,[46] candidatou-se pela primeira vez à Câmara de Verea-

---

[46] Pai de Santo desde os 21 anos de idade, Sebastião é dono da "Tenda Espírita São Sebastião Vale da Natureza", localizada no bairro do Coroado, um dos bairros mais pobres da cidade de São Luís. É, igualmente, um dos fundadores da Federação de Umbanda do Estado do Maranhão, a qual possui cerca de 80 terreiros filiados. Também apresenta o programa televisivo "Viva a Oxalá", que vai ao ar durante uma hora semanal, aos domingos pela manhã, pela programação local via TV Bandeirantes. Antes de atuar na televisão, Sebastião mantinha semelhante programa radiofônico.

dores de São Luis, no Maranhão, no início dos anos 80, logrando, desde então, sempre se re-eleger ao mesmo cargo. Em 1998 e em 2002 candidatou-se, sem êxito, a uma vaga na Assembléia Legislativa do Estado. Nas eleições de 2002, concorrendo pelo PFL, obteve 11.465 votos. Nas eleições de 2004 concorreu à Câmara Municipal e obteve 4.889 votos, figurando, inicialmente, como segundo suplente, e vindo, a seguir, a ocupar uma vaga no legislativo municipal. O seu intenso trabalho assistencialista constitui uma das explicações para as suas re-eleições. De fato, segundo Lindoso, "Sebastião do Coroado costuma ajudar todos os seus associados e demais pessoas carentes da comunidade com a distribuição de cestas básicas, remédios e ajuda disponibilizando advogados para questões judiciárias para aqueles que não podem pagar e oferece consultas espirituais" (Lindoso, 2003, p. 3).

Na capital gaúcha, exceto o já mencionado Moab Caldas, nenhum outro agente religioso das religiões afro-brasileiras conseguiu ser eleito a algum cargo político. Dois renomados pais-de-santo porto-alegrenses (Jorge Verardi e Ailton Albuquerque) tentaram uma vaga na Assembléia Legislativa do Estado nos anos 1990 e 1994, respectivamente. O primeiro fez pouco mais de mil votos e o segundo não alcançou quatro mil votos.

Por ocasião das eleições proporcionais de 2000, as religiões afro-brasileiras contaram com 5 candidatos, sendo 4 pais-de-santo, que assim se identificaram publicamente, e 1 presidente de um terreiro. Nenhum deles foi eleito e juntos totalizaram 5.643 votos.

Nas eleições 2004 concorreram três candidatos: dois pais-de-santo e uma mãe-de-santo. Juntos somaram 2.730 votos. Um discurso recorrente a esses candidatos gaúchos que mobilizaram a sua identidade religiosa afro-brasileira por ocasião das campanhas eleitorais de 2000 e de 2004, residia na necessidade de essa religião se unir para eleger um seu representante a cargo político para fazer frente aos ataques das igrejas neopentecostais, notadamente da Universal. Isto porque, argumentavam, o poder dessas igrejas e sua impunidade diante da "guerra santa" que movem diariamente contra as religiões afro-brasileiras, nos seus templos e em suas mídias, radicava no fato de que elas detêm uma bancada política, sendo o campo político tão ou mais importante do que o jurídico enquanto espaço privilegiado de garantia de legitimidade social.

Notamos, neste caso, novamente, pois já constatamos em relação ao segmento católico, algum grau de influência evangélica, sobretudo *iudiana*, para a tentativa de ingresso no campo político, desta vez, de membros das religiões afro-brasileiras. No entanto, apesar desse discurso, como vimos, ninguém obteve votos suficientes para conseguir uma cadeira na Câmara Municipal de Porto Alegre. Aliás, o que ocorreu na capital gaúcha é relativamente recorrente não somente nas demais cidades deste Estado, mas também na maioria das cidades brasileiras. Como explicar, então, a dificuldade das religiões afro-brasileiras em eleger seus membros a cargos eletivos? Várias razões podem ser arroladas.

Em primeiro lugar, trata-se de um conjunto de religiões que dispõem de um capital social relativamente reduzido, o que dificulta a eleição de seus representantes nas esferas políticas.[47]

Em segundo lugar, outra razão que pode prejudicar a pre-

---

[47] Segundo o último censo de 2000, 1,9% da população brasileira se identificou com uma religião mediúnica, sendo 1,3% (ou seja, 2.337.432 pessoas) do segmento espírita e 0,3% (ou seja, 571.329 pessoas) do segmento afro-brasileiro. Estes números, porém, sobretudo os que se referem às religiões afro, estão subestimados ao menos pela metade do que outras pesquisas revelaram e isto se deve, conforme R. Prandi, "às circunstâncias históricas nas quais essas religiões se constituíram no Brasil e ao seu caráter sincrético daí decorrente. [...] Por tudo isto, é muito comum, mesmo atualmente, quando a liberdade de escolha religiosa já faz parte da vida brasileira, muitos seguidores das religiões afro-brasileiras ainda se declararem católicos." (Prandi, 2003, p. 16). Por isso mesmo, continua o autor, "Até hoje o catolicismo é uma máscara usada pelas religiões afro-brasileiras, máscara que evidentemente as esconde também dos recenseamentos" (Prandi, 2003, p. 17).

sença na política, através de representantes eleitos, radica na própria estrutura organizacional religiosa. Trata-se de religiões, diz Prandi, em que "não há nenhuma organização institucional eficaz que os unifique ou que permita uma ordenação mínima capaz de estabelecer planos e estratégias comuns" (Prandi, 2003, p. 24). Além disso, tais religiões constituem-se de pequenos grupos, quase domésticos, que são os terreiros, todos ao mesmo tempo autônomos e rivais entre si, em meio a pequenas e frágeis redes de alianças. Ora, este *ethos* constituído de permanente disputa, rivalidade entre terreiros e desqualificação do outro, torna, como reconhece R. Prandi, bastante remota a possibilidade de união entre terreiros e grupos, mesmo em se tratando de proveito para a religião (Prandi, 1991).[48]

Em terceiro lugar, as circunstâncias históricas em que as religiões afro-brasileiras se constituíram no Brasil também ajudam a compreender a sua quase ausência no político assim como a sua concepção da política. De fato, tais religiões foram formadas no século XIX, época em que, como vimos, o catolicismo era a religião oficial, e, portanto, a única tolerada no Brasil. Neste quadro, o espaço de reprodução religiosa era limitado, e, para fazer frente aos ataques e acusações que sofria da sociedade envolvente, especialmente o candomblé estabeleceu com ela uma relação de clientelismo e de busca de favores, que se mantém até o presente. Assim, diz Prandi (2003), se constituiu a concepção da política por parte dessas religiões: mais clientelista e assistencialista e menos representativa e eletiva.

---

[48] Não estamos emitindo nenhum juízo de valor sobre este permanente conflito entre líderes de terreiros das religiões afro-brasileiras. Há mesmo alguns autores, como N. Correa, que, baseado em G. Simmel, levanta a hipótese de que o conflito referido não representa algo negativo na vida social dessas religiões vindo ele a constituir a chave para explicar a permanência histórica das religiões afro-brasileiras, em razão do seu papel também construtivo e agregador em termos sociais (Correa, 1998).

No entanto, a dificuldade encontrada pelas religiões afro-brasileiras em eleger seus membros para cargos políticos não significa que este segmento religioso não esteja agindo politicamente em defesa de seus interesses. Ao contrário, em vários estados da federação nota-se uma importante mobilização no sentido de defendê-las dos preconceitos, discriminações e intolerâncias, visando, assim, alcançar um grau de aceitação e de legitimação social que lhes permita um desenvolvimento e funcionamento relativamente tranqüilo. Para tanto, como veremos, as religiões afro-brasileiras procedem à aliança com outras forças políticas e atores sociais.

É o que está ocorrendo na Bahia, onde o então presidente da CECAD (Comissão Especial para Assuntos da Comunidade Afro-Descendente da Assembléia Legislativa da Bahia),[49] deputado estadual Paulo da Anunciação (PT), solicitou, em 2002, ao prefeito de Salvador, Antonio Imbassahy, a isenção de pagamento de IPTU (Imposto Predial e Territorial Urbano) dos imóveis que funcionam como locais de culto afro-brasileiro, semelhante ao que ocorre com as igrejas católicas e os templos protestantes, que estão isentos do referido imposto. Segundo o mencionado deputado, "o culto afro-brasileiro, em todas as suas variantes, deve ser respeitado e colocado na mesma escala de valor das demais religiões" (Mundo negro, 2002).

Um ano mais tarde, em 06/05/2003, ainda em Salvador, verificou-se um ato de solidariedade e defesa das tradições religiosas afro-descendentes promovido pela CECAD. A audiência pública foi realizada no terreiro de Candomblé Tumbenci, para discutir a intolerância religiosa e repudiar o acirramento das campanhas contra as religiões de matriz africana movidas pelas igrejas neopentecostais, notadamente a Universal do Reino de Deus.

---

[49] Trata-se de uma instituição que está voltada para a defesa dos interesses da comunidade negra da Bahia, afirmação da cultura negra, defesa da liberdade religiosa e luta pela igualdade racial.

Neste evento participaram, além de Geurena Passos Santos, mãe-de-santo do mencionado terreiro, os deputados estaduais Álvaro Gomes, do PC do B, membro titular do CECAD, e Emiliano José, do PT, então presidente desta instituição.

Em São Paulo, o INTECAB (Instituto Nacional de Tradição e Cultura Afro-Brasileira) moveu uma ação judicial contra os programas exibidos pela Record e pela Rede Mulher por ofensa às religiões de matriz africana, tendo sido judicialmente garantido o direito de resposta dentro da programação da emissora.

Em 19 de abril de 2005 um conjunto de associações religiosas e entidades encaminharam uma representação judicial ao Ministério Público Federal com o objetivo de reforçar os argumentos contra os programas veiculados pelas televisões de propriedade da Universal, a Record e Rede Mulher.[50] Nesta petição foram envolvidas também a TV Gazeta e a Rede Globo, por difundirem programas que na perspectiva do INTECAB são tão ofensivos à religião quanto os da Universal. Segundo Hédio Silva Junior, assessor jurídico da INTECAB,

> A estratégia pode ser chamada de operação asfixia. Com a nova representação envolvemos a Gazeta e fortalecemos mais ainda a ação contra a Record. Além disso, resolvemos incluir também a Rede Globo, que não tem uma programação ofensiva e grosseira quanto as outras mas que não deixa de ofender as religiões afro-brasileiras ao explorar a figura grotesca e patética de um Pai de Santo mulherengo" (no programa Zorra Total, que vai ao ar aos sábados à noite). (Mundo negro, 2005)

Com o título "Candomblé dá 'tapa de luva' na Record", a

[50] Participaram ativamente neste processo, entre outros, o Pai-de-santo Francelino de Shapanan, coordenador do INTECAB-SP, a mãe-de-santo Ada de Omolu, vice-coordenadora desta entidade, demais membros da diretoria da entidade, além de seu advogado, Dr. Hedio Silva Junior, e do deputado estadual Sebastião Arcanjo, conhecido como Tiãozinho do PT.

Folha de São Paulo noticiou o direito de resposta, determinado liminarmente pela Justiça Federal, dizendo que cem pais-de-santo, vestidos a rigor, gravaram, no dia 26 de maio de 2005, um programa com duração de uma hora. No dizer do diretor do programa, o cineasta Joel Zito Araújo, "Vai ser um tapa com luva de pelica. Não vamos nos defender das acusações de ligação com o demônio. Vamos fazer um 'talk show', que se chamará 'Diálogo das Religiões', para discutir com diversas religiões uma cultura de tolerância religiosa. A Igreja Universal nem será citada". O direito de resposta será, portanto, ecumênico, com a participação de 80 convidados de outras religiões: católicos, protestantes, budistas, judeus e muçulmanos (Folha de São Paulo, 26/05/2005).

Ainda em São Paulo existe desde junho de 1997 uma Organização Não-Governamental, denominada Comissão Afro – surgida na Assembléia Legislativa do Estado de São Paulo e que funciona junto ao Conselho de Participação e Desenvolvimento da Comunidade Negra do Estado de São Paulo – a qual "tem uma proposta de realizar política religiosa institucional em dependências governamentais".[51] A mencionada Comissão atua em defesa das religiões de matriz africana, juntamente com a INTECAB/SP, o SOUESP (Superior Órgão de Umbanda do Estado de São Paulo) e diversas outras federações. Tem participado de reuniões do Fórum de Ensino Religioso, juntamente com o CONER, participa do esforço de diálogo inter-religioso, e obteve, por exemplo, a aplicação de uma lei que garante quatro espaços de culto em cemitérios municipais do Estado de São Paulo. Porém a lista dos objetivos a serem alcançados pela Comissão é bastante ampla, conforme se pode ler no mencionado

---

[51] Conforme consta no site oficial da Iyalorisa Sandra M. Epega, que está à frente da mencionada Comissão, www.sandraepega.com.br/comissão/oque.htm.

site.[52] A Comissão realiza anualmente o Encontro Estadual das Religiões Afro-Descendentes (ENERAD) e divulga o informativo TAMBOR.

O Rio Grande do Sul também conheceu recentemente uma importante mobilização envolvendo o campo afro em geral e afro-religioso em particular, a partir da aprovação, em 29/04/2003, pela Assembléia Legislativa do Estado, do projeto de lei 230/99, e transformado na Lei n. 11.915, sancionada pelo governador do estado Germano Rigotto, no dia 21 de maio de 2003, que dispõe sobre o Código Estadual de Proteção dos Animais. Tal lei é de autoria do deputado estadual Manoel Maria dos Santos, um pastor da Igreja do Evangelho Quadrangular, do PTB, que cumpre o seu quarto mandato como parlamentar. Tal código, em seu capítulo I, artigo segundo, proíbe a agressão física aos animais, a sua sujeição a qualquer tipo de experiência que cause sofrimento, a sua morte que não seja rápida e indolor, quando o animal for destinado para consumo.[53]

Visando não dar oportunidade para que o sacrifício de animais realizado nos rituais afro-brasileiros (Batuque, Candomblé e

---

[52] Refiro-me ao site www.sandraepega.com.br/comissão. Nele pode-se ler, por exemplo, que esta Comissão possui uma ou mais reivindicações vinculadas a cada uma das secretarias de estado. Eis algumas das reivindicações: homenagear nossos Heróis e Sacerdotes com nomes em estradas, viadutos e que tais; direito aos funcionários públicos estaduais e aos estudantes da rede pública estadual de faltarem durante os dias necessários à iniciação para o Orixá, cerimônia que se faz uma única vez na vida; criação de espaços ecológicos religiosos em vários pontos do estado, inclusive em parques estaduais; validade dos sacramentos de todas as religiões perante a lei; apoio logístico (limpeza, transporte, segurança, som) aos grandes eventos realizados em locais públicos; criação do museu afro-religioso do Estado de São Paulo.

[53] Eis o que diz o Art. 2: "É vedado: I – ofender ou agredir fisicamente os animais, sujeitando-os a qualquer tipo de experiência capaz de causar sofrimento ou dano, bem como as que criem condições inaceitáveis de existência; [...]; IV – não dar morte rápida e indolor a todo animal cujo extermínio seja necessário para consumo;".

Linha Cruzada/Quimbanda) fosse inibido por esse dispositivo legal – mesmo porque na versão original do mencionado projeto figurava claramente a interdição do ritual do sacrifício de animais[54] – vários agentes religiosos e entidades associadas às religiões afro se mobilizaram e obtiveram apoio do deputado estadual Edson Portilho, do PT, que entrou com um projeto de lei (projeto 282/2003) para estabelecer uma exceção ao artigo 2 do Código de Proteção aos Animais, permitindo o sacrifício de animais em cultos de religiões de matriz africana.[55] Em sua justificativa ao projeto de lei esse parlamentar recordava o Art. 5., Inciso VI, da Constituição Federal, que assegura a liberdade de consciência e de crença e o livre exercício dos cultos religiosos, bem como o art. 208 do Código Penal, que considera crimes contra o sentimento religioso "impedir ou perturbar cerimônia ou prática de culto religioso". Além disso, sustentava que essa garantia constitucional vem sendo violada por interpretações dúbias da lei n. 11.915, que institui o Código Estadual de Proteção aos Animais, uma vez que "Templos Religiosos de matriz africana vêm sendo interpelados e autuados sob influência e manifestações de setores da sociedade civil que usam indevidamente esta lei para denunciar ao poder público práticas que, no seu ponto de vista, maltratam os animais".

---

[54] De fato, esta era a primeira versão do artigo 2, do capítulo 1, do projeto em questão: "É vedado: realizar espetáculos, esporte, tiro ao alvo, *cerimônia religiosa, feitiço*, rinhadeiros, ato público ou privado, que envolvam maus tratos ou a morte de animais, bem como lutas entre animais da mesma espécie, raça, de sua origem exótica ou nativa, silvestre ou doméstica ou de sua quantidade" (grifo nosso).

[55] Assim foi formulado o referido projeto: "Acrescenta parágrafo único ao art. 2. da Lei n. 11.915, de maio de 2003, que institui o Código Estadual de Proteção aos Animais, no âmbito do Estado do Rio Grande do Sul. Art.1. – Fica acrescentado parágrafo único ao art. 2. da lei n. 11.915, de 21 de maio de 2003, que institui o Código Estadual de proteção aos Animais, no âmbito do Rio Grande do Sul, com a seguinte redação: Art. 2 – [...]; Parágrafo Único – Não se enquadra nessa vedação o livre exercício dos cultos e liturgias das religiões de matriz africana".

Este projeto, apresentado pelo deputado Edson Portilho, foi aprovado em 29/06/2003 por 32 votos favoráveis e 2 contrários, 1 deles sendo do deputado Manoel Maria. Em julho de 2003, e não sem pressão movida pelas entidades do movimento negro e afro-religioso gaúcho, o governador Germano Rigotto sancionou, com ressalvas, o projeto 282/2003, dispondo que fica proibida a utilização em rituais de matriz africana de sacrifícios de espécies ameaçadas de extinção, animais silvestres e rituais com requintes de crueldade.

Em 27/10/2003 o Procurador-Geral de Justiça, Roberto Bandeira Pereira, a pedido de entidades de defesa dos animais, protocolou no Tribunal de Justiça do Estado uma Ação Direta de Inconstitucionalidade (ADin) requerendo a "retirada do ordenamento jurídico" do parágrafo único do art. 2. da Lei Estadual n. 11.915/2003, ou seja, a lei n. 282/2003. A alegação era de que esse dispositivo é inconstitucional porque trata de matéria penal, de competência legislativa privativa da União. Além disso, argumentava que o Estado não pode desrespeitar as normas gerais editadas pela União, no que concerne a proteção da fauna. Por fim, sustentava que o dispositivo ofende o princípio de isonomia, ao excepcionar apenas os cultos de matriz africana.

Esta nova ação judicial mobilizou novamente a comunidade afro-religiosa do Rio Grande do Sul e simpatizantes que, em 18/04/2005, viram vencida a tese da constitucionalidade da lei. Dos 25 desembargadores que integram o Órgão Especial do Tribunal de Justiça, 14 votaram pela constitucionalidade da lei estadual de autoria do deputado Edson Portilho, 10 julgaram procedente a ação do Ministério Público e 1 votou pela parcial procedência da ADin (Correio do Povo, 19/04/2005).[56]

Assim sendo, a mobilização política levada a efeito conjuntamente por diferentes atores sociais – líderes de religiões afro-

---

[56] Para uma análise mais aprofundada dessa questão do sacrifício de animais no Rio Grande do Sul, ver Oro, (2005).

brasileiras, militantes, simpatizantes, membros e intelectuais engajados na defesa dos direitos dos afro-descendentes, sobretudo das religiões afro-brasileiras – contribuiu para que essas religiões do Rio Grande do Sul não fossem tolhidas de um dos seus principais rituais de comunicação com o divino e, de acordo com a sua concepção religiosa, da mais forte oferenda que se pode fazer aos deuses, que é o sacrifício de animais. Mas, especialmente, a mobilização serviu para lhes assegurar o princípio constitucional da liberdade de consciência e de culto, o que revela que, para essas religiões, a garantia da liberdade religiosa não é um direito pacífico. Seja como for, a tentativa indireta de enquadramento do sacrifício de animais praticado nas religiões de matriz africana no Código Estadual de Defesa dos Animais não deixa de constituir uma expressão de discriminação religiosa, em razão de históricas representações preconceituosas, ainda existentes em nossa sociedade, sobre aquelas religiões.

Conclusão

No Brasil atual comprovamos o acerto das afirmações de dois importantes analistas da relação entre religião e política em nosso país. De fato, afirma Joanildo Burity: "Os partidos e candidatos que não levam em consideração os grupos religiosos em seu discurso e estratégia correm sério risco de se complicarem ou inviabilizarem eleitoralmente" (Burity, 1997, p. 46); por sua vez, declara Pierre Sanchis: "as formas contemporâneas de religião não vão mais deixar de articular-se visivelmente à política" (Sanchis, 2001, p. 40).

Isto significa que se, por um lado, a procura pelas religiões e igrejas por parte dos partidos políticos, especialmente por ocasião do "tempo da política" (Palmeira, 2002), faz parte da cultura política brasileira, por outro lado notamos uma tendência crescente de inserção de instituições religiosas e de religiosos na política, sobretudo de evangélicos, fato este que não ocorre sem alguma rivalidade, e mesmo conflito, entre as demais expressões religiosas que compõem o campo religioso brasileiro. Mas é preciso frisar que a aproximação entre o religioso e o político não consiste somente num fenômeno brasileiro, e ele está associado, segundo alguns analistas do macro-contexto, no dizer de Geertz (2001), à desilusão em relação às grandes ideologias, ao fracasso das promessas da modernidade, e a um "déficit global" do político, ou seja, a um certo "desencantamento" do político que vigora nos dias atuais no ocidente (Michel, 1997). No Brasil, além disso, afirma Renato Janine Ribeiro, a "desqualificação do político" resulta da imagem ruim dos políticos,[57] posto que sua prática está, em certa medida, associada ao patrimonialismo, ao nepotismo e à corrupção. Esta afirmação de Ribeiro é comprovada por uma pesquisa realizada pelo instituto Gallup, divulgada em novembro de 2004, sobre o grau de confiança em relação aos políticos em diversos países do mundo. O Brasil é o país que detém a mais alta cifra de desconfiança em relação aos políticos. São 90% dos brasileiros que afirmaram não confiar nos políticos, enquanto que a média dos países europeus é de 50% (Jornal Zero Hora, 17/11/2004).

Neste caso, vale sublinhar, porém, em primeiro lugar, que em relação ao Brasil, a aproximação entre o político e o religioso não consiste numa tentativa "fundamentalista" de instauração de uma hegemonia ideológica exclusivista, semelhante ao que ocorre em outros contextos, com outras religiões.[58] Também, embora este seja um tema controvertido, não parece ser o caso de se ver em tal aproximação um "retrocesso" da democracia re-

---

[57] Segundo o dizer deste autor, "a opinião pública brasileira é bastante cética em relação aos políticos" (Ribeiro, 2002, p. 99).

[58] Tal é o caso, por exemplo, do fundamentalismo islâmico que, segundo David Martin, procura instaurar, em diversos países, uma hegemonia ideológica e submeter todos os cidadãos às prescrições da lei islâmica. No caso dos evangélicos na política latino-americana, ao contrário disso, "a ambição [...] é somente, com uma ou duas exceções, constituir um grupo de pressão eficaz para defender seus interesses institucionais e os princípios morais em seu sentido amplo, e de fazer ouvir suas vozes no debate público" (Martin, 2001, p. 63-64).

publicana.[59] E, enfim, também não se trata de abordar tal aproximação como sendo a expressão de insuficiência de consciência política.[60] Antes, parece ser heuristicamente mais pertinente se ver, neste processo, um "recurso cultural", detentor de efeitos políticos,[61] levado a efeito por uma sociedade em que "o domínio do 'sobrenatural' aparece como fundamental para compreender o sistema de representações" (Velho, 1991, p. 129), e onde se observa "uma luta para ampliar a dimensão religiosa do espaço público e não por laicizá-lo" (Carvalho, 1999, p. 16).[62]

---

[59] Recordo, neste particular, com Dodson, que há diferentes tendências entre os autores que analisam, por exemplo, a presença evangélica na política. Alguns têm enfatizado as conseqüências sociais de tal presença; outros têm sublinhado os efeitos políticos, particularmente no estímulo aos valores e práticas democráticas; enfim, outros são céticos quanto à possibilidade de relação mútua benéfica entre religião e política (Dodson, 1997, p. 25-26). Mais amplamente, é possível que o ingresso dos religiosos na política brasileira venha significar uma incorporação da política junto a meios sociais que, de outra forma, se manteriam distante da mesma. Isto porque se sabe que parcela importante de indivíduos que se mantinham distantes da política, passam a se interessar a ela através das igrejas. Estas constituem, até certo ponto, um aprendizado político. Isto não significa uma ameaça, uma desqualificação da democracia, mas um reforço, amplificação de significado, da mesma.

[60] Aplica-se aqui a advertência de Geertz. Para ele, "a visão que parece subjazer a inúmeras análises da expressão religiosa [...] de que a religião não passa de uma máscara e uma mistificação, um encobrimento ideológico de ambições perfeitamente seculares e mais ou menos egoístas, simplesmente não é plausível" (Geertz, 2001, p. 59).

[61] Referindo-se especificamente à bíblia, mas poderíamos estender para a religião em geral, R. Novaes chama a atenção para o fato de que "na era da informação, em pleno século XXI, a Bíblia continua sendo um poderoso 'recurso cultural' para a compreensão do mundo e para ancorar escolhas religiosas com efeitos políticos" (Novaes, 2001, p. 80).

[62] De fato, o Brasil é um país onde, segundo Stefania Capone, "O plano material e o sobrenatural são muitas vezes muito próximos. Em nenhum outro país do mundo não se verá tratado com tanta naturalidade o tema da mediunidade [...]. No Brasil, os espíritos habitam os homens e habitam com os homens." (Capone, 1999, p. 34).

Assim sendo, e dadas as "delicadas" relações existentes entre religião e política no Brasil, mas não somente, como bem lembra Regina Novaes (2001), parece plausível, como propõe Pierre Sanchis, se ver tais relações menos como de oposição e mais como dois movimentos "intrinsecamente articulados" (Sanchis, 2001, p. 42). Tal perspectiva teórica quer superar duas visões opostas sobre esse tema, a saber: de um lado, a concepção segundo a qual a secularização, enquanto fenômeno da modernidade, aponta para um processo de autonomia das várias esferas do agir social em relação à religião, a qual deixa de ser a instância ordenadora do social e se circunscreve ao âmbito do privado, perdendo, ou diminuindo, assim, seu poder e sua importância simbólica na sociedade, e, de outro lado, a análise que defende a idéia contrária, a de um "retorno do sagrado" no espaço público, no contexto de uma modernidade que se mostra incapaz de resolver os problemas mais profundos do ser humano e não consegue superar as suas próprias contradições e ambigüidades internas.[63]

Diferentemente dessas duas últimas posições, assumimos, na linha proposta por P. Sanchis, a perspectiva segundo a qual a relação entre religião e política não é de exclusão mútua, malgrado o fato de vivermos num país juridicamente laico. Esta perspectiva se inspira em proposições de dois sociólogos franceses em suas análises sobre o significado da religião na modernidade. Com efeito, para Daniele Hervieu-Léger, religião e modernidade se combinam de diferentes maneiras, podendo-se perceber uma co-

[63] Para D. Hervieu-Léger, a modernidade carrega em si um paradoxo, pois ela "abole a religião enquanto sistema de significações e motor dos esforços humanos, mas cria, ao mesmo tempo, o espaço-tempo de uma utopia que, em sua própria estrutura, mantém afinidade com uma problemática religiosa de realização e de salvação" (Hervieu-Léger, 1987, p. 224). Para uma análise atual da religião no espaço público brasileiro, ver Birman (2003). Para uma análise da questão da secularização "aplicada" ao Brasil ver Pierucci, 1997 e Camurça 2003.

existência de expressões de secularização e de dessecularização nos mesmos meios socioculturais (Hervieu-Léger, 1999). Por seu turno, Jean Séguy afirma que racionalidade e religiosidade constituem dois elementos estruturalmente constitutivos dos processos sócio-históricos, e agem sincronicamente, contaminando-se reciprocamente, ora mais ora menos segundo os momentos, obedecendo à observação empírica segundo a qual

> As épocas de prosperidade econômica concomitantemente ao desenvolvimento científico e técnico favorecem a recessão do religioso [...]; contrariamente, os períodos de crise global, econômica, política, cultural, etc. desnudam a racionalidade, a ciência, a técnica, de sua aura de necessidade; neste caso, então, tornamse importantes as especulações irracionais, os saberes rejeitados. (Séguy, 1984, p. 328)

Referências

ALVES, Márcio Moreira. *A Igreja e a política no Brasil.* São Paulo: Editora Brasiliense, 1979.

AMADO, Janaína. *Conflito social no Brasil*: a revolta dos "Muckers". São Paulo: Ed. Símbolo, 1978.

ARNS, Paulo Evaristo; WRIGTH, Jaime. *Brasil*: nunca mais. São Paulo: Ed. Vozes, 1985.

AZEVEDO, Dermi. A Igreja Católica e o seu papel político no Brasil. *USP Estudos Avançados*: dossiê religiões no Brasil, São Paulo, n. 52, p. 97-108, set./dez. 2004.

AZZI, Riolando. *A cristandade colonial*: mito e ideologia. Petrópolis: Vozes, 1987.

______. A Igreja católica no Brasil no período de 1950 a 1975. *Religião e sociedade*, Rio de Janeiro, n. 2, p. 79-110, 1977.

BEOZZO, José Oscar. Religião e Estado na história do Brasil. *Veredas*, Belo Horizonte, ano 1, n. 1, p. 103-124, ago. 2000.

BIRMAN, Patrícia. (Org.). *Religião e espaço público*. São Paulo: CNPq/Pronex/Attar, 2003.

BROWN, Diana. Uma história da Umbanda no Rio. Umbanda e Política. *Cadernos do ISER*, Rio de Janeiro, n. 18, p. 9-42, 1985.

BURITY, Joanildo. *Identidade e política no campo religioso*. Recife: IPESPE/Editora Universitária/UFPE, 1997.

______. Religião, voto e instituições políticas: notas sobre os evangélicos nas eleições 2002. In: BURITY, Joanildo; MACHADO, Maria das Dores C. *Os votos de Deus*. Evangélicos, política e eleições no Brasil. Recife, Fundação Joaquim Nabuco: Editora Massangana, 2006. p. 173-214.

CAMARGO, Cândido Procópio; SOUZA, Beatriz; PIERUCCI, Antônio Flávio. Igreja Católica: 1945-1970. *O Brasil Republicano*. São Paulo: Difel, 1984. Tomo III, Vol IV.

CAMPOS, Leonildo Silveira. Os "políticos de Cristo": uma análise do comportamento político de protestantes históricos e pentecostais no Brasil. In: ENCONTRO NACIONAL DA ANPOCS, 26., 2002, Caxambu. *Anais*... Caxambu: ANPOCS, 2002. Trabalho apresentado no GT Religião e Sociedade.

CAMURÇA, Marcelo Ayres. Secularização e reencantamento: a emergência dos novos movimentos religiosos. *BIB*, São Paulo, n. 56, p. 55-69, 2003.

CAPONE, Stefania. *La quête de l'Afrique dans le Candomblé*. Pouvoir et tradition au Brasil. Paris: Karthala, 1999.

CARNEIRO, Leandro Piquet. Cultura Cívica e Participação Política entre Evangélicos. In: FERNANDES et al. *Novo nascimento.* Os evangélicos em casa, na Igreja e na política. Rio de Janeiro: Mauad, 1998. p. 81-210.

CARNEIRO DA CUNHA, Manuela. Logique du mythe et de l'action: le mouvement messianique Canela de 1963. *L'Homme*. Pris, XIII, p. 5-37, 1973.

CARVALHO, José Jorge de. Um espaço público encantado: pluralidade religiosa e modernidade no Brasil. *Série Antropologia*, UNB, n. 249, 1999. 22p.

CARVALHO, José Murilo de. *Os bestializados*: o Rio de Janeiro e a República que não foi. São Paulo: Companhia das Letras, 1987.

CONCONE, Maria Helena Villas Boas; NEGRÃO, Lísias Nogueira. Umbanda: da repressão à cooptação. O envolvimento político partidário da umbanda paulista nas eleições de 1982. Umbanda e Política. *Cadernos do ISER*, Rio de Janeiro, n. 18, p. 43-79, 1985.

CONRADO, Flávio César dos Santos. *Cidadãos do Reino de Deus* (um estudo da "Folha Universal" nas eleições de 1998). Dissertação (Mestrado) – Programa de Pós-Graduação em Sociologia e Antropologia, Universidade Federal do Rio de Janeiro, 2000.

CONSORTE, Josildeth. À espera do Salvador. *Religião e Sociedade*, Rio de Janeiro, v. 3, n. 12, p. 20-33, 1985.

CONSORTE, Josildeth; NEGRÃO, Lísias Nogueira. *O messianismo no Brasil contemporâneo*. São Paulo: FFLC/USP/CER, 1984.

CORREA, Norton Figueiredo. *Sob o signo da ameaça:* conflito, poder e feitiço nas religiões afro-brasileiras. Tese (Doutorado). São Paulo, Pontifícia Universidade Católica, dez. 1998.

CORTEN, André. *Os pobres e o Espírito Santo*: o pentecostalismo no Brasil. Petrópolis: Vozes, 1996.

______. Pentecôtisme et politique em Amérique latine. *Problèmes d'Amérique Latine*, n. 24, p. 17-32, 1997.

CUNHA, Euclydes da. *Os sertões*. Rio de Janeiro: Ed. Caravela, 1947.

DELLA CAVA, Ralph. *Milagre em Joaseiro*. Rio de Janeiro: Ed. Paz e Terra, 1977.

______. Resenha de "Igreja Católica e política no Brasil (1916 a 1985)", de Scott Mainwaring. *Religião e Sociedade*, Rio de Janeiro, v. 14, n. 3, p. 145-157, 1987.

DODSON, Michael. Pentecostals, Politics, and Public Space in Latin America. In: CLEARY, E.; STEWART-GAMBINO, H. (Org.). *Power, Politics and Pentecostals in Latin America*. Boulder: Westview Press, 1997. p. 25-40.

ESQUIVEL, Juan. Igreja católica e Estado na Argentina e no Brasil: notas introdutórias para uma análise comparativa. In: JORNADAS SOBRE ALTERNATIVAS RELIGIOSAS NA AMÉRICA LATINA, 22., 2003, São Paulo. *Anais*..., São Paulo: USP, out. 2003.

FOLHA UOL. Disponível em: <http://www1.folha.uol.com.br/folha/brasil/ult96u72875.shtml>.

FOLLMANN, Ivo. *Igreja, Ideologia e Classes Sociais*. Petrópolis: Ed. Vozes, 1985.

FONSECA, Alexandre Brasil. A maior bancada evangélica. *Tempo e presença*, São Paulo, Cedi, n. 302, p. 20-23, nov./dez. 1998.

______. *Religion and democracy in Brazil (1998-2001)*: a study of the leading evangelical politicals. [S.l.: s.n.], 2006. No prelo.

______. *Secularização, pluralismo religioso e democracia no Brasil*. 2002. Tese (Doutorado em Sociologia) – Faculdade de Filosofia, Letras e Ciências Humanas, Universidade de São Paulo, São Paulo, 2002.

FRESTON, Paul. *Evangelicals and politics in Asia, Africa and Latin America.* Cambridge: Cambridge University Press, 2001.

______. *Protestantes e política no Brasil*: da Constituinte ao Impeachment. 1993. Tese (Doutorado em Sociologia) – Instituto de Filosofia e Ciências Humanas, Universidade Estadual de Campinas, Campinas, 1993.

______. The political evolution of brazilian Pentecostalism: 1986-2000. In: CORTEN, Andre; MARY, Andre. (Org.). *Imaginaires politiques et pentecôtisme*: Afrique et Amérique. Paris: Karthala, 2000. p. 287-306.

______. Protestantismo e democracia no Brasil. *Lusotopie*, Lisboa, p. 329-340, 1999.

GASKILL, Newton. Estrutura política e a mobilização política de líderes religiosos: os casos do SIMEESP e do Conselho de Pastores do Estado de São Paulo. In: BURITY, Joanildo; MACHADO, Maria das Dores C. *Os votos de Deus*. Evangélicos, política e eleições no Brasil. Recife, Fundação Joaquim Nabuco: Editora Massangana, 2006. p. 215-236.

GEERTZ, Clifford. Nova luz sobre a antropologia. Rio de Janeiro: Jorge Zahar Editor, 2001.

GIUMBELLI, Emerson. *O fim da religião*: dilemas da liberdade religiosa no Brasil e na França. São Paulo: Attar/CNPq/PRONEX, 2002.

GÓMEZ DE SOUZA, Luiz Alberto. As várias faces da Igreja Católica. *USP Estudos Avançados*: dossiê religiões no Brasil, São Paulo, n. 52, p. 77-96, set./dez. 2004.

GONÇALVES DA SILVA, Vagner (Org.). *Caminhos da alma.* Memória afro-brasileira. São Paulo: Summus, 2002.

HAUCK, João Fagundes. A Igreja na Emancipação (1808-1840). In: HOORNAERT, Eduardo et al. *História da Igreja no Brasil.* 3. ed. São Paulo: Edições Paulinas/Vozes, 1992. p. 11-139. Tomo II, n. 2.

HERVIUE-LÉGER. Daniele. *Le pèlerin et le converti*. Paris: Flammarion, 1999.

______. *Vers un nouveau christianisme?* 2. ed. Paris: Cerf, 1987.

HOORNAERT, Eduardo. A Evangelização do Brasil durante a primeira época colonial. In: ______. *História da Igreja no Brasil.* 4. ed. Petrópolis: Vozes; São Paulo: Ed. Paulinas, 1992. p. 19-152.

KIRCHHEIN, Augusto Frederico. *Estado laico e democracia. Um estudo a partir do crescimento dos pentecostais na política brasileira.* Dissertação (Mestrado) – Programa de Pós-Graduação em Ciências Sociais, Universidade Federal do Rio Grande do Sul, Porto Alegre, 2003.

LINDOSO, Gerson Carlos Pereira. Os meios de comunicação no universo afro-religioso maranhense. In: CONGRESSO BRASILEIRO DE CIÊNCIAS DA COMUNICAÇÃO, 26., Belo Horizonte. *Anais...*, Belo Horizonte, 2 a 6 set. 2003.

LOWY, Michel. L'Eglise en Amérique latine: le cas brésilien. In: MICHEL, Patrick. *Religion et Démocratie.* Paris: Albin Michel, 1997. p. 198-209.

LUSTOSA, Oscar de Figueiredo (Org.). *A Igreja Católica no Brasil e o Regime Republicano.* São Paulo: Edições Loyola/CEPEHIB, 1990.

MACHADO, Maria das Dores Campos. Existe um estilo evangélico de fazer política? In: BIRMAN, Patrícia. (Org.). *Religião e espaço público.* São Paulo: Attar editorial, CNPq/PRONEX, 2003. p. 283-308.

______. *Religião e política*: evangélicos na disputa eleitoral do Rio de Janeiro, 2001. (Inédito).

MAINWARING, Scott. *Igreja católica e política no Brasil (1916-1985).* São Paulo: Ed. Brasiliense, 1989.

MARIANO, Ricardo. *Análise sociológica do crescimento pentecostal no Brasil.* Tese (Doutorado em Sociologia) – Programa de Pós-Graduação em Sociologia, Universidade de São Paulo, São Paulo, 2001.

______. Os islâmicos e evangélicos na arena pública. *Veredas*, Belo Horizonte, ano 1, n. 1, Universidade Federal de Minas Gerais e Fundação Movimento Dieito e Cidadania, p. 49-64, ago. 2000.

MARIANO, Ricardo; PIERUCCI, Antonio Flavio. O envolvimento dos pentecostais na eleição de Collor. *Novos Estudos Cebrap*, São Paulo, n. 34, p. 92-106, nov. 1992.

MARTIN, David. La poussée évangéliste et ses effets politiques. In: BERGER, Peter (Org.). *Le réenchantement du monde*. Paris: Bayard, 2001. p. 61-78.

MARTINS, José de Souza. *Os camponeses e a política no Brasil.* Petrópolis: Vozes, 1981.

MAUÉS, Raymundo Heraldo. O céu e a terra na eleição presidencial. *Comunicações do ISER*, Rio de Janeiro, ano 9, n. 38, p. 68-76, 1990.

MICHEL, Patrick. Introduction. In: ______. (Org.). *Religion et Démocratie*. Paris: Albin Michel, 1997. p. 9-28.

MENDONÇA, Antônio Gouvêa. República e pluralidade religiosa no Brasil. *Revista USP*, São Paulo, n. 59, p. 144-163, set./nov. 2003.

MICELI, Sérgio. *A elite eclesiástica brasileira*. Rio de Janeiro: Editora Bertrand Brasil, 1988.

MIRANDA, Julia. Nós, vocês e eles: os desafios de uma convivência (in)desejada. In: BURITY, Joanildo; MACHADO, Maria das Dores C. *Os votos de Deus*. Evangélicos, política e eleições no Brasil. Recife, Fundação Joaquim Nabuco: Editora Massangana, 2006. p. 149-172.

MONTEIRO, Douglas Teixeira. *Os errantes do novo século*. São Paulo: Livraria Duas Cidades, 1974.

MOREIRA DE OLIVEIRA, José Lisboa. A candidatura de presbíteros a cargos políticos. *Revista Eclesiástica Brasileira*, Rio de Janeiro, n. 246, p. 259-296, abr. 2002.

MOTTA, Roberto. A eclesificação dos cultos afro-brasileiros. *Comunicações do ISER*, Rio de Janeiro, ano 7, n. 30, p. 31-43, 1988.

MUNDO NEGRO. Disponível em: <www.mundonegro.com.br/noticias>. Acesso em: 24 abr. 2002.

______. Disponível em: <www.mundonegro.com.br/noticias>. Acesso em: 13 abr. 2005.

NOVAES, Regina. A divina política. Notas sobre as relações delicadas entre religião e política. *Revista USP*, São Paulo, n. 40, mar./maio 2001, p. 60-81.

OLIVEIRA, Pedro Ribeiro de. A Igreja Católica e a transição brasileira para a democracia. *Comunicações do ISER*, Rio de Janeiro, n. 19, p. 37-40, maio 1986.

ORO, Ari Pedro. Religião e política nas eleições de 2000 em Porto Alegre (RS). *Debates do NER*, Porto Alegre, ano 2, n. 3, p. 9-72, 2001. [PPGAS/UFRGS].

______. A política da Igreja Universal e seus reflexos nos campos religioso e políticos brasileiros. *Revista Brasileira de Ciências Sociais*, São Paulo, v. 18, n. 53, p. 53-70, out. 2003.

______. O sacrifício de animais nas religiões afro-brasileiras: análise de uma polêmica recente no Rio Grande do Sul. *Religião e Sociedade*, Rio de Janeiro, p. 11-31, 2005.

PALMEIRA, Moacir. Eleição municipal, política e cidadania. *Tempo e presença*, Rio de Janeiro, n. 311, maio/jun. p. 7-15, 2000.

______. Política e tempo: nota exploratória. In: PEIRANO, Mariza (Org.). *O dito e o feito*: ensaios de antropologia dos rituais. Rio de Janeiro: Relume Dumará, 2002. p. 171-177.

PEREIRA DE QUEIROZ, Maria Isaura. *O messianismo no Brasil e no mundo*. 2. ed. São Paulo: Alfa-ômega, 1977.

PIERUCCI, Antonio Flavio . Liberdade de cultos na sociedade de serviços. In: PIERUCCI, Antonio Flavio; PRANDI, Reginaldo. *A realidade social das religiões no Brasil.* São Paulo: Hucitec, 1996. p. 275-293.

______. Reencantamento e dessecularização. A propósito do auto-engano em sociologia da religião. *Novos Estudos Cebrap*, São Paulo, n. 49, p. 99-117, 1997.

______. Representantes de Deus em Brasília: a bancada evangélica na Constituinte. In: PIERUCCI, Antonio Flavio; PRANDI, Reginaldo. *A realidade social das religiões no Brasil.* São Paulo: Hucitec, 1996, p. 163-191.

PIERUCCI, Antonio Flavio; PRANDI, Reginaldo. Religião e voto. In: PIERUCCI, Antonio Flavio; PRANDI, Reginaldo. *A realidade social das religiões no Brasil.* São Paulo: Hucitec, 1996. p. 211-238.

PRANDI, Reginaldo. As religiões afro-brasileiras e seus seguidores. *Civitas*, Porto Alegre, v. 3, n. 1, p. 15-34, jun. 2003. [PUC/RS].

______. *Os candomblés de São Paulo*. São Paulo: Hucitec, 1991.

PRANDI, Reginaldo; SOUZA, Andre Ricardo de. A carismática despolitização da Igreja católica. In: PIERUCCI, Antonio Flavio; PRANDI, Reginaldo. *A realidade social das religiões no Brasil.* São Paulo: Hucitec, 1996. p. 59-91.

RIBEIRO, Renato Janine. Religião e política no Brasil contemporâneo. In: FRIDMAN, Luis Carlos (Org.). *Política e Cultura, Século XXI.* Rio de Janeiro, ALERJ: Relume Dumará, 2002. p. 99-110.

SANCHEZ, Wagner Lopes. *Pluralismo religioso.* As religiões no mundo atual. São Paulo: Paulinas, 2005.

SANCHIS, Pierre. Catolicismo e representatividade eleitoral numa sociedade em mudança. *Comunicações do ISER*, Rio de Janeiro, ano 9, n. 38, p. 57-67, 1990.

______. Desencanto e formas contemporâneas do religioso. *Ciencias Sociales y Religion*, Porto Alegre, ano 3, p. 27-44, 2001.

SCAMPINI, José. *A liberdade religiosa nas constituições brasileiras.* Petrópolis: Vozes, 1978.

SEGATO, Rita. Formações de diversidade: nação e opções religiosas no contexto da globalização. In: ORO, Ari Pedro e STEIL, Carlos Alberto. Globalização e Religião. Petrópolis, Vozes, 1997, p. 219-248.

SÉGUY, Jean. Les mouvements religieux aujourd'hui. Théories et pratiques. *Les Cahiers de Recherches en Sciences de la Religion*, Quebec, v. 5, p. 327-347, 1984. [Université de Laval].

SEIBLITZ Zélia. Quando o debate doutrinal vai às urnas. *Comunicações do ISER*, Rio de Janeiro, ano 9, n. 38, p. 30-42, 1990.

SEMÁN, Pablo A Igreja Universal do Reino de Deus: um ator e suas costuras da sociedade brasileira contemporânea. *Debates do NER*, Porto Alegre, ano 2, n. 3, p. 87-100, 2001. [PPGAS/UFRGS].

STEIL, Carlos Alberto. A Igreja dos pobres: da secularização à mística. *Religião e Sociedade*, Rio de Janeiro, v. 19, n. 2, p. 61-76, out. 1998.

______. *O sertão das romarias*: um estudo antropológico sobre o santuário de Bom Jesus da Lapa – Bahia. Petrópolis: Vozes, 1996.

WEFFORT, Francisco C. E por que não a Igreja na política. *Religião e Sociedade*, Rio de Janeiro, n. 2, p. 119-121, nov. 1977.

VELHO, Gilberto. Indivíduo e religião na cultura brasileira. Sistemas cognitivos e sistemas de crença. *Novos Estudos CEBRAP*, São Paulo, n. 31, p. 121-129, out. 1991.

VELHO, Otávio. Besta-fera. *Recriação do mundo*. Rio de Janeiro: Relume-Dumará, 1995.

ZALUAR, Alba. *Os homens de Deus*. Rio de Janeiro: Zahar, 1983.

Religião e política no Uruguai

Nicolas Guigou

Introdução

Existe um consenso entre os pesquisadores uruguaios tanto da política quanto da religião – dois âmbitos acadêmicos claramente diferenciados – de que "política e religião" não se juntam. Digamos que, para o caso uruguaio, e a partir da academia, a política constitui um objeto nobre de estudo, enquanto que a religião é uma dimensão interessante da cultura, mas sem nenhuma incidência política. Dir-se-ia que, segundo um certo senso comum acadêmico, aqueles pesquisadores que se dedicam ao estudo da religião no Uruguai estão frente a um objeto duvidoso, talvez um remanescente do processo civilizatório uruguaio, que tem em si mesmo pouca importância.

Esta visão, sem dúvida, tem dificultado os estudos sobre a religião no Uruguai, mas, sobretudo, tem apresentado limites aos enfoques sobre as distintas dimensões que envolvem a política – particularmente em suas continuidades simbólicas, ritualísticas e performáticas – mais difíceis de serem indagadas desde o instrumental clássico das próprias ciências políticas.

O conceito de religião civil (Guigou, 2000, 2004) pode em parte dar conta desse conjunto de significações e práticas que fazem compreender por que no Uruguai o Parlamento é sagrado, a democracia também,[1] e até os períodos presidenciá-

---

[1] Neste sentido, não resulta estranho que o Uruguai apareça em primeiro lugar na América Latina quanto à adesão democrática de seus habitantes. O dado emerge do conhecido relatório realizado pelo Programa das Nações Unidas para o Desenvolvimento (PNUD) *La democracia en América Latina*, de 2004.

veis.[2] E dado que o tempo pós-político não é o tempo uruguaio (pelo menos ainda), a política cidadã tem também seu manto de sacralidade.[3]

---

[2] Assim, frente ao conjunto de crises que viveu o Uruguai durante o governo do presidente Jorge Batlle (março 2000 – março 2005), e que se radicalizaram durante o ano 2002, a mera possibilidade posta por alguns partidos ou opositores políticos de remover o presidente frente à gravidade da situação caiu num vazio perto do horror. É que se a democracia é sagrada – ou seja, é a cristalização máxima da racionalidade cidadã – a mesma deve ser cuidada desde esta racionalidade. A possibilidade de remover um presidente eleito democraticamente sem que ele finalize seu período fixado pela Constituição seria quebrar com o consensualismo (também como expressão dessa racionalidade cidadã). Esta quebra implicaria um caos, uma situação imprevisível e sobretudo, a renúncia "das regras" da convivência democrática. Este olhar nativo repetiu esquemas de orientação e ação política, construídos historicamente e que fazem parte da mitologia da nação (o Uruguai "essencialmente" democrático) mas, também, colocou a política novamente como a salvaguarda da racionalidade social. Assim, tanto os incipientes debordamentos sociais, como os intentos repressivos do governo que acompanharam algumas destas crises, foram rejeitados pela maioria dos atores políticos. As possibilidades de um processo de radicalização política foram rapidamente neutralizados e os discursos tanto como as práticas políticas tenderam a intentos de hiperintegração (simbólicos e materiais) cuja cristalização foi o triunfo de uma ampla aliança de esquerda que ganhou as eleições nacionais de 2004 comodamente, com mais da metade dos votos e no primeiro turno das eleições. Um outro elemento que demonstrava os perigos da irracionalidade (e, portanto, da "maturidade" democrática uruguaia frente a seus vizinhos) foram as imagens da crise na Argentina, com a queda de vários presidentes em pouco tempo, a repressão da polícia, os mortos, os assaltos, *el corralito*, etc. Segundo o imaginário uruguaio (constrastivo e relacional), o lugar da política na Argentina é um lugar da imaturidade democrática, instável e (conseqüentemente) profundamente irracional.

[3] A "política cidadã" está sobretudo representada pelos movimentos e as diferentes formas de participação nos plebiscitos. Esta possibilidade da assim chamada democracia direta foi utilizada pela cidadania com freqüência após a saída da ditadura, e utilizada quase sempre para resolver grandes controvérsias nacionais (por exemplo, a impunidade, a privatização das empresas públicas, etc.). O último (ano de 2004), foi o chamado "plebiscito da água", no qual – mais uma vez – o governo perdeu a possibilidade de privatizar esse recurso.

Se o conceito de religião civil pode estabelecer uma articulação semântica entre religião e política – a política enquanto expressão dessa religião civil não seria então a cristalização de uma suposta racionalidade social, nem a religião seria um objeto ultrapassado de moda, além da racionalidade – a mesma não esgota o conjunto de relações possível entre uma e outra.

Em primeiro lugar, a religião civil – as representações emblemáticas e os valores que a sustentam – constituem parte justamente das relações sócio-históricas que têm se estabelecido no Uruguai na trama da religião e política. Mas, como toda relação histórica, a mesma muda e se transforma.

A privatização do religioso no Uruguai – parte dos efeitos de um radical processo de secularização e laicização – e a elaboração de uma religião civil "jacobina" e substituta, engendraram, sem dúvida, a conformação da nação.[4] Esta situação histórica que se moldou em matriz cultural – tão importante quanto o fundamento religioso brasileiro ou a importância do "catolicismo do Estado" na Argentina a partir da década de 30 – não pode nos fazer esquecer que estas matrizes não somente se atualizam, mas que também mudam no marco de profundas transformações culturais.

Assim, o laicismo privatizador, que levou inclusive – e não

[4] Segundo Girardet, o jacobinismo (uma das tantas correntes dentro da movimentada Revolução Francesa) teria estado possuído por uma "[...] voluntad de reunión, de unificación, de eliminación de todos los factores individuales o colectivos de diversidad [...] 'No dejaremos ningun cuerpo heterógéneo en la República' había proclamado en el Club de los Jacobinos [...] el delegado Garnier" (Girardet, 1999, p. 141). Para o caso uruguaio, o termo "jacobinismo" foi recuperado por José Enrique Rodó (1871-1917) perante a decisão do Estado uruguaio de retirar as imagens religiosas dos hospitais (1906). Rodó, questionando esta decisão, apontou que se tratava de uma atitude mais vinculada ao espírito jacobino do que ao liberal: "¿Liberalismo? No, digamos mejor jacobinismo. Se trata, efectivamente, de un hecho de franca intolerancia y estrecha incomprensión moral e histórica, absolutamente inconciliable con la idea de elevada equidad y de amplitud generosa que va incluida en toda legítima acepción del liberalismo [...]" (Rodó, 1930).

faz muito tempo – a discutir no Parlamento a presença de uma cruz no espaço público em homenagem à visita de João Paulo II ao Uruguai, pode resultar estranho para quem não conhece a história do Uruguai. Ao mesmo tempo, considerar que esse laicismo radical não se tem transformado, e que agora estamos frente a um laicismo muito mais atento às diferenças e que, inclusive, o mesmo tem sido discutido desde as esferas governamentais e não governamentais, seria desconhecer as mudanças ocorridas pelo menos nos últimos quinze anos.

Também a incidência da religião civil (processo histórico e cultural que desenvolveremos posteriormente), embora tenha significado historicamente a privatização do religioso, não quer dizer que este desapareceu do espaço público, nem que na contemporaneidade uruguaia a dimensão religiosa não tenha sua presença importante no espaço da ágora.

Existem, também, outros aspectos para refletir sobre as relações entre religião e política, sobretudo considerando que a ordem do público e do privado não consiste em compartimentos estanques, e sim espaços porosos de influência mútua.

Em geral – e para o caso uruguaio – estamos muito mais dispostos a aceitar como dado o jacobinismo do Estado do que, por exemplo, a influência da religião nas elites políticas, ou a importância de partidos políticos com uma relevante matriz religiosa na cena nacional, ou, enfim, a influência de diferentes correntes de fé na constituição de movimentos sociais, ou, ainda, algumas correlações entre opções religiosas e políticas.

Também, muitas vezes, escapa à análise o papel que algumas religiões –especialmente a Igreja Católica – têm tido na arena política através de um processo complexo de elaboração de uma suprapoliticidade, que bem poderíamos chamar de "suprapoliticidade transcendente".

Este conjunto de elementos – e a lista poderia continuar – tenta ilustrar que as relações entre religião e política são, no Uruguai, muito mais complexas (e menos estranhas) do que pode mostrar uma análise inicial.

Mas há um elemento que parece estar acima de todos os nomeados: a inscrição que a religião tem deixado na política como universo separado, como conjunto de significações não comparáveis e contrárias, que devem lutar permanentemente por sua diferenciação. Assim, estabelecer que partidos políticos que tiveram (e ainda têm) desejos vanguardistas e que construíram uma visão do mundo totalizadora – e um estilo militante – possam ser chamados de verdadeiros portadores de "religiões políticas", ou dizer que a naturalização da democracia no Uruguai tem uma estreita relação com sua sacralidade, é também se colocar nessa sutura entre duas regiões de significações – e da utilização das mesmas por seus portadores – chamadas de religião e de política.

É, por isso, relevante começar pela construção da religião civil uruguaia, na qual essa sutura torna-se visível. É nessa visibilidade, nessa inscrição, que se continuam arbitrando algumas das características fundamentais das relações entre religião e política no Uruguai.

Religião, Estado e política no Uruguai

As diversas abordagens tendentes à elucidação da temática religiosa no Uruguai tiveram que começar pela recapitulação do processo de secularização e laicização ocorrido neste país desde meados do século XIX até as primeiras décadas do século XX. Tanto a radicalidade que caracterizou o mencionado processo, assim como a sua clara marca no denominado primeiro modelo de identidade nacional,[5] fazem com que "a nação laica" seja uma

[5] O termo "primeiro modelo de identidade nacional" (Caetano, 1992) pode parecer bastante suspeito, porque supõe um conjunto de modelos posteriores. Quando falamos de "primeiro modelo" – no sentido que é utilizado pela historiografia uruguaia – fazemos referência ao fato de que o mesmo é fundante e que possui – de fato – largos exercícios de atualização (o que não significa reprodução do idêntico).

dimensão incontornável para compreender as características religiosas do Uruguai.

Ao abordar a temática da secularização no Uruguai é necessário partir de dois aspectos inter-relacionados: o primeiro ligado à concreção da secularização enquanto laicismo; o segundo alude aos próprios limites dos conceitos de secularização e laicismo. Os mesmos parecem proceder por carência: a secularização assinala uma separação mediada por um vazio; a laicidade, um conjunto de regras idênticas aplicáveis aos diferentes.

Esta perspectiva, porém, pode variar quando a laicização aparece em sua produtividade, quer dizer, quando a entendemos como um dos aspectos fundantes da religião civil de uma nação.

Estabelecer que a laicidade é parte constituinte da religião civil uruguaia implica anular seu atributo de neutralidade para conceitualizá-la como lugar privilegiado de representações emblemáticas e mitos que narram a própria nação. Assim como a laicidade não pode abandonar o campo religioso, tampouco o Estado-nação pode ser pensado sem considerá-lo como o produtor privilegiado e regulador da mencionada religião civil.

Como produtor privilegiado – embora não o único – da religião civil da nação, corresponde indagar o processo de secularização levado a cabo pelo Estado-nação uruguaio enquanto luta simbólica com agentes que promoviam outras instâncias identitárias baseadas na diferença (opções religiosas, por exemplo), ou nas pretensões universalizantes para as particularidades da citada diferença (uma única religião para um Estado e uma nação).

Antes de estabelecer as peculiaridades que vinculam a secularização, o laicismo e as pretensões de uma religião civil encapsuladas no projeto uruguaio de nação, cabe fazer alguns esclarecimentos.

Em primeiro lugar, admitir que a viabilidade de um processo de secularização não depende só de um agente. Tratando-se das etapas e resultados de um conjunto de lutas simbólicas, devemos nos questionar acerca de quais foram as condições sócio-históricas que permitiram a maturação de tal processo e, igualmente, quais eram as posições dos agentes envolvidos no mencionado campo de lutas. Em segundo lugar, reconhecer que, se o Estado-nação uruguaio foi um dos produtores privilegiados da religião civil, a atual relocalização do campo religioso uruguaio – seu dinamismo e sua pluralidade – põe em discussão a religião civil e, conseqüentemente, a própria nação laica.

Alguns exemplos da contemporaneidade religiosa podem nos ajudar a perceber estas mudanças. A atual visibilidade das religiões afro-brasileiras e das correntes neopentecostais, suas modalidades de apropriação do espaço público e seus conflitos (também públicos) colocam novamente na arena a finitude do clássico laicismo uruguaio. Também – outro exemplo – o modelo laicista é interpelado pelas performances da Igreja Católica, seja na sua participação ativa na busca de uma solução "suprapolítica" para o tema das violações de direitos humanos acontecidos durante a ditadura militar (1973 – março de 1985),[6] seja na condenação pública por parte desta instituição religiosa da legalização do aborto ou da homossexualidade (só para mencionar alguns itens).

Um último exemplo: se em 1987 a conflitividade em torno da permanência da denominada "Cruz do Papa" percorreu a Junta Departamental de Montevidéu, as duas Câmaras (deputados e senadores), e, enfim, deu lugar a um amplo debate, o monumento a Yemanjá erigido na década de 90 – perto da Praia Ramírez

---

[6] Estamos fazendo referência à integração do Arcebispo de Montevidéu, Nicolás Cotugno, na Comissão pela Paz. Dita Comissão foi criada pela Presidência da República Oriental do Uruguai em 9 de agosto de 2000 e tinha como fim o esclaracimento do destino dos prisioneiros-desaparecidos durante a ditadura militar. No início, a presença católica estava representada pelo jesuíta Luis Pérez Aguirre, conhecida figura do catolicismo relacionado com a luta pelos Direitos Humanos. O seu falecimento trágico fez com que ingressasse nela Nicolás Cotugno.

de Montevidéu, onde ocorre a popular festa em homenagem à deusa todo dia dois de fevereiro – pelo contrário, não constituiu um problema (Pi Hugarte, 1997), e, inclusive, seu cerimonial de abertura contou com a presença do então prefeito da capital, Tabaré Vázquez, atual Presidente da República.[7]

Este conjunto de elementos, contudo, não pode nos fazer esquecer que estamos diante de uma matriz laicizada (e com uma relevante influência anticlerical) que possui níveis de atualização, e que esta matriz é produto dos modelos de laicismo talvez mais radicais do Ocidente.[8]

---

[7] Necessitou-se de uma lei para que a cruz em homenagem ao papa permanecesse no lugar. A Lei n. 15.870 foi aprovada, embora por uma escassa margem (19 votos sobre 31 da Câmara de Senadores, e 48 a 41 na Câmara de Deputados). O texto da lei aprovada, a propósito de manter a polêmica cruz, e assinado pelo vice-presidente da República, Enrique Tarigo, (que votou contra sua permanência) foi o seguinte: "Ley 15.870. El senado y la Cámara de Representantes de la República Oriental del Uruguai reunidos en Asamblea General DECRETAN: Artículo 1º.- Dispónese que la cruz eregida con motivo de la visita a la ciudad de Montevidéu del Papa Juan Pablo II, sea mantenida en su emplazamiento original y con carácter de permanente en calidad de monumento conmemorativo de dicho acontecimiento. Art. 2º. Comuníquese, etc. Sala de Sesiones de la Cámara de Representantes, en Montevidéu, a 11 de junio de 1987. Víctor Cortazzo, Presidente- Héctor S.Clavijo, Secretario. Cúmplase, acúsese recibo, comuníquese, publíquese e insértese en el Registro Nacional de Leyes y Decretos. Tarigo- Julio Aguiar." (*Diario de Sesiones de la Cámara de Representantes*, 1987, p. 542-596; *Diario de Sesiones de la Cámara de Senadores*, 1987, p. 391-433).

[8] O tema do laicismo na educação pode ser um bom indicador. Assim, países europeus como Bélgica, Holanda, Alemanha, possuem diferentes formas de promover o ensino religioso nas escolas públicas, ou subvencionan o ensino religioso privado. Inclusive na França (paradigma do laicismo), o Estado francês subvenciona 90% das escolas privadas (a maioria católicas) ou permite a presença de símbolos religiosos nas escolas públicas de Estrasburgo e também nos departamentos de Ultramar (Da Silveira, 1995). No Uruguai, as subvenções não existem, e o ensino religioso nas escolas públicas é rigorosamente proibido desde 1909.

Para compreender cabalmente isto é necessário voltar para o processo sócio-histórico no qual a mesma teve lugar.

Construção da nação laica

Desde meados do século XIX até as primeiras décadas do século XX, apresentam-se as emergências mais beligerantes em relação ao processo de secularização e laicização no Uruguai em suas duas vertentes, a saber: gestação de uma religião civil, principalmente por parte do Estado, e privatização de outras manifestações religiosas.

De acordo com Sansón, o percurso da secularização e da laicização no Uruguai:

> [...] fue un lento pero sostenido proceso de diferenciación de campos de acción e influencias. Se desarrolló durante las últimas cuatro décadas del siglo XIX y comienzos del siglo XX, coincidió con la modernización del país – época de transformaciones sustantivas caracterizadas por elementos tales como la industrialización, urbanización, afirmación de la autoridad del Estado, y mejoramiento de la producción ganadera para cumplir las exigencias del mercado internacional (Sansón, 1998, p. 26).

Corresponde ressaltar que esta modernização acabou, nos inícios do século XX, se cristalizando em uma modernidade de perfil político pluralista, na qual as elites politicamente preponderantes desenharam e redesenharam o projeto de nação.

O projeto de nação laica, levado a cabo por liberais, deístas, espiritualistas, positivistas, socialistas, católicos livre-pensadores e os diversos cruzamentos que possam ser pensados – caracterizou-se por, como ironicamente aponta Bayce, um avanço de "ideas liberales anticlericales, de la racionalidad científica positivista de cuño anglofrancés – aunque más francês – [...] contra el ancestro católico ibérico" (Bayce, 1992, p. 2).[9]

O enquistamento destas elites no Estado, e que dali reformularão o próprio Estado e produzirão em grande parte o projeto de nação, gerará:

> Un proceso fuertemente estatista (en el sentido de que sus principales promotores privilegiarán las vías institucionales y políticas para la concreción y difusión de sus ideas), al mismo tiempo que se identificó como uno de los objetivos prioritarios de ese "reformismo desde lo alto" que vanguardizó las transformaciones de las primeras décadas de este siglo [se refiere al siglo XX] (Caetano; Geymonat, 1997, p. 37).

Este "reformismo do alto" faz alusão particularmente ao denominado "primer batllismo" ou "época batllista" (1905-1930 aproximativamente),[10] onde se traça o projeto de uma nação as-

---

[9] De acordo com o mesmo autor, "la primera Constitución del Uruguai independiente, en su artículo 60, establecía: la religión del Estado es la Católica Apostólica Romana. Com esta consagracão, la influencia del ancestro colonizador y evangelizador ibérico en su auge restaurador con la expulsión del Islam, puede más que la Revolución Francesa y que la independencia americana en el Uruguai del s. XIX" (Bayce, 1992, p. 2).

[10] O primeiro batllismo, ou época batllista, tem a sua principal referência na figura de José Batlle y Ordóñez (1856-1929), presidente uruguaio em duas ocasiões: 1903-1907 e 1911-1915. Por "primer batllismo" devemos entender, em termos muito amplos, um projeto político que transcende a figura presidencial (e inclusive os integrantes de uma só comunidade política, porém não homogênea) e na qual destacaram-se diversos agentes políticos e sociais na tentativa de construção de uma democracia pluralista e de forte conteúdo social e, não precisamos dizê-lo, na conformação da "nação laica". Este "batllismo primeiro", que vigorará até aproximadamente a década de 30, tem sua continuidade no "neo-batllismo" (1946-1958), protagonizado (entre outros) pela figura do presidente da República Luis Batlle Berres (1897-1964). Contudo, este "neo-batllismo" vai reiterar (e afirmar) os mitos e representações emblemáticas já naturalizados como parte da identidade na-

sentada em princípios democráticos pluralistas, com um Estado fortemente interventor na regularização social e econômica e, mesmo assim, com um conteúdo que, utilizando já uma terminologia existente na época, bem poderia ser definida como "progressista".[11]

Eis aqui o ponto mais agudo para compreender o projeto de nação uruguaia que é consolidado nas primeiras décadas do século XX.

Na medida em que este "reformismo do alto" batllista foi o promotor da maioria das reformas sociais de vanguarda,[12] cai-se

---

cional. A este respeito, Caetano estabelecerá: "Más allá de un tópico que habría que comenzar a investigar mucho más intensamente, nuestra impresión es que esta ecuación identitaria del 'Centenario' no pudo ser recreada o alterada de modo decisivo en el período posterior a 1930" (Caetano, 1992, p. 89). Acrescentemos, então, que esta "equação identitária", no dizer de Caetano (1992, p. 89), conseguiu uma perdurabilidade que, embora acabe de ser elaborada nos primeiros decênios do século XX, transcende essa dimensão temporal, na medida em que as mito-práxis futuras se alimentarão dos mitos e representações conformados nesse período de tempo. Segundo Achugar: "Con Batlle y el fortalecimiento (o la constitución) de un Estado monopólico [...] el aparente éxito o funcionamiento de dicho modelo [...] contribuyó a consolidar tanto la mentalidad como la suposición de que la solución ofrecida por el modelo era la adecuada para el país" (Achugar, 1992, p. 155).

11 "Arturo Ardao ha comprobado que una concepción ética de la sociedad y el derecho fue la base filosófica del reformismo, al menos si nos referimos a su personalidad descollante, Batlle y Ordónez. Una moral, en efecto, de sello tolstoiano, no católico, en la que el hombre era el centro de una obsesión a veces hedonista, sin que nada, y menos una Institución lo trascendiera; imbuida de 'cierta piedad difusa, casi cósmica' hacia el ser débil, fuera de la naturaleza que fuera (humana o animal); vertebrada por una 'concepción romántico-anarquista-naturalista, un poco a lo Ibsen, del individuo y las construcciones sociales', al decir de Carlos Real de Azua" (Barrán; Nahum, 1985, p. 39).

12 "El conductor de este esfuerzo fue Batlle y Ordónez [...] Sus reformas iniciadas en 1904, bajo la inspiración de una filosofía progresista y democratizante en la constitución de 1917, significaron un impulso renovador único en el continente, que echaría las bases de la primera democracia latinoamericana" (Ribeiro, 1985, p. 479).

no perigo de formular uma gestação da nação a partir do Estado, sem considerar a incidência de outros atores sociais. Tal como afirma Caetano:

> Si bien Batlle y el batllismo adquirieron una inocultable significación en ese período, en este como en otros tantos aspectos, su acción se insertó – junto con otros actores relevantes – en el cuadro de una "aventura" colectiva y conflictiva, que recogió fuertes herencias y las proyectó en nuevas síntesis. (Caetano, 1992, p. 84).[13]

A situação, inicialmente contraditória, e a busca de polifonias a partir do presente não podem, porém, nos fazer esquecer o papel do Estado na constituição da nação uruguaia.

Se o Estado não foi o único gestor do primeiro modelo identitário (primeiro modelo de nação), convém esclarecer que realmente tentou assumir a representação da totalidade (a nação), ao mesmo tempo em que trabalhou largamente em sua definição:

> Desde que el país y su nacionalidad fueron engendrados demiúrgica y leviatánicamente por un Estado protobenefactor, totalizante y crecientemente abarcativo de las demandas y ofertas sociales y de la representatividad grupal. (Bayce, 1992, p. 3).

---

[13] Seguindo uma linha bastante consensual na historiografia nacional, estabelece-se que o século XIX foi um preâmbulo da cristalização do primeiro modelo de identidade nacional. O conjunto de guerras civis que foram acompanhadas por alianças e inimizades com facções argentinas e brasileiras (mais a intervenção de potências européias em diversos conflitos), outorgaram variadas marcas à emergência de uma identidade nacional que, porém, alcança a sua maturidade nos anos 1900: "Si la identidad nacional de los Uruguaios no está entonces prefigurada desde los remotos tiempos coloniales, tampoco durante la Revolución ni durante las primeras décadas de vida independiente, lo que podríamos llamar – no sin equívocos – 'proyectos nacionalistas' se muestran y se despliegan de manera coherente. Las trayectorias – personales y colectivas – resultaron mucho más azarosas y cambiantes, en consonancia además con el contexto de la época" (Caetano, 1992, p. 82).

Isto porque a produção da nação laica – mesmo que não deva ser remetido a um agente – tem de considerar em sua análise que o Estado uruguaio foi um dos principais fazedores da religião civil, ora produzindo-a, ora apropriando-se das produções da sociedade civil. O "ordenamento semântico" da nação corresponde então, principalmente, ao Estado-nação, que a conformará.

Dentro deste ordenamento semântico, o laicismo beligerante que se desenvolve neste período deve ser analisado como luta de classificações por quem enuncia a totalidade.

As condições que operavam para que o Estado se advogasse os principais empreendimentos para configurar a nação e o conseguisse com bastante sucesso remetem a um conjunto de condições sem dúvida anteriores ao primeiro batllismo.

À fraqueza estrutural do Estado uruguaio da independência, atravessado por guerras civis e obtentor do monopólio da força só em 1904,[14] corresponde-lhe também um conjunto de agentes com os quais deve colaborar para constituir e orientar, dada a ainda maior fraqueza destes últimos: "En la historia Uruguaia, la vida política – el Estado, si se prefiere – fue siempre un factor tan 'creador' como la vida económica o social" (Barrán; Nahum, 1985, p. 38).

---

[14] Em 1904, terminou a última guerra civil no Uruguai protagonizada entre o Partido Blanco e o Partido Colorado (este tendo como o seu máximo dirigente o presidente da República, José Batlle y Ordóñez). Com este capítulo, finda o ciclo de guerras civis, que surge poucos anos depois da independência da República (1830). Ambos os partidos surgem durante uma das tantas batalhas (a batalha de "Carpinteria", em 1836) depois da independência, e continuam a existir até os nossos dias. Dado que Aparício Saravia, o máximo dirigente do Partido Blanco, era católico – embora numa postura não necessariamente majoritária dentro da diretiva deste Partido (Methol Ferré, 1969) – o presidente Batlle, triunfador deste choque armado dirá: "Hemos derrotados a los blancos y a los negros. Los negros eran los curas" (Methol Ferré, 1969, p. 49).

Dentro deste processo de ordenamento estatal da nação, correspondeu-lhe assumir diversas funções que o afastavam da mera posição de arbitrar as diferentes forças sociais, para encarregar-se também de atividades socioeconômicas, empresariais, etc. Logo, o "reformismo do alto" batllista pôde reconverter com fins sociais uma aposta que já se esboçava desde meados do século XIX, porém com outros objetivos (um simples modelo agroexportador).

Dentro da emergência e consolidação da nação laica, deparamos com um Estado que se deve principalmente atribuir a enunciação da nação e que, dada a fraqueza de outros agentes, possui inclusive a possibilidade (relativa) de "autonomizar-se" em relação à pretensão direta dos mencionados agentes:

> Tal potencial fue adquiriendo el Estado por esas ampliaciones sucesivas de su actuación en los planos económico, financiero, industrial, educacional, sanitario, de la vida nacional, que el diputado socialista Emilio Frugoni lo encontró "dotado de vida propia", convertido "en una especie de nueva potencia social, casi autónoma", "que no es ya [...] el mero receptáculo [...] de todos los intereses [...] de la clase capitalista [...] sino que vive, se desarrolla y se agita al costado de esta clase" (Nahum, 1993, p. 13).

No processo fundacional da nação laica observa-se um Estado com pretensões totalizantes, com um campo de ação que transcende a esfera burocrática e, além disso, um conjunto de "âmbitos" a serem criados.

Corresponderia então resgatar, mesmo para as etapas incipientes da secularização, a hipótese de Caetano (1995) relacionada com o fato de que a luta entre Igreja Católica e Estado dar-se-ia ora em função da ocupação de âmbitos existentes, ora na gestação de âmbitos a serem criados.

O fato de que o Estado ultrapassa a sua fraqueza inicial e ajuda na maturação de outros agentes através da sua expansão, aponta já sobre uma vontade e uma necessidade monopolizadora de produzir a nação. Porém o conjunto de choques entre Igreja e Estado não se deve remeter tão somente a este último: se, por um lado, temos um Estado jovem, alimentado com as concepções típicas do século XIX de progresso social,

> Por otro, irrumpe como en el resto de América Latina una nueva Iglesia Católica que se "romaniza" y se "reforma" al mismo tiempo que se plantea firme contra lo que considera una invasión de sus atributos tradicionales, fruto de los avances de lo que ya qualificaba de "impiedad" e "indiferentismo" (Caetano; Geymonat, 1997, p. 46).

O processo de dirimir campos constitui um aspecto notório da construção da nação laica, em que se entrelaçam lutas ínsitas ao campo religioso não separado nem claramente diferenciado do Estado, e, ao mesmo tempo, intervenções estatais que determinam progressivamente quais são as suas áreas de ação e qual deve ser o lugar ocupado pelas expressões religiosas.

A Igreja Católica, religião de Estado desde a Declaração da Independência (1830) até sua separação em 1917, dispõe-se, no seu processo de configuração, como um lugar de lutas entre diferentes correntes católicas entre si, especularmente com o Estado e com outros agentes do campo religioso.

Referimo-nos ao seu processo de configuração, dadas as características da Igreja Católica uruguaia. Bastaria aqui estabelecer as características da implantação do catolicismo no Uruguai:

> La implantación del catolicismo en el Uruguay fue tardía – resultamos ser la última región colonizada por España en América del Sur – y coincidió con la hegemonía de la Ilustración borbónica antijesuítica, dos factores que debilitaron la influencia de la Iglesia. (Barrán, 1998b, p. 19).

Para a época de independência (1830) "los informes Vicariales hablan de 100 sacerdotes en todo el país" (Faraone, 1970, p. 12). Além do aspecto numérico, outro conjunto de fatores concorre para mostrar as dificuldades que teve a Igreja Católica para se implantar:

> El alto clero no existió en el Uruguay colonial español ni en el Uruguay independiente hasta el establecimiento del obispado de Montevideo en 1878. El bajo clero era muy escaso, con frecuencia italiano y poco conocedor de la lengua de la población, de pobre formación teológica y relativo nivel moral, circunstancias que perduraron todas hasta 1880-1890. Los jesuitas, la "milicia" encargada de velar la fe y el poder papal en los siglos XVII, XVIII y XIX, habían tenido muy breve historia en el Uruguay colonial pues llegados en 1745 fueron expulsados en 1767 por Carlos III. (Barrán, 1998b, p. 19).

Além disso, a ausência de amplos territórios eclesiásticos (Faraone, 1970), a falta de peso corporativo da própria Igreja e a plena união e identificação com o Estado, "no alcanzaron en ningún momento el carácter profundo y radical de otras partes del continente americano" (Caetano, 1995, p. 6).

Suas minguadas forças em termos materiais e de recursos humanos traduziram-se em que a Igreja Católica, apesar de cumprir enquanto religião de Estado com um conjunto de atividades públicas (casamentos, registro de nascimentos e óbitos, ensino, saúde, etc.) não possuiu a capacidade de matriciar a cultura uruguaia pela via da "catolicização".

Isto pode ser percebido nas dificuldades iniciais em enfrentar com veemência os primeiros impulsos que fariam desta religião uma questão "doméstica" e, também, na falta de consistência do credo católico no seu processo de monopolização do campo religioso.

Visto desta perspectiva, não é de se admirar que Montevidéu tenha admitido, desde 1843,[15] e sem nenhum incidente notório, o culto protestante, como afirma Barrán (1998b, p. 20),[16] nem que as adscrições católicas tenham se visto necessariamente em oposição ao cultivo de outras visões do mundo.

É assim que, a partir da segunda metade do século XIX, começa a delimitar-se o que quer dizer "realmente" ser católico. Os jesuítas papistas ingressam na década de 40 como agentes essenciais da "romanização" e organização da Igreja Católica uruguaia. A partir do acionamento desta facção do catolicismo, começam a se dissolver as porosas fronteiras que, por incrível que pareça, permitiam a circulação por âmbitos católicos e maçons. Em seu processo de organização da Igreja,[17] os jesuítas implica-

---

[15] O primero antecedente do protestantismo no território que posteriormente viria a ser o Uruguai teve seu primeiro registro com as invasões britânicas de 1807. "[...] el primer contacto del espíritu y las formas de la religión protestante con nuestro catolicismo colonial de raíz hispánica. El invasor inglés ocupó Montevideo durante sólo siete meses [...] en lo que a religión se refiere, una innegable simiente de liberalismo quedó sembrada [...] de respeto al culto católico [...] los soldados y comerciantes ingleses adictos a sectas distintas, celebraron sus ritos propios, dándose el espectáculo, el primero quizá en Sudamérica, de la existencia de religiones diferentes en la ciudad colonial" (Ardao, 1962, p. 126-127).

[16] Corresponderia relativizar esta afirmação do historiador Barrán. Embora a Igreja Anglicana tivesse em Montevidéu sua atuação sem que as apologias católicas anti-protestantes ecoassem nas limitações que eventualmente o Estado pudesse colocar em sua ação, outra foi a realidade no interior do Uruguai. Mencionemos aqui a expulsão dos Valdenses da cidade de Florida no ano 1858, perseguidos tanto pelo jesuíta Majesté quanto pelo então Chefe Político Caravia. Apesar do apoio que receberam do Ministro do Interior Antonio de las Carreras, as perseguições continuaram. Ver Tron e Ganz (1958).

[17] "Jerárquicamente la Iglesia Uruguaia dependía de la antigua Sede Episcopal de Buenos Aires. El 2 de agosto de 1832 Gregorio XVI creó el Vicariato Apostólico del Uruguai y designó de titular a Larrañaga quien ocupó el cargo hasta su muerte en 1848. Los vicarios posteriores fueron: Lorenzo Fernández (1848-1852), Benito Lamas (1854-1857), Juan Domingo Fernández – actuó como Pro-Vicario – (1857-1859) y Jacinto Vera (1859-

vam "[...] el inicio del reforzamiento de las relaciones entre Roma y las Iglesias locales. Por eso el conflicto se centra otra vez especialmente en los jesuítas." (Methol Ferré, 1969, p. 37).

A possibilidade de ser ao mesmo tempo católico e maçom – mesmo que o conceito católico-maçom fosse utilizado de forma mais ampla para expressar o catolicismo liberal – constituía uma opção que abrangia uma boa parte do clero, a burguesia e a intelectualidade da época.

Este catolicismo liberal, alheio a qualquer problemática religiosa, como bem lembra Ardao (1962), teve de enfrentar-se com o catolicismo ultramontano jesuítico, cuja vocação era monopolizar o campo religioso e delimitar claramente em que consistia ser católico. As tendências católico-jesuíticas e católico-maçônicas[18] enfrentaram-se duramente, agindo o Estado (não esqueçamos que a

---

1878) [...] Vera [...] en 1878 se convirtió en el primer obispo Uruguaio al crearse la Diócesis de Montevidéu" (Sansón, 1998, p. 22-23). "La Iglesia Uruguaia estuvo regida durante esta época por Jacinto Vera (Vicario Apostólico entre 1859 y 1878, consagrado Obispo en 1865, titular a partir de 1878 de la flamante Diócesis de Montevidéu con juridicción sobre el país), Inocencio de María Yéregui (1881-1891) y Mariano Soler (Obispo a partir de 1891 y Arzobispo desde 1897, fecha en que Montevidéu fue elevada a la categoría de Arquidiócesis y se crearon las diócesis sufragáneas de Melo y Salto). Vera y Soler fueron las figuras más importantes" (Sansón, 1998, p. 33). "Muerto Monseñor Soler en 1908 le sucedió interinamente Ricardo Isasa, con el título de Administrador Apotólico [...] Independiente la Iglesia del Estado [...] el Vaticano designó Arzobispo a Juan Francisco Aragone. En 1940 lo sustituyo Antonio María Barbieri, que era ya Arzobispo Coadjutor desde 1936" (Ardao, 1962, p. 104).

[18] "La categoría 'católico-masón' que unos años más tarde perdería significación, era común dentro del elemento religioso de la época, expresado en una tendencia 'liberal', no dogmática, profundamente anti-jesuítica y anti-ultramontana del catolicismo Uruguaio. En ese sentido, no resultaba nada extraño en aquellos años que una persona fuera católica y al mismo tiempo perteneciera a alguna logia masónica, lo que entre otras cosas venía a testimoniar la dimensión 'cultural' de una definición de fe en aquel contexto de época" (Caetano; Geymonat, 1997, p. 54).

religião católica era ainda para a época a religião do Estado) ora como caixa de ressonância, ora como interventor direto das diferentes lutas no interior do campo religioso.

Por outra parte, em várias ocasiões e de forma progressiva, o Estado irá impor-se aos conflitos religiosos por meio da apropriação dos espaços de contenda (nesse sentido é que deve ser vista a secularização dos cemitérios, item que veremos posteriormente).

Seguindo Methol Ferré, o início do choque entre as duas correntes católicas apontadas

> Se inaugura oficialmente en julio de 1856 con el nuevo Vicario Apostólico, el viejo José Benito Lamas, quien dirige a los fieles y al clero un comunicado recordando la prohibición de la Masonería por la Iglesia. Es el comienzo de la quiebra de la difusa frontera que había existido hasta entonces entre la Masonería y la Iglesia Católica en el Uruguay (Methol Ferré, 1969, p. 37).

Outro elemento que levou a atritos entre a Companhia de Jesus e o Estado uruguaio foi um fato aparentemente de menor importância:

> Una joven que deseaba ser Hermana de Caridad y no contaba con el consentimiento materno, había recibido una carta de un padre de la Compañía de Jesús que le aconsejaba – dentro de la más pura teoría evangélica como se encargó de señalar luego su superior –, obedecer el "llamado de Dios" antes que a su madre (Barrán, 1988, p. 31).

A intervenção da Igreja dentro do seio da família – o "roubo" de filhas para os conventos – acrescentado aos questionamentos dos jesuítas, dirigidos aos maçons, fez com que a Companhia de Jesus fosse outra vez expulsa do território uruguaio. O decreto de expulsão (Ardao, 1962; Barrán, 1988), de 26 de janeiro de 1859, foi assinado por dois representantes netos da burguesia católico-maçônica da época: o Presidente da República Gabriel Pereira (1856-1860) e o General Antonio Díaz.

Apesar desta expulsão inicial, que só seria levantada em 1865, a versão ultramontana do catolicismo não seria derrotada, já que no mesmo ano (1859) foi nomeado Vicário Apostólico Jacinto Vera, representante desta corrente.

Diversas pesquisas concordam que a nomeação de Jacinto Vera marca um novo tempo para a Igreja Católica uruguaia. Se, por um lado, esta nomeação implicou uma reorganização da mencionada Igreja em sua estrutura eclesial, seu labor missionário e sua relevância a nível nacional, por outro, desatou um processo de virulência tal na sua afirmação antiliberal, contrária ao pluralismo religioso e defensor dos espaços eclesiásticos à risca, que colaborou de forma significativa com os enfrentamentos que vieram a ocorrer.

Com Vera, a versão ultramontana do catolicismo conseguiu consolidar-se, obtendo em parte os favores do Estado no "ordenamento interno" da Igreja.

Porém, se a expulsão dos franciscanos (1860), por parecerem diretamente vinculados à maçonaria,[19] mostra de certa forma algumas considerações da parte do Estado para com o magistério de Vera, por outro lado as disposições em torno da secularização dos cemitérios, em 1861, não deixava nenhuma dúvida de que o Estado iria tomar como política comum a expropriação daqueles espaços que originassem lutas e confrontações entre as diferentes facções da Igreja Católica.

A passagem dos cemitérios à órbita estatal aponta de forma bastante evidente esta política.

O enterro de um católico maçom em 15 de abril de 1861 e a negativa das autoridades católicas de dar-lhe sepultura no cemitério foi o fato que provocou as disposições para retirar os cemitérios das mãos da Igreja Católica. Aliás, esta mesma negativa deu lugar a várias lutas dentro das hostes católicas, aprovei-

[19] Sobre a existência da maçonaria no Uruguai existem antecedentes que poderiam remontar-se até à época colonial. Ver Ardao (1962, p. 118).

tando então o Estado para desterrar sem mais a pessoa de Jacinto Vera, considerada como um elemento perturbador.

A imprensa de então,[20] coletada por Ardao (1962, p. 165), parece ilustrar bem o espírito da época, em torno da mencionada situação:

> ¿Pero por dónde ha podido figurarse el señor Vicario facultado para negar sepultura eclesiástica a los cadáveres de los franc-masones que pertenecen a nuestra comunidad cristiana, católica, romana? ¿Cuándo se ha visto en Montevideo un hecho de semejante naturaleza? ¿Ignora el señor Vicario que toda la vida, desde los tiempos primitivos de la fundación de esta ciudad, ha habido en ella franc-masones, de los más respetado de esta sociedad, y que medio pueblo es franc-masón en el día, tan cristiano y tan católico como puede serlo el mismo señor Vicario, sin que jamás se le hubiese ocurrido a ningún prelado negarle sepultura o los auxilios de la religión y la entrada a la Iglesia de sus cuerpos inanimados?

Em 18 de abril de 1861, decretava-se a secularização dos cemitérios, passando sua jurisdição à órbita do Estado. Sua gestão ficava por conta das juntas econômico-administrativas que, não obstante, permitiam a presença "de un sacerdote cuyo servicio se determinará por reglamento" (Caetano e Geymonat, 1997, p. 57).

Estes procedimentos secularizadores iniciais assinalam os ajustes de contas entre as diferentes correntes católicas, vencendo a "romanização" da Igreja Católica uruguaia. O resultado foi que a Igreja já não teria capacidade para manter posições encontradas. O catolicismo liberal ou "maçom" derivaria em deísmo racionalista militante anticlerical (Ardao, 1962; Barrán, 1988, 1998a, 1998b), enquanto que o Estado uruguaio[21] alar-

---

[20] Trata-se de um editorial escrito por Isidoro de Maria no jornal *La Prensa Oriental*, de 18 de abril de 1861.

[21] O Presidente Berro (Presidente da República de 1860 até 1864 e responsável pelo decreto de secularização dos cemitérios – 18 de abril de 1861) não parece ter sido maçom. Ver Barrán (1988, 1998a).

garia cada vez mais sua ação sobre as áreas costumeiramente consideradas católicas.

O olhar dos historiadores (Barrán, 1988, 1998a, 1998b) sobre estes primeiros traços secularizadores dá conta do progressivo abandono da Igreja Católica por parte dos setores de "jovens cultos" montevideanos. No âmbito intelectual da época, aparece, em 1865, *La Revista Literaria*, racionalista e anticatólica, que contava (entre outros) com a figura de José Pedro Varela, o futuro reformador da escola uruguaia.

Foi nestas publicações que, pela primeira vez, foi pedida a separação entre Igreja e Estado e exposta claramente a oposição entre progresso material e social e catolicismo.[22]

Um conjunto de instituições começa a ser fundado, aglutinando correntes representativas das ânsias de progresso do século XIX. Estes "modernos uruguaios" já não enfrentarão a Igreja Católica em seu seio, ou seja, o campo de luta vai transcender os choques entre as já apontadas correntes católicas, mas deixarão boa parte do catolicismo para passar a considerá-lo como uma interferência espúria ao pleno desenvolvimento social.

Embora as tendências sejam várias, alguns autores resgatam duas etapas que as elites uruguaias teriam percorrido. Assim, Sansón assinala:

> Una actitud racionalista ganó a las clases dirigentes que en el Uruguay se formaron bajo la influencia del espiritualismo ecléctico (escuela hegemónica entre 1850 y 1875 aproximadamente), y del positivismo (1876 en adelante). (Sansón, 1998, p. 26).

---

[22] Methol Ferré levanta a seguinte passagem da mencionada revista *(La Revista Literaria)*, típica representante das concepções de progresso e das eventuais interferências católicas com o mesmo: "El silbido de las locomotoras del S. XIX no nos dejarán oir las maldiciones del Vaticano expirante. Las olas tumultuosas de la libertad que avanzan rápidamente ahogarán sus últimas palabras, y el hossana de la justicia será el único canto que nos arrulle" (Methol Ferré, 1969, p. 43).

Caberia pensar – sem nos aprofundar exaustivamente em todos os tons e matizes destas correntes – em uma modificação da posição por parte de um setor importante dos intelectuais da época e das variações de um campo intelectual, aproximando-se ao que, *a posteriori*, estabelecerá alianças – embora ambíguas – com o Estado uruguaio (a reforma escolar é um exemplo disto).

A concepção espiritualista iria manifestar-se pelo menos até 1860, relativamente conciliadora com a Igreja Católica:

> No hay lucha contra el catolicismo, sino más bien se lo considera una etapa "inferior", grosera, de una religión depurada superior, puramente "deísta" y en que Jesús no es Cristo, sino el máximo ejemplo "moral" de esa ley divina de la conciencia. (Methol Ferré, 1969, p. 36).

Este deísmo começa a bifurcar-se entre aqueles que ficam nas fileiras da Igreja, por considerá-la em definitivo como "um fator civilizatório", e um deísmo combativo da igreja (que tem boa base na Universidade) que já em 1872 proclama a "Profissão de fé racionalista", tipo de deísmo que desconhecia qualquer tipo de Revelação.

Por seu lado, os clubes de "idéias" começam a surgir: o Clube Universitário, fundado em 1868, depois o Ateneo e o Clube Racionalista, ambos combatentes do fervor católico. Em 1878, surge o jornal *La Razón*, que seria o porta-voz mais radical do racionalismo, afastado das águas do catolicismo.

Outra associação a mencionar é a "Sociedad de Amigos de la Educación Popular" (agindo desde 1868), que pregará a educação laica e que fertilizará o terreno da futura laicização do ensino.

Deve-se ressaltar também a influência do positivismo, que adquire características peculiares no Uruguai. À diferença de outros países da América, as doutrinas de Comte não tiveram influência no Uruguai. O positivismo uruguaio foi herdeiro do evolucionismo anglo-saxônico de Spencer e Darwin, marca importante tanto na Universidade quanto no sistema escolar por meio da reforma vareliana.[23]

Durante o período denominado "militarismo" (1876-1886), aprova-se um conjunto de leis lesivas aos interesses eclesiásticos, dentro da lógica de um Estado centralizado e de uma modernização de corte autoritário.

Embora este período não contasse com o apoio de uma parte importante dos intelectuais da época, estabelecem-se algumas alianças a serem destacadas (a reforma vareliana), e as medidas anticatólicas são acompanhadas favoravelmente.

Com suas peculiares características, este Estado modernizador e modernizante teve que se propor à segurança de um modelo agroexportador

> Con capacidad para imponer el orden en el medio rural, anulando la capacidad depredatoria de las guerras civiles y liquidando la vagancia y el abigeato que el alambramiento de los campos había incrementado. El Estado ideal debía, también, proporcionar asistencia técnica a la actividad económica fundamental del país, asegurar la universalización de la enseñanza primaria y asumir el control sobre el estado civil de las personas, todo ello con vistas a favorecer el desarrollo del sector agropecuario, tanto en sus connotaciones tecnológicas como laborales y sociales (Zubillaga; Cayota, 1982, p. 113).

É durante o governo de Latorre (1876-80) que se emite a "Ley de Educación Común" (1877), de especial importância no

---

[23] "A diferencia de otros países americanos como Brasil, México, Chile, donde la influencia de Comte fue muy grande, no había penetrado aquí antes de hacerlo el evolucionismo sajón; y tampoco penetró luego, a no ser a través de referencias ocasionales o indirectas [...] Darwin, cuyo nombre, más que Spencer, fue la verdadera bandera inicial de nuestros positivistas" (Ardao, 1968, p. 252- 253).

processo de laicização e constituição da religião civil. Em 1877, José Pedro Varela assume o cargo de Diretor da Instrução Pública, oferecido pelo governo de Latorre, ingressando nas escolas um modelo de laicismo radical, embora atenuado no início pela possibilidade de uma educação religiosa "optativa". [24]

De acordo com Ardao (1962), esta posição em relação à laicização das escolas já nada tinha a ver com as concepções relacionadas ao cristianismo.

A escola era tornada gratuita e obrigatória, fora da potestade da Igreja, e com educação religiosa opcional. O modelo era basicamente laico, motivo pelo qual a Igreja Católica se opôs ferrenhamente. Os pontos de crítica centraram-se no fato de que a educação religiosa deixava de ser obrigatória, acrescentado à possibilidade de que os cursos de educação católica podiam ser ministrados por qualquer pessoa.

Também as críticas recaíram sobre o novo modelo de escola, de caráter misto, qualificado por Vera como "harém da educação". Como forma de resistência, a Igreja criou uma "Comissão de Damas Católicas", que intentou várias vezes remover no Parlamento esta lei. Porém o modelo de laicismo nas escolas vai

[24] A nova lei de ensino gerou a ferrenha oposição da Igreja católica: "Pero el adversario más implacable que tuvo la Ley de Educación Común fue el partido católico, que no perdonó nunca a Varela el carácter racional impuesto á la educación que se daba en las escuelas del Estado, pues comprendía sin dificultad que 20,000 niños que á ellas concurrían serían más tarde otros tantos ciudadanos substraídos al fanatismo y la superstición, en virtud de que los nuevos métodos de enseñanza tendían á hacer de ellos seres instruidos, conscientes de sus deberes y derechos , y educados para la libertad en su más alta expresión. De ahí que pretendiensen asustar á los timoratos gritando: ¡Educación ateas! ¡Escuela sin Dios!, y combatiendo la reforma escolar con toda clase de armas, desde la cátedra sagrada y desde la prensa, sin querer discutir ni razonar. Así arrastraban á los medrosos, á los ignorantes, á los infelices, á las gentes poco versadas en asuntos de educación, consiguiendo aumentar el número de los tarugos vocingleros" (Araujo, 1911, p. 454).

radicalizar-se ainda mais e, em 1909, a escola passa a ser totalmente laica, proibindo-se todo tipo de educação religiosa.

O impulso inicial laicizante de 1877 se estenderá durante o governo do também militarista Santos (1882-1886) a outros níveis educacionais ("Ley de Educación Secundaria y Superior", de 14 de julho de 1885).

A segunda disposição contrária aos interesses eclesiásticos sob o Governo de Latorre foi a denominada "Ley de Registro Civil" (1879), através da qual é retirado da Igreja também o poder legal para inscrever nascimentos, matrimônios, óbitos.

Neste processo por parte do Estado de "ganhar espaços" é que se devem entender também as delimitações que impõe o governo de Máximo Santos (1882-1886) ao catolicismo. A "Ley de Matrimonio Civil Obligatorio", de 22 de maio de 1885, estabeleceu que o único vínculo com efeitos legais era aquele realizado perante as autoridades competentes e que devia ter lugar antes do eventual casamento religioso.

A igreja respondeu estabelecendo que a lei dava ao matrimônio o caráter de um "simples concubinato civil":

> Para la percepción de muchos católicos se trataba [...] de una cruzada [...] a favor del demonio. La derogación de estas disposiciones, en particular la ley de matrimonio civil, pasaría a constituir uno de los objetivos centrales de la Iglesia Católica. (Caetano; Geymonat, 1997, p. 94).

Este conjunto de disposições, acrescentadas à "Ley de Conventos", de 14 de julho do mesmo ano, pela qual ficavam proibidos os lugares à "vida contemplativa" e se eliminava a eficácia jurídica (efeitos civis) dos votos do clero, indicam um espírito de época que transcendia a luta por "espaços" com a Igreja Católica.

Enquanto a burguesia liberal resgatava as virtudes do cristianismo (sobretudo as referidas ao trabalho), também atacava o clero por "desconocer el derecho de propiedad con su monaquismo y la práctica de bienes en común, así como su prédica contra el enriquecimiento como ideal" (Barrán, 1988, p. 27).

Igualmente, um conjunto de críticas anticlericais referentes à "corrupção sexual", à preguiça, à ambição pelos bens terrenos, constituía uma prática comum do discurso liberal da época (Barrán, 1988, p. 27).

Devemos ressaltar que a eclosão anticatólica não teve nesta época como únicos participantes o Estado e as elites:

> Mientras en las capas superiores de la sociedad se producía el enfrentamiento contra el clericalismo desde época temprana [...] en niveles más humildes repercutía a través de los inmigrantes garibaldinos, el conflicto político de la unidad italiana y los dogmas proclamados en 1864. (Faraone, 1970, p. 12).

Uma importante porção da massa imigrante italiana era profundamente anticatólica em função do que se entendia como interferência do Vaticano frente à possível unidade italiana.

Methol Ferré insiste em que o jacobinismo batllista teria se alimentado deste anticatolicismo popular, produto mais das experiências ultramontanas italianas e espanholas trazidas a esta parte do mundo do que da real experiência de convívio com a Igreja uruguaia:

> La Iglesia Católica en el Uruguay no había sido nunca poderosa ni rica y no había razones para que se desencadenara un anticlericalismo tan profundo. Sólo quienes trajeron otra experiencia, otras razones, como gran parte de los italianos y españoles que llegaron, podían dar realidad a esa política (Methol Ferré, 1969, p. 49).

Barrán aponta a popularidade do processo de "descatolização":

> El mundo rural, por lo general el baluarte de la religión católica en América Latina, en el Uruguay fue juzgado "tierra de misión" por los jesuítas en 1914, tan obviamente campeaba allí "la ignorancia" de la fe católica [...]. De su lado, Montevideo experimentaba el avance más militante de la "impiedad" anticlerical. El Censo de 1889

> informaba que el 83% se había declarado católico y el 6% liberal. Transcurridos 19 años, en 1908, el Censo mostraba que los católicos habían descendido al 63% y los liberales al 25%. El avance de la "descatolización" era mucho mayor entre los hombres que entre las mujeres, como en todo Occidente por otra parte. En Montevideo y en 1908 un 34% de éstos se declaró liberal contra un 15% de aquellas, cifra empero elevadísima [...]. En 1908, los católicos ya eran minoría entre los hombres Uruguayos pues sólo llegaban a ser el 44%. Los liberales casi los igualaban con un 40% (Barrán, 1998b, p. 21).

O anticlericalismo militante mostrou-se nas ruas com manifestações massivas desde 1892 chegando a reunir 15 mil pessoas em uma cidade que naquele ano tinha 200 mil habitantes (Barrán, 1988).[25]

A partir de 1890 e 1900, acrescentar-se-á ainda com mais força o anticlericalismo anarquista e socialista, influência não menor no jacobinismo que se desenvolvera do Estado a partir do batllismo.

Perante este anticlericalismo, proveniente de várias frentes e que sem dúvida penetrava fundo em boa parte da população, a Igreja Católica assumirá duas posturas: proteger-se enquanto igreja "cercada" (no sentido em que sua incidência vai sendo progressivamente reduzida e diretamente atacada), e participar – permeada também pela "racionalidade" que supostamente guardava a religião civil – de uma secularização interna. Tratar-se-ia, por conseguinte: "[...] de un catolicismo delimitado en su sobrenaturalidad porque se adaptó a una funcionalidad social volteriana" (Bayce, 1992, p. 3).

Durante a etapa do catolicismo romanizado e intransigente de Vera e Yeregui até a chegada de Soler, melhor negociador, mas tão romanizado quanto os anteriores, quer dizer, questionador

[25] "El anticlericalismo ganó la calle y demostró poseer un elevado grado de militancia [...] Por ello ocurrieron las giras de propaganda por el interior del país [...] la creación del "Centro liberal" y la "Asociación de propaganda liberal" en 1900 con sus 54 Comités y delegaciones en el interior del Uruguai de 1903 así como sus 60 folletos anticlericales con un total de 292.000 ejemplares (!) en 1905" (Barrán, 1988, p. 8).

do racionalismo, racionalismo positivista, liberalismo e protestantismo, e apologeta do papado (Methol Ferré, 1969), a Igreja Católica fecha-se sobre si mesma progressivamente e, embora havendo preocupação pela evangelização, insistirá mais em gerar redes que "contenham" os fiéis da fuga ao catolicismo.

Na segunda metade do século XIX, o catolicismo pluraliza-se de certa maneira: "Van llegando a nuestra tierra numerosas Ordenes y Congregaciones [...] Con ellos, la Iglesia va creando especialmente una gran red de establecimientos educativos" (Methol Ferré, 1969, p. 47).

Esta rede de centros de ensino, acrescentada ao associativismo católico (entre 1889 e 1911 realizam-se quatro Congressos Católicos e funda-se o Clube Católico) e a utilização da imprensa para pregar a doutrina ("El Mensajero del Pueblo", "La Semana Religiosa"), serão a base para uma Igreja "militante" e uma Igreja de "ghetto".

"Militante" enquanto defesa da Igreja como dimensão incontornável para a construção da sociedade, não admitindo assim a "independência" do Estado da sua tutela, nem considerando a possibilidade de "moralizar" a sociedade fora da moral católica. Também militante enquanto questionadora do pluralismo religioso (ataque contra o protestantismo), do liberalismo e de qualquer concepção que pusesse em dúvida seu papel de representante de Deus na Terra.

Quanto à Igreja como "ghetto", tal expressão aponta: "[...] una separación entre ella y el mundo, entre la ortodoxia y la heterodoxia" (Sansón, 1998, p. 43).

A Igreja uruguaia, em razão dos ataques "do mundo", vai preferir – através do associativismo, centros de educação e reunião – estabelecer um cordão sanitário entre sua freguesia e "o mundo", já perdidamente não católico.

Este perfil, em parte de "autoprivatização", de recolhimento sobre si mesma, será o resultado do processo histórico esboçado, acrescentado à sua etapa mais radical – a do jacobinismo batllista – que erradicará a Igreja do âmbito público.

O primeiro batllismo foi o gestor do processo radical de privatização das religiões "particulares" e do estabelecimento das bases da religião civil, tomado das diversas fontes propostas já no século XIX.

Mesmo assim, este reformismo "do alto" mudará claramente o quadro do Uruguai, retomando, porém, heranças do século XIX. O papel do Estado há de aumentar de forma exponencial, mas já não unicamente para assegurar uma ordem interna e configurar-se como o agente civilizador de uma dicotomia barbárie *versus* civilização. Este reformismo "do alto" configura uma aposta de aspirações democráticas que deveriam ser matriciadas consensualmente. O reformismo batllista se apresentará como:

> Una ideología, entonces, finisecular, alimentada en el pensamiento enciclopedista, la creencia en el progreso indefinido a través de la ciencia y la difusión de la educación, y el rechazo al "prejuicio religioso" como factor explicativo del mundo y del hombre. El reformismo se pensó a sí mismo y se vió como un hijo de la "Gran Revolución", y es este, por ciero, uno de los tantos puntos de contacto que tiene con el contemporáneo Partido Radical-Socialista Francés. (Barrán; Nahum, 1985, p. 39).

Do seu lado, o Estado deveria ser o instrumento de elaboração e estabelecimento de uma concepção ético-racional do mundo. Para isso, o Estado deverá trabalhar para gerar condições igualitárias para seus cidadãos:

> Concebido como el representante de toda la sociedad, inclinará la balanza del lado del débil cuando la estructura económica, social o cultural haya colocado el fiel del lado de los fuertes, los privilegiados, los menos. El Estado deberá ser (y podrá ser) el corrector de la injusticia [...] Para ello abandonará su viejo papel de "juez y gendarme" e intervendrá directamente en la economía y la sociedad. (Barrán; Nahum, 1985, p. 40).

A vertente "jacobina" expressa em um anticlericalismo radical, e que gerara, com todas as diferenças, uma mútua influência entre anarquismo, batllismo e socialismo (além dos diferentes tons proletaristas), produziu, a partir do Estado, um conjunto de medidas anticlericais acrescentadas à expansão de uma religião civil "igualitária" e hiperintegradora da cidadania, tendo como referente o Estado enquanto ponto (paternalista) de eqüidade.

Utilizemos um resumo cronológico para ilustrar as medidas anticlericais no período batllista.

1906 – Retirada das imagens religiosas dos hospitais.

1907, 1910, 1913 – Leis progressivas sobre o divórcio, que acabam na medida "revolucionária para a época" por autorizar o divórcio pela vontade única da mulher, no ano 1913. Corresponde assinalar aqui que esta medida levantou particular resistência, permitindo que a Igreja Católica organizasse hostes de mulheres que apresentaram múltiplas manifestações contrárias a este projeto, sem maiores resultados.

1907 – Eliminação do juramento para os legisladores: "Igual medida se tomó en 1911 para el juramento de los ediles. Para el del Presidente de la República, por estar establecido en el texto de la Constitución, debio esperar a la reforma de ésta" (Ardao, 1962, p. 394).

1909 – Implantação do ensino laico nas escolas públicas, radicalizando o modelo de escola laica, gratuita e obrigatória da reforma de 1877. Abrange também a formação secundária (média). De 1877 até 1909 "[...] la enseñanza era laica en el plan escolar, pero incluía catecismo católico obligatorio, del que podían sutraerse los alumnos cuyos padres así lo indicaran" (Faraone, 1970, p. 36). Este catecismo católico de duvidosa obrigação se reduzia na verdade a 15 minutos diários do horário escolar (Bralich, 1996).

A lei de 1909 aprofundava o modelo laico de ensino, tal como expressa seu texto:

> Poder Legislativo – El Senado y Cámara de Representantes de la República Oriental del Uruguay, reunidos en Asamblea General, DECRETAN: Artículo 1° Desde la promulgación de la presente ley,

queda suprimida toda enseñanza y práctica religiosa en las Escuelas del Estado. Art.2° La Dirección General de Instrucción Pública determinará los casos en que hayan de aplicarse penas á los Maestros transgresores de esta ley. Estas penas serán de suspensión, pudiendo llegarse hasta la destitución en caso de reincidencias graves y comprobadas. Art. 3° Comuníquese, etc. Sala de sesiones del Honorable Senado, en Montevideo, a 31de Marzo de 1909. (Araujo, 1911).

1910 – Monopólio na gestão da assistência sanitária pública por parte do Estado.

1911 – Supressão de toda referência religiosa no Código Militar. Supressão de honras e sacramentos nos ritos militares. Supressão de qualquer classe de honra ou reverência a autoridades ou símbolos religiosos por parte da República.

1913 – Lei de divórcio pela só vontade da mulher.

1917 – Separação formal da Igreja Católica do Estado (entrou em vigência em 1919).

1919 – Mudam os nomes dos feriados católicos. Natal passou a chamar-se "Festa da Família"; a Semana Santa "Semana do Turismo"; o dia 6 de janeiro deixou de ser Dia dos Reis para passar a ser o "Dia da Criança". O Dia da Virgem (8 de dezembro), recebeu o nome de "Dia das Praias".[26]

Devemos acrescentar a isto, durante este período, a mudança de nome de mais de trinta cidades e povoados que possuíam nomes de santos (Da Costa, 1997, p. 94), ao que cabe também somar constantes enfrentamentos e manifestações anticlericais nas Câmaras, assim como nos jornais, relacionados principalmente com as elites batllistas.

[26] Também a supressão de feriados católicos e sua sustituição por feriados laicos tem seus antecedentes. Em 1915, se declaram feriados nacionais o dia 14 de julho (Revolução Francesa) e o dia 12 de outubro (Descobrimento da América), propondo suprimir o festa de Corpus Christi e a festa de Assunção. Em 1916 ainda se suprime o feriado de San Felipe y Santiago, decretando como festa nacional o 1º de maio, chamada de "Festa do trabalho" (Geymonat, 2004, p. 304-305).

O conjunto de manifestações anticlericais pode ser resumido nos denominados "banquetes da promiscuidade", nos quais os simpatizantes do anticlericalismo faziam grandes churrascadas defronte à catedral de Montevidéu nem mais nem menos do que nas sextas-feiras da Semana Santa. (Da Costa, 1997, p. 94-95).

Os permanentes ataques por parte da imprensa batllista à Igreja e a peculiar marca "civilizatória" que dava a alguns âmbitos estaduais, mostra às claras o papel substitutivo que se outorgava o Estado. Logo, quando em 1914 a "Liga de Damas Católicas" organiza uma campanha para estender "o reinado de Jesus Cristo no Uruguai", por meio da simbólica "entronização do Sagrado Coração de Jesus" em cada lar, o popular jornal batllista *El Día* respondeu, em 5 de janeiro de 1914, da seguinte maneira:

> La ciencia conoce el bacilo religioso y conoce también el medio de asegurar a la humanidad una perfecta inmunidad. El embrutecimiento mediante el fanatismo religioso y la superstición clerical está neutralizado por la luz de las escuelas laicas. Pronto liquidaremos el último vínculo entre el Estado y la Iglesia, para segurar de este modo la grandeza de la sociedad y la familia, comprometida por la acción funesta de los que, como el clero católico, abominan de las dignidades familiares y sólo se preocupan de la sociedad para exprimirla y explotarla. Nuestro pueblo ilustrado acerca de la farsa clerical, se ha redimido del yugo de los viejos ídolos. (Barrán; Nahum, 1985, p. 47).[27]

---

[27] Embora tinham passado várias décadas, no marco da discussão sobre a chamada "Cruz do Papa", um deputado do Partido Colorado fará a seguinte afirmação (no ano de 1987): "La historia de esta y de otras cruces es muy poco santa [...] Lisa y llanamente, el dogma de la cruz y este pretendido homenaje como símbolo hoy son un contrasentido. Insistir en su mantenimiento es pretender cerrar o agraviar los ojos de quienes han logrado sobrepasar el oscurantismo espiritual en el que una gran parte de la humanidad aún está sumida. Esta actitud es también un acto de prepotencia (pues queda claro) que esta cruz fue concebida y emplazada para quedarse" (Diario de Sesiones de la Camara de Representantes apud Caetano, 2004).

O processo de privatização da religião católica teve seu sucesso. Também a implantação da religião civil foi particularmente bem sucedida.

Lembremos, então, que neste processo de construção da nação laica temos, por um lado, a expulsão da Igreja Católica de âmbitos públicos, que passam a ser considerados público-estatais, sob jurisdição direta do Estado. "Público" e "estatal" serão categorias que a partir do período que expomos ficarão fortemente unidas no Uruguai mediante três modalidades: público, enquanto gestado diretamente a partir do Estado; público, enquanto aparente "espaço neutro" que permite a coexistência dos "diferentes" (diferenças religiosas, culturais, etc.) a partir das garantias legais e dos valores presentes na religião civil uruguaia (liberdades públicas); público, enquanto espaço não somente garantido pelo Estado, mas também como espaço preferencial das representações e mitos outorgados pelo Estado-nação.

O Estado uruguaio – marca que com vicissitudes não conseguirá reconverter até hoje em dia – tornou-se, nesta etapa histórica, uma espécie de "fazedor da nação", absorvendo e dando a maioria dos elementos que serviriam para a construção identitária do Uruguai.

Primeiro, assegurava-se este papel expulsando a Igreja Católica dos lugares que ela mesma tinha produzido. Este aspecto é mais do que importante, na medida em que o Uruguai estava configurando-se como nação com elementos populacionais heterogêneos: as correntes migratórias, com suas diferentes pautas culturais, comportamentos sociais, confessionais, etc., podiam circular em âmbitos onde as particularidades não eram em princípio questionadas por uma religião ligada à nação.

Os "espaços neutros", assegurados pelo Estado-nação através das denominadas "liberdades públicas", permitiam, a alguns, exercer com soltura sua liberdade religiosa pela primeira vez. Mesmo assim, a interpelação à qual serão submetidos – tanto a população autóctone quanto a importante avalanche de imigrantes – radicará na moldagem que estabelecerá, não já uma religião que monopoliza o Estado, mas um Estado que é o principal produtor de uma religião.

Entramos, então, no segundo aspecto relevante da gestação da nação laica, através da dimensão à qual fazíamos referência no começo deste trabalho: o fato de que o Estado decidiu anular a simbologia católica no âmbito público não significou uma anulação do catolicismo, mas a sua privatização, assim como a pluralidade religiosa trazida pelos imigrantes (diferentes correntes do protestantismo, judaísmo, divisões da Igreja Ortodoxa Russa, vertentes religiosas provenientes do mundo árabe – e aqui corresponderia acrescentar um longo *et cetera*, em função dos diferentes grupos de imigrantes), tampouco resultou numa manifestação aberta e visível das mesmas.

Todo o campo religioso passou, no Uruguai, por uma forte modelização que incluiu a sua privatização. O "jacobinismo" que, não esqueçamos, era produzido a partir de um "reformismo desde o alto" e não continha o grau de violência não simbólica de seu êmulo inicial, impôs-se ao delimitar um âmbito público fortemente laicizado, com uma grande presença da religião civil da nação, e um âmbito privado no qual os cidadãos podiam, eventualmente, cultivar suas diferenças mais marcantes de índole variada. A laicização uruguaia foi anticatólica, embora não impedisse que as manifestações religiosas não católicas trazidas pela imigração ocupassem instâncias públicas, e que as diferenças culturais não se magnificassem neste mesmo âmbito.

Assim, por exemplo, as posturas anticlericais do Estado foram vistas com simpatia pelos grupos de imigrantes não católicos (inclusive de católicos que vinham da experiência do catolicismo ultramontano espanhol ou italiano), na medida em que lhes permitia desenvolver suas crenças com tranqüilidade.

Ao mesmo tempo, esta simpatia limitava-se quando a religião civil queria impor-se enquanto "anti-religiosa", em termos gerais.

A atitude das diferentes correntes protestantes presentes no Uruguai foi um bom exemplo da última situação descrita. Tanto o protestantismo que tinha chegado ao Uruguai com fins de missão quanto o protestantismo "étnico" (sustentado na imigração) acompanharam o processo de secularização e laicização da sociedade uruguaia enquanto o mesmo se concentrava em confrontar a Igreja Católica. O apoio do protestantismo ao fervor anticatólico do Estado uruguaio – que já teve antecedentes no século XIX – chegou, nos primeiros anos do século XX, à sua máxima expressão através da criação ou o apoio de organizações do estilo "Liga para la Emancipación de América Latina del Yugo Papal", "Asociación de Propaganda Liberal" ou a "Liga Anticlerical" (Geymonat, 2004, p. 117). O condenável para o protestantismo uruguaio era – e poderia resumir a posição do mesmo em relação ao jacobinismo de Estado uruguaio – a expulsão da "religión y todo lo que particularmente aunque no exclusivamente pertenece al dominio de la religión, de dondequiera sea dominio civil" (El Mensajero Valdense apud Geymonat, 2004, p. 122).[28]

A pergunta é: como consegue um Estado ser o principal agente de uma religião civil e impô-la no marco de uma instância política que bem poderíamos chamar de "democrático-liberal" e reformista?

Neste sentido, cabe fazer referência à afirmação de Da Costa, no sentido de que: "O Uruguai foi construindo o seu próprio modelo de relação entre o Estado e religião, instalando o primeiro na esfera do público e deslocando em direção ao privado e íntimo o lugar social da religião" (Da Costa, 1997, p. 93).

---

[28] Os protestantes – seja como imigrantes, seja em sua luta anticatólica – foram em boa parte simpatizantes do partido mais modernizador, cosmopolita e anticlerical: o Partido Colorado.

A afirmação – geralmente correta – corre o risco de ser mal interpretada, pois uma imposição do Estado na esfera pública pode ser entendida como absorção da mesma por parte do Estado.

Isto ocorrerá claramente nos regimes autoritários, situação bastante afastada do espírito democrático-reformista do batllismo. De acordo com Giner (1994), a religião civil implica a sacralização da "politeya", ou seja, sacralizam-se as modalidades de participação dos cidadãos habitantes da "polis" (sem esquecer a capacidade mobilizadora da aparelhagem política e político-estatais) e, ao mesmo tempo, a religião civil, como seu nome o sugere:

> Pertenece a la sociedad civil [...]. El auge de la religión civil es concomitante con el avance de la privatización y de la democratización. Por eso no hay sociedad civil ni religión civil bajo el totalitarismo: la movilización directa del pueblo, su penetración por una policía estatal, la supresión de su vida privada y de la tolerancia de las iniciativas grupales para la consecución de fines específicos (movimientos sociales autónomos), por no hablar ya de partidos políticos, imposibilitan el nivel estructural (sociedad civil) y el cultural (religión civil) de una politeya democrática y plural (Giner, 1994, p. 149).

O problema talvez possa ser resolvido se considerarmos que, para o caso uruguaio, o processo de implantação da nação laica ocorre, como já foi assinalado, no marco de uma incipiente sociedade civil fraca e dispersa (Caetano, 1995), que o Estado começa a arbitrar, gerar e paternalisticamente "conduzir", inclusive produzir os seus "lugares", sem anulá-la. Fica claro que a diferença entre terror e hegemonia deve estar aqui presente. Mesmo assim, a importante presença estatal outorga marcas muito peculiares ao âmbito público, lugar "natural" da religião civil. Este âmbito público-estatal (no sentido já esclarecido) se caracterizará, como dissemos, por: a) existência das liberdades públicas, valores fundamentais da religião civil; b) uma forte presença da mencionada religião civil através de instâncias institucionais (escola, colégio, saúde, empresas estatais), que deixarão a marca simbólica e não simbólica do Estado-nação; c) privatização e supressão (no âmbito público) de outras religiões "particulares".[29]

Os aspectos b e c são o que em certa maneira, no nosso entender, tornam peculiar a nação laica uruguaia. Porque ela não somente tentou uma mudança semântica, de ruptura e substitutiva das religiões "particulares", tentando mostrar, como a efígie da totalidade, que, em função do próprio projeto de nação, tentou também suprimir as diferenças do âmbito público, fossem elas de corte religioso e/ou de corte cultural.

É neste sentido que se pode entender, a título de exemplo, a cálida recepção da imigração judaica e, ao próprio tempo, a negativa por parte de Batlle para erigir seu próprio cemitério. O fato, apontado entre outros por Viñar (1992), evidencia de que forma igualdade democrática e homogeneidade entendiam-se como homólogas.

O âmbito público tendeu logo à homogeneidade: não somente se tratava de construir uma nação onde pudessem sentir-se representadas as heterogeneidades dos diversos tipos, mas, também, que as mencionadas heterogeneidades passassem pela peneira de se tornarem nacionais.

Neste sentido, se a educação pública (fundamental, média e superior) era um caminho de ascensão certa para a massa ingente de imigrantes e seus filhos, também era, de alguma maneira, "culturicida", na medida em que tinha um objetivo claro: produ-

---

[29] O breve corte autoritário que aconteceu no Uruguai em 1933, conhecido popularmente como "dictablanda" (Faraone, 1970, p. 82), não significou uma ruptura radical para a religião civil uruguaia. Embora não tenha sido tão "dictablanda", os intentos de mitologias substitutivas à religião civil fracassaram em termos simbólico. Finda, em 1938, com eleições livres e (pela vez primeira) a consagração do sufrágio feminino.

zir uruguaios a partir de uma massa culturalmente heterogênea (Demasi, 1995).[30]

Resulta interessante que alguns trabalhos (Romero, 1996) chamem a atenção sobre a privatização das diferenças culturais destes imigrantes, aspecto que em geral é descuidado pelos estudiosos uruguaios da religião.[31] Na integração do Outro, o sistema educativo e principalmente o escolar teve um papel fundamental:

> La educación primaria [...] promovió en el Uruguay uno de los índices de alfabetización más altos de América Latina en 1908 (58% para el país, distribuído en un 75% para Montevideo y 50% para el interior ruralizado), incorporó a los inmigrantes a un tipo de cultura que desde cierto ángulo los nacionalizó pero desde otro europeizó al país pues esa reforma de la educación se inspiró en modelos ideológicos extranjeros, europea en su filosofía y estadounidense en su pedagogía, y había sido llevada a la práctica por maestros-líderes en muchos caso de origen español y liberal. De este modo, la escuela a la vez que Uruguaiyzó a los inmigrantes, europeizó a los criollos [...]. Lo foráneo o extranjero pasó a formar del ser nacional [...] la concepción dominante de nacionalidad entre 1900 y 1930 implicó la aceptación del otro como parte constitutiva del nosotros (Barrán, 1998b, p. 30).

O desestímulo à diferença gerou, no momento histórico abordado, a fundação do que Rama, talvez exageradamente, denominou "sociedade hiperintegrada" (Rama, 1987). A

---

[30] Barrán (1998b, p. 29) aponta que, para o caso uruguaio, " [...] el factor crucial de la revolución demográfica fue la inmigración europea. Franceses, italianos y españoles hasta 1850, italianos y españoles luego, a los que se agregaron en la década 1920-1930 contingentes de Europa Cental, llegaron en cinco o seis oleadas sucesivas"

[31] Referindo-se às diferenças culturais trazidas pela avalanche imigratória, Romero (1996, p. 116) estabelece: "Diferencias a las que, por otra parte, no tuvieron por qué renunciar sino retrotraer a esferas más privadas poniendo solamente en la escena pública aquellos rasgos que permitían una intercomunicación generalizada, en un nuevo código que fue en sí un bricollage".

heterogeneidade da população autóctone e imigrante foi "hiperintegrada" através de um denso processo de escolarização – parte de um disciplinamento generalizado, de acordo com o historiador Barrán (1990) – no qual inculcavam-se as narrativas da nação, relativizando as possibilidades de enunciar ou tornar publicamente visíveis as diferenças. Esses templos da "religião civil" eram gratuitos (obrigatórios) e laicos.[32]

A nação laica conseguiu aí um aspecto importante de sua inculcação, e se o papel do capitalismo impresso é relevante para formar as comunidades imaginadas (Anderson, 1997), o papel da escolarização massiva torna-se sem dúvida fundamental para gestar a nação. A nação laica insistiu nas escolas para a configuração de um igualitarismo homogeneizante, despido de qualquer particularidade (a não ser a particularidade da nação socialmente compartilhada).

De tempos imemoriais, e até hoje em dia, aparece nas certidões escolares uruguaias uma frase de José Pedro Varela, fundador da reforma educativa:

> Los que una vez se han encontrado en los bancos de una Escuela, en la que eran iguales, a la que concurrían usando de un mismo derecho, se acostumbran fácilmente a considerarse iguales, a no reconocer más diferencias que las de las aptitudes y las virtudes de cada uno: y así, la Escuela gratuita es el más poderoso instrumento para la práctica de la igualdad democrática (Varela, 1989, p. 212).

Aliás, as heterogeneidades foram expulsas de outras instâncias estatais, ao mesmo tempo em que as mencionadas instâncias serviram também para "hiperintegrar" essas heterogeneidades. Isto porque o batllismo gera também o primeiro desenho de Es-

---

[32] O desestímulo à diferença não significa a eliminação absoluta dela. A "religião civil" uruguaia jactou-se desde cedo de seu espírito cosmopolita. Não obstante, afasta-se, com certeza, da visão, por exemplo, de Hannerz (1994, p. 253) acerca do cosmopolitismo: "O cosmopolitismo mais autêntico é, acima de tudo, uma orientação, uma vontade de se envolver com o Outro".

tado social benfeitor uruguaio capaz de moldar as heterogeneidades.

Desde o "empresarismo" estatal (com um uso incipiente do clientelismo político), passando por um enorme conjunto de leis e iniciativas sociais, estabelecendo-se como árbitro de conflitos sociais, o Estado não só se tornou produtor da religião civil, mas lugar privilegiado para que a nação tivesse nele um lugar exemplar de identificação. Mas isto desde uma perspectiva particular: a ágora endeusada – núcleo da religião civil – que via no Estado seu árbitro, seu produtor e a garantia jurídica da sua existência.

Quanto à construção de "espaços neutros" (ou seja, os lugares onde a religião civil não era "representativamente" visível), os mesmos também foram úteis para a hiperintegração porque, como já dissemos, baseavam-se na consagração das liberdades públicas (valores da religião civil) e na ausência de particularidades manifestas. O próprio laicismo colaborou para isto: a "desguetização" dos grupos imigrantes deveu-se ao espírito liberal imperante no âmbito público. Como troco, estes deviam "tornar-se uruguaios", ou seja, defensores da religião civil existente (coisa que a maioria fez, inclusive nas suas opções políticas), e guardar pudicamente suas peculiaridades religiosas e culturais para clubes e casas.[33]

A nação laica exprimiu-se, então, como projeto tendente ao desestímulo das peculiaridades. Dava-se, assim,

> La aspiración a conformar una sociedad nacional homogénea, concebida como crisol de razas bajo la égida de un proyecto político unificante y democratizador, que automáticamente posibilitara la absorción de las particularidades subculturales en la emergencia de una nacionalidad moderna de país (Porzekanski, 1992, p. 52).

---

[33] Cabe apontar aqui, a título de exemplo, o culto desenvolvido a José Batlle y Ordóñez por parte de algumas correntes migratórias russas que vieram em 1913 ao Uruguai fugindo da perseguição da Igreja Ortodoxa Russa e do Czarismo. Sobre esta corrente migratória, ver Pi Hugarte (1996) e Guigou (2004).

Seguindo neste ponto, Bourdieu ressalta que é através da escola e da generalização da educação elementar que se exerce:

> Sobre todo la acción unificadora del Estado en materia de cultura, elemento fundamental de la construcción del Estado-nación. La creación de la sociedad nacional va pareja con la afirmación de la educabilidad universal: como todos los individuos son iguales antes la ley, el Estado tiene la obligación de convertirlos en ciudadanos, dotados de los medios culturales para ejercer activamente sus derechos cívicos (Bourdieu, 1997, p. 106).

Este processo dar-se-ia através da inculcação dos "fundamentos de una verdadera 'religión cívica', y más precisamente, los presupuestos fundamentales de la imagen (nacional) de uno mismo" (Bourdieu, 1997, p. 106).

Para o caso uruguaio, a marca da escola pública toma particular relevância como capacidade abrangente[34] e, do mesmo

---

[34] "Producto del impulso dado por la Reforma Escolar en las últimas décadas del siglo anterior, la matrícula de las escuelas públicas tuvo un incremento constante en toda la primera mitad de este siglo. En 1897 había 45.600 alumnos en 535 escuelas y en 1907, 60.800 alumnos en 671 escuelas, estas cifras representan un aumento del 33% y del 25% respectivamente, en solo diez años, en tanto la población del país aumentaba menos de un 20%, el crecimiento fue mucho más notable en los años siguientes, ya que en 1927 la matrícula ecolar pública llegaba a 140.000 alumnos, lo que representaba un 130% de aumento en apenas 20 años (6,5% anual, no acumulable), frente a un 54% de crecimiento en la población. En las décadas siguientes la curva de crecimiento comenzó a declinar levemente, llegando a 245.100 escolares en 1943 (4,6% anual, no acumulable). Esta disminución del ritmo respondía, seguramente, a que la matrícula escolar ya satisfacía las demandas de gran parte de la población: en 1907 había un escolar por cada 17 habitantes, en 1927 le relación era de 1 a 11, y en 1943 la proporción bajaba a un alumno cada 8 habitantes. Debemos considerar – sin embargo – el paulatino envejecimiento de la población Uruguaia y la concomitante disminución de la población infantil; esto determinaba que por sobre el aumento en cifras absolutas de la matrícula, la cobertura escolar fuera aún mayor: a mitad del siglo, más del 80 % de los niños en edad escolar concurrían a la escuela" (Bralich, 1996, p. 125).

modo, em termos de tornar-se um verdadeiro bastião da construção da nação laica. Igualmente, a própria escola pública e seu fundador – José Pedro Varela[35] – tornam-se também representações emblemáticas, partes das construções míticas integrantes da religião civil uruguaia.

A marca da escola na configuração progressiva da nação laica radica no fato de que foi a escola pública um dos lugares privilegiados de produção e circulação da religião civil da nação por meio de dois aspectos.

O primeiro tem a ver com a gestação do laicismo enquanto conjunto de representações e mitos que cristalizam no sujeito-cidadão (habitante do âmbito público), capaz de obliterar as peculiaridades de adscrição (sejam religiosas ou de outra ordem: o gaúcho, o europeu, o afro-uruguaio, deviam sacrificar suas peculiaridades para uma nova construção cultural "neutra": o cidadão).

Neste sentido, a construção do cidadão encontrar-se-á no conjunto de valores outorgados (cidadania, democracia, igualdade), que deverá requerer a obliteração de "outros" enquanto interpelantes de uma matriz homogeneizante.

---

[35] O pedagogo e pensador José Pedro Varela (1845-1879) que, na opinião de Caetano e Rilla, fora elevado a mito nacional pelas futuras gerações, compartilha, junto com mais um escasso número de heróis, uma admiração "[...] aburrida y ritualista – casi – por unanimidad entre historiadores, profesores, maestros y alumnos" (Caetano; Rilla, 1994, p. 82). Menos crítico (e não deixando de fazer referência a Varela como um apóstolo da educação), Ardao identifica três etapas na vida de Varela: uma de formação, onde se dedica ao jornalismo, faz amizade com Sarmiento durante uma viagem aos Estados Unidos; a segunda, a do "apostolado" pela educação comum (e pública), que começa com a fundação da SAEP (Sociedade de Amigos da Educação Popular) em 1868, a publicação, entre outros escritos, de duas obras fundamentais: *La educación del pueblo* ((1874) e *La legislación escolar*; e um terceiro "[...] desde que asume la dirección de la instrucción pública en marzo de 1876, bajo el flamentate gobierno de Latorre, hasta que acontece su muerte en plena tarea reformista" (Ardao, 1971, p. 116).

É assim que as heterogeneidades culturais (o gaúcho, o índio, o afro-uruguaio), tentarão ser absorvidas pela via do seu desaparecimento, ou, então, por meio de sua colocação em um ponto inferior dentro do esquema hierárquico de evolução em direção a uma cidadania plena (com toda a discriminação e racismo que isto supõe). O único Outro aceito será o imigrante europeu, através da sua "nacionalização" (ou seja, sua "uruguaicização").

O outro aspecto está ligado ao progressivo desaparecimento do Deus católico das escolas públicas e à elaboração de um conjunto de mitos de fundação capazes de estabelecer uma sacra história da nação, em que não intervêm elementos denominacionais e à qual todos os cidadãos podem permanecer fiéis, estabelecendo suas peculiaridades religiosas e culturais em um segundo plano. A heterogeneidade religiosa é excluída do panteão da nação e excluída do âmbito público.

Por outro lado, o fato de que desde 1909 o ensino religioso exercido nas escolas públicas constitui um delito, implica que os mitos e representações da nação ficarão incólumes de eventuais conexões às religiões existentes, num esforço que ao tentar ser substitutivo, traz no seu bojo a privatização das religiões não civis no âmbito privado.

Atendendo a esta particular incidência da escola no Uruguai, a Comissão Econômica para América Latina e o Caribe (CEPAL) estabelece:

> De pocas sociedades se puede decir como la de la Uruguaya, que la sociedad es hija de la escuela. A lo largo de más de un siglo, la escuela no sólo fue incorporando en forma lenta y progresiva a la población, sino que fue transfiriendo a la sociedad no sólo el lenguaje [...] y las formas de pensar, sino también un conjunto de valores que definen al Uruguay en el contexto internacional (*Comisión Económica...*, 1990, p. 11).

Este comentário "técnico" da CEPAL pode permitir uma

nova leitura a partir do olhar crítico de Bourdieu. De acordo com a citação já apresentada de Bourdieu, é através de

> Las estructuras escolares [que] el Estado moldea las estructuras mentales e impone principios de visión y división comunes, formas de pensamiento que son para el pensamiento cultivado lo que las formas primitivas de clasificación descritas por Durkheim y Mauss son para el "pensamiento salvaje", contribuyendo con ello a elaborar lo que se designa como la identidad nacional (Bourdieu, 1997, p. 106).

Assim, nas "formações de diversidade peculiares a cada nação" (Segato, 1997, p. 233), pode-se estabelecer para o caso uruguaio a ligação entre igualdade e homogeneidade. Neste esquema de privatização da diferença, as particularidades religiosas ficaram – inclusive por décadas após o período histórico indagado – no espaço do privado, enquanto a religião civil, religião da polis, expressada na política cidadã, tentou ser a representação da totalidade.

O largo caminho da desprivatização religiosa

Até aqui temos falado da privatização das religiões particulares no Uruguai e do estabelecimento de uma religião civil substitutiva. Ressalve-se que privatização não quer dizer desaparecimento, nem tampouco que o espaço público fora despovoado totalmente da presença religiosa.

Assim, a Igreja Católica – uma das instituições mais afetadas pelo processo de privatização religiosa – constituiu uma importante rede institucional sob a nomeada Ação Católica que teve seu impacto social no marco da chamada "Igreja gueto" (Geymonat, 2004).

Mas para encontrar novamente a religião sob uma decidida vontade de ingresso no espaço público, temos que esperar até o "reavivamento" da década de 60. As novas coordenadas que vão afetar o mundo todo em termos de transformações políticas radicais chegarão também ao Uruguai, particularmente sob uma nova posição do cristianismo e seu engajamento na realidade social. A Igreja Católica e as igrejas protestantes históricas serão particularmente sensíveis às novas formas de instalar-se no espaço público em relação aos necessitados e excluídos. Também, no seio de ditas igrejas, as reações frente às inovações deste cristianismo comprometido socialmente serão importantes.[36] Nesta etapa de polarização, acontecem várias mudanças de particular relevância nas relações entre religião e política.

As novas correntes dentro da Igreja Católica – que se cristalizarão no histórico Concilio Vaticano II – vão alentar tendências já presentes na Igreja Católica uruguaia:

> Ya desde la Pastoral de Mons. Partelli de 1961, siendo Obispo de Tacuarembó, sobre "Los problemas del agro", empezó a advertirse una creciente preocupación de algunos sectores eclesiásticos por los problemas sociales, desde una óptica diferente a la tradicional[37] (Geymonat; Sánchez, 2004, p. 34).

---

[36] Por exempo, o Pastor Del Monte foi expulso da Colonia Valdense na década de 60 por suas supostas atitudes "esquerdistas". Na Igreja Católica, a ala conservadora e contrária às prédicas renovadoras foi representada por Monsenhor Corso e o Nuncio Apstólico Mons. Forni (ver Geymonat; Sánchez, 2004, p. 34).

[37] Numa entrevista realizada pelo *Semanario Jaque*, no ano 1985, e republicada pela *Revista Umbrales* no ano 1997, Parteli lembra os motivos que o levaram a escrever a citada carta pastoral e as repercussões que a mesma teve: "Viendo aquellos campos tan extensos y feraces, y comparándolos con los que había visto en otros países, me preguntaba por qué eran tan pobres aquellas gentes de los pueblitos. Inquieto por esto, me puse a escribir una Carta Pastoral que intitulé: 'Algunos problemas del agro'. Su posterior resonancia, mucho mayor de lo que esperaba, se explica porque tocaba un punto sensible, y porque era la primera vez que un obispo ponía el dedo en una llaga social de esta clase. Aquella palabra de un desconocido obispo del interior resonó como un grito inesperado, provocando un clamor de voces coincidentes, sin que faltaran algunas disconformes porque – decían – '¡Un obispo no debe meterse en política!'" (*Memorias..., 1999).*

Neste processo de desguetização do catolicismo, conjuntamente com as preocupações sociais e a busca de uma sociedade mais justa e solidária, se redefine também o clássico anticomunismo católico, particularmente referido à situação de Cuba e à perseguição de sacerdotes (em geral espanhóis e franquistas). Em 1961, o Monsenhor Viola, bispo de Salto, publica a Carta Pastoral intitulada "Persecución Comunista", que faz referência à situação cubana (Caetano; Geymonat, 2004, p. 338).

Com o aprofundamento da crise socioeconômica, o aumento da conflitividade social, o surgimento do MLN-Tupamaros, os efeitos de Medellín e a adesão de correntes cristãs aos projetos eleitorais de esquerda, a Igreja Católica adotará uma superfície de inscrição das diferentes contradições em que se encontrará a sociedade uruguaia e que terá seu desenlace no golpe de Estado de 1973.

Parte importante dos cristãos (católicos e não católicos) ingressará nas fileiras dos movimentos sociais, sindicais, estudantis e, inclusive, nos movimentos guerrilheiros, enquanto outros se colocarão em posições francamente conservadoras.

As autoridades da Igreja Católica tentarão estabelecer, através de várias ações e declarações públicas, um espaço discursivo onde a integridade dos direitos individuais sirva de lugar de reflexão "[...] sobre las diferentes formas en que, tanto la guerrilla como las fuerzas represivas, los violaban" (Geymonat; Sánchez, 2004, p. 37). Mas algumas atitudes do catolicismo não são vistas com bons olhos pelo governo do futuro ditador Bordaberry. Quando a tortura se generaliza no Uruguai (em 1972) e a CEU (Conferencia Episcopal Uruguaia) faz uma denúncia pública sobre a situação vivida pelos presos políticos, o Presidente Bordaberry – católico ultramontano – reagirá contrariamente às declarações das autoridades eclesiásticas.[38]

No ano de 1972 pré-ditatorial, "fueron detenidos varios sacerdotes y religiosas y debió de marchar al exilio el Obispo de Salto, Mons. Marcelo Mendiharat" (Geymonat; Sánchez, 2004, p. 38).

Os movimentados anos 60 e 70 afetarão também os partidos políticos confessionais. Da velha Unión Cívica – partido católico – surgirão vários movimentos e partidos que tentarão atualizar as novas coordenadas cristãs.[39]

O Partido Democrata Cristão – a parcela mais exitosa da Unión Cívica – se apresentará como partido independente nas eleições de 1962 e nas seguintes. Este partido será um ator fundamental na construção da coalizão de esquerda "Frente Amplio", que, no meio de um clima de polarização e conflitividade

---

[38] "En esa oportunidad, precisamente cuando comenzaban a derrumbarse las instituciones democráticas y arreciaba la represión con el desconocimiento de los derechos de las personas y las torturas a que eran sometidos los detenidos, nos encontramos varios obispos y decidimos dirigirnos al Presidente de la República. Solicitamos audiencia y le presentamos una carta en la que manifestábamos nuestra preocupación de pastores por lo que estaba sucediendo, advirtiéndole que luego la publicaríamos. Las denuncias que hacíamos, conocidas luego, y recogidas por el Senador Michelini en el Parlamento, provocaron la reacción de quienes se sintieron tocados, y también de otros, que en la misma Iglesia, no querían desagradar al Gobierno [...]" (*Memorias...*, *1999).*

[39] "En efecto, los años sesenta también marcaron importantes hitos en los partidos menores: cívicos, socialistas y comunistas. La Unión Cívica, empieza a mostrar signos de decadencia en lo programático, lo que motivara el surgimiento de jóvenes demócrata cristianos y un 'Movimiento Social Cristiano' que levantarían banderas progresistas en lo socio-económico, inspirados en el éxito de otras democracias cristianas en Europa y América, fundamentalmente el caso chileno. El complicado proceso de gestación del PDC, tiene importantes avances en los años 1963, 64 y 65. En este último, se integra el citado Movimiento Social Cristiano, y se alejan figuras conservadoras vinculadas a la vieja dirección de la UC" (Guerra, 1999).

extrema, se apresentará às eleições de 1971, as últimas antes do golpe de Estado de 1973.

A partir do golpe de Estado e da instalação da ditadura militar, a difícil situação daquelas correntes religiosas que apoiavam mudanças sociais se torna, inclusive, mais difícil, mas a dita conflitividade se amplia também a outras correntes religiosas como as afro-brasileiras, que não estavam engajadas na conflitividade mencionada.

Religiões e ditadura militar

Diferentemente de outras ditaduras militares latinoamericanas, a ditadura uruguaia não teve nenhum apoio religioso, muito menos da igreja "histórica", a Igreja Católica. Embora tivessem existido apoios pontuais (e pessoais), nem as igrejas protestantes nem a Igreja Católica deram apoio à ditadura. Uma legitimação religiosa teria sido um experimento político longe do chauvinismo nacionalista ditatorial (de fato, a nação era historicamente laica e a ditadura queria refundar a nação a partir das "raízes da pátria", nas quais o catolicismo, ou qualquer outra religião, não entrava).[40]

As Igrejas com maior peso social e histórico sofriam um novo processo de privatização (Dabezies, 2004), mas que não se produzia, como outrora, em função da geração de um espaço público cidadão (sem singularidades religiosas). A própria obliteração do espaço público, levada adiante pela ditadura, a proibição e controle de qualquer forma de cidadania, a persegui-

[40] Também a ditadura militar tentou elaborar uma simbologia sustitutiva da religião civil uruguaia que fracassou estrepitosamente. Um dos pilares desta simbologia sustitutiva foi o elogio ao militarismo do século XIX e suas figuras. Este militarismo esteve povoado de atitudes anticlericais. Essas eram as "raízes da pátria" e não o catolicismo.

ção das reuniões sociais mais inocentes, não deixariam incólumes as comunidades religiosas.

Em particular, a Igreja Católica sofreu limites em suas atividades. A ditadura militar censurou várias vezes publicações católicas, bem como cartas pastorais. A Igreja Católica era, pois, suspeita de "infiltrações marxistas" e várias das instituições católicas foram acusadas pela ditadura de subversivas ou de infiltradas por idéias de esquerda. Em diferentes momentos da ditadura, vários religiosos foram presos e torturados ou tiveram que partir para o exílio.[41]

As redes institucionais que a Igreja Católica tinha elaborado durante décadas serviram de refúgio para muitos perseguidos (católicos e não católicos). O diálogo ditadura-Igreja Católica foi quase inexistente. A tentativa da mesma de propor uma anistia ampla para os presos políticos em 1975, expressa numa Carta pastoral, teve que ser corrigida, já que foi censurada e sua circulação proibida nos meios de comunicação (Dabezies, 2004, p. 43).

Por outra parte, a mediação católica em relação a alguns presos políticos, tentando melhorar a situação dos mesmos, conduziu, em muitos casos, ao aumento da tortura e maus tratos por parte dos militares (Geymonat, 2004).

---

[41] "La Iglesia, al igual que todas las instituciones libres, estuvo en la mira de quienes no toleraban otras voces que las de aplauso. Por una elemental razón de principio, la Iglesia no sólo no podía aplaudir sino, al contrario, tenía el deber de rechazar la propuesta del Proceso y desaprobar el modo cómo se llevaba adelante. Naturalmente esta posición molestaba, y la manera más cómoda de neutralizarla era crear sospechas y echar sombras sobre su conducta, acusándola de connivencia con la subversión. Así se explican los allanamientos aparatosos de parroquias, conventos y el Seminario, las detenciones de sacerdotes, religiosos y laicos militantes, los contralores de todo tipo, la requisa de libros [...] Era pintoresco ver a funcionarios policiales convertidos en censores de textos de Teología. A lo mismo apuntaban los cargos infundados en publicaciones oficiales y en discursos en la plaza pública, etc., etc." (*Memorias..., 1999).*

Enfim, se o catolicismo durante a ditadura não conseguiu se transformar numa oposição eficaz, suas instituições foram, em geral, um espaço de resistência, e em nenhum momento, de legitimação da situação ditatorial.

O catolicismo e outras correntes cristãs acompanharam positivamente o processo de reabertura democrática no Uruguai, expressando inclusive seu apoio explícito a ela.

Quanto à perseguição de outras correntes religiosas por parte da ditadura, cabe assinalar o exemplo das religiões afro-brasileiras. Foi comum na ditadura (1973 – março 1985) a invasão de terreiros, a destruição de imagens e esculturas dentro dos mesmos e a detenção de fiéis, mesmo quando estavam realizando festas e reuniões próprias a estas religiões (Pi Hugarte, 1998).

Também os templos deviam estar registrados junto às autoridades do Estado, o que indicava um claro sentido de controle sobre os mesmos. Os motivos desta perseguição foram muitos, mas pode-se destacar dois.

O primeiro é que sob um regime com as características da ditadura uruguaia, qualquer reunião era suspeita. De fato, até as famílias deviam solicitar permissão à delegacia do bairro para celebrar a festa de "quinze anos" de suas filhas. Por outra parte, é possível que o fato de terem sido religiões difundidas do Brasil, e que usavam o português como língua franca, tenha afetado o chauvinismo nacionalista ditatorial, que perseguiu o uso do português e os vários "portunhóis", inclusive na fronteira uruguaia-brasileira, tal como indicam inúmeros estudos de lingüistas.[42]

[42] Pi Hugarte (1998) assinala que durante a ditadura militar a perseguição e as invações de terreriros pela policia teriam aumentado durante o governo do ditador Aparicio Méndez (um dos representantes civis da ditadura militar), pela suposta presença de correntes católicas ultramontanas na esfera do governo.

A volta à democracia constituiu também, e de maneira óbvia, a recuperação do espaço público. Com elas, a religiões ampliavam sua visibilidade e reforçavam sua presença no citado espaço. Foi o momento de ingresso das igrejas neopentecostais no Uruguai, da visibilização das correntes afro-brasileiras e também da chamada "explosão religiosa".

Que significava, pois, esta explosão? Em parte, uma maior pluralidade de opções religiosas marcadas por certo "ar" pós-político. Mas também, e fundamentalmente, uma problematização do horizonte laicizador que seguia pensando o espaço público em termos de homogeneidade.

Homogeneidade que supunha não a obliteração das singularidades políticas – ao contrário – mas a histórica privatização do religioso. Porém as novas modalidades pentecostais de origem brasileira traziam várias novidades: concentração em praças e centros esportivos, ocupação de cinemas centrais para estabelecer seus templos, campanhas midiáticas de difusão de sua fé, etc. A verdade é que neopentecostais e afro-brasileiros tornaram-se presenças importantes num espaço cujo atributo principal era a descaracterização em termos de identidades "para além" da ágora, e, claramente, por sua ausência de vocação religiosa. Estas transformações – muitas vezes vistas como intervenções estranhas no público – chegaram a seu ponto culminante com o que chamaríamos de "monumentalização" do religioso.

O conjunto de discussões que de diferentes lugares se estabeleceu nos processos de instalação de monumentos religiosos mostrava, ao mesmo tempo, como a antiga religião civil jacobina seguia firme, mas também como ela era interpelada por novas concepções em relação ao lugar do religioso no público.

O Papa tem uma cruz

Ironias da história, para uma nação de matriz anticlerical, o monumento religioso que mais impactou e que por seus detratores viu-se como uma clara violação aos princípios básicos de uma sociedade laica, foi a instalação de uma enorme cruz em honra à visita do Papa João Paulo II (popularmente conhecida como "Cruz do Papa"). A visita do Papa ao Uruguai ocorreu em 1987 (a dois anos da reabertura democrática). Em celebração à visita papal, e como parte da cenografia que se montou para a realização de uma missa dirigida pela máxima autoridade da comunidade católica, estabeleceu-se uma cruz cujo destino era transitório. Trazer então um símbolo católico para as arenas da ágora significava transformar as relações entre o Estado uruguaio e a Igreja Católica, romper com uma visão clássica do laicismo e gerar em boa parte uma nova leitura das "chaves da nação".

A cruz fica

A visita do Papa João Paulo II deixou uma lembrança inesquecível e polêmica. Finalizada a estada papal no Uruguai, várias vozes se levantaram para solicitar, sugerir (e inclusive exigir), a permanência da cruz, utilizando diversos argumentos que iam desde uma homenagem à visita papal (e ao Vaticano) até um reconhecimento à comunidade católica Uruguaia, ou enfim, a permanência de um símbolo religioso que por sua transcendência superava diferentes particularismos. Passados 25 anos dos acontecimentos, o atual presidente do Banco Interamericano de Desenvolvimento, Enrique Iglesias, relata a "feliz conspiração" que permitiu a permanência da cruz e o difícil trâmite que tal decisão teve que percorrer:

> El Papa presidió una misa en Montevideo en Tres Cruces, donde por iniciativa del Presidente Sanguinetti permanece la Cruz, luego

> de un calvario de debates políticos que se inició en la Junta Departamental y terminó en el Parlamento. Hay que saludar la tenacidad del Presidente. ¡Debo confesar que previendo el difícil trámite yo aconsejé en ese momento ubicar la Cruz en el Cerrito de la Victoria! (*El País*, 2005, p. 16).

A previsão não foi em vão. Enrique Iglesias (católico confesso) sabia os problemas que este monumento iria trazer. De fato, seu conselho era transladar a cruz de um lugar com uma ampla relevância urbana (sugestivamente chamado de "Tres Cruces") para um bairro da periferia (Cerrito de la Victoria). Mas, atenhamo-nos à discussão tão temida.

A discussão se inicia na Junta Departamental – organismo que aglutina os vizinhos de Montevidéu – dando uma resolução negativa à solicitação do prefeito da capital de manter a cruz no lugar (o prefeito era do mesmo partido do presidente da República, Julio Maria Sanguinetti, quem dera o "pontapé" inicial para a permanência da cruz).[43]

Sem resolução na Junta, a temática chega nada mais nada menos do que no Parlamento, que termina dando um visto favorável, mediante a Lei 15.870, permitindo assim que a cruz permanecesse em seu lugar até o dia de hoje (Caetano, 2004; Guigou, 2002).

A polêmica abarcou as duas câmaras (Senadores e Deputados), iniciando-se o trâmite em março e terminando em junho de 1987.

---

[43] O então Presidente da República, Julio María Sanguinetti, cujo primeiro exercício presidencial foi de 1985 a 1989, tem-se definido publicamente como "agnóstico". Embora seu partido (o Partido Colorado) tenha se caracterizado por deter, no início do século XX, um dos papéis fundamentais no processo de secularização e na confrontação contra a Igreja Católica, sua postura em relação à instalação da cruz pareceu inclinar-se mais por um "laicismo atento às diferenças" do que pelo velho laicismo de seu partido, jacobino e homogeneizador.

Embora a Lei 15.870 tenha sido aprovada – ainda que por uma escassa margem – ela constituiu um ato inaugural que permitiu com que o espaço público começasse a ser povoado por outros monumentos religiosos.

O velho laicismo homogeneizador era progressivamente suplantado por uma sorte de laicismo atento às diferenças. Também ia trazer a conflitividade sempre argumentada pelos "laicistas clássicos": na medida em que cada singularidade se manifesta, todas as particularidades religiosas e culturais têm direito de exigir seu pequeno espaço. Tratando-se do espaço público (espaço de intercâmbio e também de conflitos), esse risco se encontra como possibilidade, que inclusive pode manifestar-se mediante a agressão (e não somente a polêmica) da "monumentalização do religioso".

Agora, Yemanjá

O segundo monumento religioso de importância erigido no espaço público foi dedicado à deusa Yemanjá. O mesmo foi inaugurado na década de 90, num aguardado dois de fevereiro, data em que é celebrada, anualmente, a festa dedicada a este orixá. O espaço selecionado para a edificação foi nas proximidades da Praia Ramírez, que concentra a maior quantidade de fiéis, curiosos, turistas, etc.

Com a fundação do Monumento a Yemanjá se cristalizava um importante esforço da Asociación Templo Evangélico Espiritual Umbandista "Menino Deus" (ATEEUMD), liderada pelo Babalorixá Armando Ayala. Dita associação intentava aglutinar a maioria dos irmãos "da religião" e, ao mesmo tempo, fortalecer a liderança do citado Armando Ayala, num universo religioso caracterizado pela luta permanente entre Mães e Pais-de-Santo pela maior obtenção de status e reconhecimento entre a grei afro-brasileira. Na inauguração compareceram várias "personalidades" políticas (inclusive o então prefeito de Montevidéu, Tabaré Vázquez, atual presidente da República). Não existiu nenhuma defesa da "laicidade", nem nenhuma polêmica no âmbito dos organismos estatais. O trâmite na Prefeitura e na Junta Departamental de Montevidéu foi precisamente isso: um mero trâmite (Pi Hugarte, 1998). Evidentemente, o velho jacobinismo estava agonizante. O precedente da instalação da "Cruz del Papa" havia aberto o universo público a outros símbolos religiosos. Elementos como respeito à "diferença" e à "diversidade" pareciam suplantar progressivamente o velho laicismo, embora este fosse incluinte, sua inclusão implicando deixar as diferenças para o espaço privado.

A luta pelo espaço público

Essa "monumentalização" do religioso mostraria, contudo, algumas das problemáticas típicas que se colocavam quando as singularidades religiosas começaram a manifestar-se no espaço público: a luta e confrontações entre diferentes denominações. Evidentemente que estas situações de confrontação religiosa não derivavam necessariamente da "monumentalização". Seja como for, a dita monumentalização – e sua eventual conflitividade – já resulta parte do conjunto de lutas simbólicas nas quais as significações (e a materialização de ditas significações) são parte das mesmas.

A religião civil uruguaia tinha optado pela privatização de todas as opções religiosas. Assim – e em geral – os enfrentamentos entre umas e outras não transcendiam a esfera do privado. Diferentemente da religião civil americana, cuja secularização e desdogmatização dos conteúdos de fé permitiu a elaboração de uma continuidade entre as "religiões fundacionais" e os valores que permearam (e permeiam) a nação americana, a religião civil uruguaia tentou ser substitutiva das diferentes manifestações religiosas, particularmente no que se refere ao espaço público.

No caso do monumento a Yemanjá – embora não somente nele – apareceriam algumas das novidades que evidenciavam tanto este novo tratamento do espaço público quanto a dinâmica dos movimentos religiosos que, de forma mais insistente, tratavam de adentrar nele.

Lembremos que as duas "novas" correntes religiosas que tinham logrado maior visibilidade depois da reabertura democrática haviam sido os afro-brasileiros e os neopentecostais.

Os neopentecostais – particularmente os de origem também brasileira – traziam como novidade (entre outras) para o campo religioso uruguaio o ataque direto e frontal a outros cultos religiosos, particularmente contra a "macumba" e os diferentes adjetivos com que se tem nomeado as religiões afro-brasileiras.

Essa hostilidade começou com a presença da Igreja Deus é Amor, embora tenha sido com a Igreja Universal do Reino de Deus (IURD) que adquiriu particular dramatismo. Embora a IURD tivesse iniciado suas atividades no Uruguai nos inícios dos anos 90, foi nos últimos anos que sua relevância pública ficou definitivamente estabelecida, através de uma exitosa estratégia nos meios de comunicação. Nos ditos meios, chegou a ocupar, em 2004, a metade das opções na televisão aberta (dois dos quatro canais da TV aberta uruguaia).

Nesses programas televisivos é constante a referência aos "trabalhos de macumba", "trabalhos de umbanda" e entidades e espíritos malignos.

Se já a existência desta modalidade de discurso altera (tanto por seu conteúdo quanto por sua difusão massiva) a relação entre movimentos religiosos, a mesma chega ao seu ponto máximo de confrontação quando é a própria territorialidade pública que está em jogo. Assim, a popular festa de Yemanjá tem sido um exemplo desta situação. Desde a inauguração do monumento dedicado a esta divindade, diversas correntes evangélicas vão orar na própria Praia Ramírez para evitar que as "entidades malignas" pudessem "descer" à praia e "entrar" no corpo dos fiéis.

Porém a radicalização do confronto entre neopentecostais e afro-brasileiros vai ter o seu ponto culminante a partir dos atos de violência (simbólica e não simbólica) sobre âmbitos reconhecidos como próprios pelos afro-brasileiros, entre eles, obviamente, atentados contra o monumento a Yemanjá.

O interessante é que dessas confrontações derivarão novas articulações político-religiosas no marco de uma suposta "guerra de religiões", que também levará a novas perspectivas sobre as relações religião-espaço público.

Uma guerra religiosa?

Os ataques a entidades da umbanda, batuque e quimbanda – nomeadas como "demônios" pela IURD na rádio, televisão e em seus próprios templos – não caíram no deserto. A estreita vinculação entre o *corpus* religioso afro-brasileiro com o mal, o demônio, etc., foi contestada com firmeza por alguns pais e mães-de-santo que evidenciaram sua liderança em função deste conflito, levando-o também às arenas políticas.

Assim, o Pai Julio Kronberg e a Mãe Susana Andrade – editores do jornal religioso *Atabaque* – empreenderam uma importante campanha midiática (através do seu jornal, da Internet, correio eletrônico, etc.) contra a instituição IURD e o discurso iurdiano em geral. Embora a maioria dos integrantes "da religião" – categoria nativa abrangente com a qual se auto-identificam batuqueiros, umbandistas, quimbandistas, etc. – permanecesse em silêncio, o certo é que a liderança das duas figuras religiosas citadas conseguiu se estabelecer (pelo menos midiaticamente) como porta-voz autorizada para a parte afro-religiosa do conflito. Assim, a partir do jornal *Atabaque* e utilizando a Internet como espaço privilegiado de comunicação, o Pai Julio Kronberg e a Mãe Susana Andrade – particularmente esta última – denunciaram a perseguição que vinha sofrendo sua religião. Esta tentativa de frear a IURD teve seus ecos na URSEC (Unidade Reguladora de Serviços da Comunicação, órgão dependente da Presidência da República e do Ministério de Defesa Nacional), onde foram denunciados – sem resposta positiva – os programas televisivos levados ao ar pela IURD. Também o Poder Judiciário foi um espaço de luta do conflito IURD e afro-brasileiros, sendo a IURD denunciada, sem ter havido, tampouco, resultados positivos neste âmbito. Os atentados que sofreram várias casas dedicadas à venda de artigos religiosos e o monumento a Yemanjá (com consignas pintadas do tipo "Yemanjá rainha da mentira"), levaram a aumentar ainda mais a visibilidade do confronto (e a suposta vinculação direta dos ditos atentados com o discurso iurdiano), sendo que em 2005 a popular festa de Yemanjá teve que contar com segurança policial.

No campo das articulações religioso-políticas, o jornal *Atabaque* (e seus editores) tornou-se uma agrupação política de esquerda que solicitou seu ingresso no Encontro Progressista-Frente Ampla (EP-FA) com o número 7777.

É a primeira vez na história política uruguaia em que uma agremiação umbandista (o nome completo é Umbanda 7777) ingressa de forma explícita na luta política, trasladando a esse espaço demandas religiosas. Com a bandeira do respeito a todas as religiões, a defesa do Estado laico, aludindo, enfim, às várias figuras da mitologia da religião civil uruguaia, o agora agrupamento umbandista-político Atabaque vem fazendo seu lobby político e midiático contra a IURD. Tanto a reduzida expressão política em termos de votos da chapa 7777 quanto a presença de votantes do EP-FA nas fileiras da IURD e certa preocupação em não misturar o religioso com o político por parte das lideranças de esquerda, tem levado a um relativo isolamento as atividades político-religiosas da 7777 e suas lideranças.

A volta do catolicismo

Mas seria impossível considerar as novas relações entre política e religião que estão se gestando no Uruguai sem levar em conta as novas interações entre Igreja Católica e Estado.

De fato, a intervenção do catolicismo na arena política uruguaia tem sido constante, particularmente através de declarações sobre a situação econômica e social do país. Dentro do âmbito político-governamental, as críticas por parte da Igreja Católica aos diferentes governos, pela aplicação de modelos que têm facilitado a exclusão social, foram em geral rejeitadas por serem consideradas fora das funções "naturais" desta Igreja.[44]

No entanto, a mesma Igreja – como já foi referido – foi convocada, através de algumas de suas figuras mais representativas, para trabalhar a favor de uma solução política para a temática dos presos-desaparecidos durante a ditadura uruguaia.

O cenário atual das relações catolicismo-Estado parecem ter melhorado qualitativamente depois do triunfo da esquerda, embora esta melhoria tenha sido acompanhada por inúmeras críticas ao catolicismo.

O fato de que o atual Presidente da República, Tabaré Vázquez, tenha uma particular devoção pela Igreja Católica – embora esteja filiado à maçonaria, segundo algumas fontes jornalísticas, não desmentidas como falsas – e que sua família tenha vários católicos fervorosamente praticantes, tem colaborado, e muito, para o novo protagonismo desta Igreja.

Assim, o tema da legalização do aborto e sua possível concretização através da "Ley de Salud Sexual y Reproductiva",

---

[44] Assim, durante o ano 2000, na popular celebração da festa de San Cayetano (o santo do trabalho e do pão), Monsenhor Nicolás Cotugno defendeu a necessidade que tem sua Igreja de opinar em temas políticos: "Haciendo gala de carisma y buen humor, monseñor Nicolás Cotugno reivindicó nuevamente en la fiesta patronal del santo del trabajo y el pan, el derecho que tienen las personas de tener un empleo digno y humano y salió al cruce a los cuestionamientos hechos por algunos actores políticos, que manifestaban que la Iglesia no debía inmiscuirse en asuntos políticos, económicos y sociales, porque no eran de su competencia. El prelado fue duro y tajante: "Es un disparate que la Iglesia esté al margen de los hechos de la vida humana, y debe de hacerse presente en asuntos de política con mayúscula". Esclareceu que quando o arcebispo faz declarações o faz em nome de Cristo, porque seus seguidores têm o direito de saber o que disse o filho de Deus. Acrescentou que a Igreja não tem partido político, "porque el único partido que tiene es el partido de Dios". (*La República*, 20/09/00, p. 20).

tem colocado a Igreja Católica como ator principal contra a mesma, contando com o apoio explícito do atual presidente dos uruguaios. De fato, o presidente Vázquez vetaria esta lei caso o Parlamento consiga aprová-la.[45]

Outros temas têm provocado inúmeras críticas à Igreja. A posição do Monsenhor Cotugno em relação à homossexualidade, especialmente as declarações feitas em 2003, afirmando que a homossexualidade é uma doença que deve ser tratada e os doentes, isolados para receber um tratamento de cura, recebeu uma enorme quantidade de críticas que afetaram, sem dúvida, a imagem do catolicismo.

Mas também o engajamento de várias organizações católicas no atual "Plano de Emergência" – plano de ajuda governamental orientado aos setores mais afetados pelo neoliberalismo – coloca a Igreja Católica numa situação claramente positiva.

Talvez – e para voltar à "monumentalização do religioso" – um dos aspectos que falam de uma nova relação não somente entre Igreja Católica e Estado, mas também de uma relação entre Igreja/espaço público, tenha a ver com o monumento em homenagem ao Papa João Paulo II após seu falecimento.

O monumento – que já existia – foi trasladado para perto da cruz que tanta discussão trouxera. Embora o monumento tenha sido colocado sem tanta crítica (como fora o caso da cruz), contou com a oposição de parte da imprensa, de alguns políticos, e teve uma campanha intitulada "Uruguai laico", contrária à nova homenagem ao Papa. Nela participaram ativistas sociais, intelectuais, enfim, pessoas que tinham uma visão negativa de João Paulo II, embora o argumento de fundo fosse a defesa do antigo modelo de laicismo e sua particular visão do espaço público.

---

[45] De fato, o Parlamento tem maioria de esquerda, com o qual o trâmite de aprovação seria relativamente fácil. Também o catolicismo da família do presidente tem sido criticado por sua participação semi-oficial nos funerais do Papa.

REFERÊNCIAS

ACHUGAR, Hugo. Uruguay: el tamaño de la utopía. In: ACHUGAR, Hugo; CAETANO, Gerardo (Org.). *Identidad uruguaya*: ¿mito, crisis o afirmación? Montevidéu: Trilce, 1992.

ANDERSON, Benedict. *Comunidades imaginadas*: reflexiones sobre el origen y la difusión del nacionalismo. México: Fondo de Cultura Económica, 1997.

ARAUJO, Orestes. *Historia de la escuela uruguaya*. Montevidéu: El Siglo Ilustrado, 1911.

ARDAO, Arturo. *Espiritualismo y positivismo en el Uruguay*. Montevidéu: Universidad de la República, 1968.

______. *Etapas de la inteligencia uruguaya*. Montevidéu: Universidad de la República, 1971.

______. *Racionalismo y liberalismo en el Uruguay*. Montevidéu: Universidad de la República, 1962.

BARRÁN, José Pedro. *Apogeo del Uruguay pastoril y caudillesco 1839-1875*. Montevidéu: Banda Oriental, 1998a.

______. *Historia de la sensibilidad*. Tomo II. Montevidéu: Banda Oriental, 1990.

______. *Iglesia Católica y burguesía en el Uruguay de la modernización (1860-1900)*. Montevidéu: Facultad de Humanidades y Ciencias, 1988.

______. *Uruguay*: sociedad, política y cultura. Extremadura: CEXCI, 1998b.

BARRÁN, José Pedro; NAHUM, Benjamín. *Batlle, los estancieros y el imperio británico*. Tomo II. Montevidéu: Banda Oriental, 1985.

BAYCE, Rafael. Uruguay hoy: la explicable explosión de religiones y sectas. *Cuadernos de Marcha*, Montevidéu, n. 68, 1992.

BOURDIEU, Pierre. Espíritu de estado: génesis y estructura del campo burocrático. In: ______. *Razones prácticas*: sobre la teoría de la acción. Barcelona: Anagrama, 1997. p. 91-125.

BRALICH, Jorge. *Una historia de la educación en Uruguay*. Montevidéu: Fundación de Cultura Universitaria, 1996.

CAETANO, Gerardo. El lugar de lo religioso en el Uruguay moderno: una visión histórica. In: JORNADAS SOBRE ALTERNATIVAS RELIGIOSAS EN LATINOAMERICA, 5., 1995, Santiago de Chile, *Anais*... Santiago de Chile: Asociación de Cientistas Sociales del Cono Sur, 1995.

______. Identidad nacional e imaginario colectivo en Uruguay: la síntesis perdurable del Centenario. In: ACHUGAR, Hugo; CAETANO, Gerardo (Comp.). *Identidad uruguaya*: ¿mito, crisis o afirmación? Montevidéu: Trilce, 1992.

______. La instalación pública de la llamada Cruz del Papa y los perfiles de un debate distinto. In: GEYMONAT, Roger (Comp.). *Las religiones en el Uruguay*. Montevidéu: La Gotera, 2004.

CAETANO, Gerardo; GEYMONAT, Roger. Iglesia, Estado y sociedad: cronología 1859-1989. In: GEYMONAT, Roger (Comp.). *Las religiones en el Uruguay*. Montevidéu: La Gotera, 2004.

______. *La secularización uruguaya (1859-1919)*. Montevidéu: Taurus, 1997.

CAETANO, Gerardo; RILLA, José. *Historia contemporánea del Uruguay*: de la colonia al Mercosur. Montevidéu: CLAEH/Fin de Siglo, 1994.

COMISIÓN ECONÓMICA para América Latina y el Caribe. *¿Qué aprenden y quiénes aprenden en la escuela uruguaya?* Montevidéu, 1990.

DABEZIES, Pablo. Entre "Año de la Orientalidad" y "Año de la Evangelización": un conflicto significativo en las relaciones Iglesia Católica-Dicatura. In: GEYMONAT, Roger (Comp.). *Las religiones en el Uruguay.* Montevidéu: La Gotera, 2004.

DA COSTA, Néstor. A situação religiosa no Uruguai. In: ORO, A. P.; STEIL, C. A. (Org.). *Globalização e religião.* Petrópolis: Vozes, 1997. p. 93-102.

DA SILVEIRA, Pablo. Laicidad, esa rareza. *Revista Prisma*, Montevidéu, n. 4, p. 154-185, 1995.

DEMASI, Carlos. La dictadura militar: un tema pendiente. In: RICO, Álvaro (Comp.). *Uruguay*: cuentas pendientes. Montevidéu: Trilce, 1995.

DIARIO DE SESIONES DE LA CÁMARA DE REPRESENTANTES. Montevidéu, tomo 68, diario 40, maio/jun. 1987.

DIARIO DE SESIONES DE LA CÁMARA DE SENADORES. Montevidéu, tomo 305, mar./maio 1987.

FARAONE, Roque. *El Uruguay en que vivimos (1900-1968).* Montevidéu: Arca, 1970.

GEYMONAT, Roger. Protestantismo y secularización en el Uruguay. In: ______. (Comp.). *Las religiones en el Uruguay.* Montevidéu: La Gotera, 2004.

GEYMONAT, Roger; SÁNCHEZ, Alejandro. Iglesia Católica, Estado y sociedad en el Uruguay contemporáneo. In: GEYMONAT, Roger (Comp.). *Las religiones en el Uruguay.* Montevidéu: La Gotera, 2004.

GINER, Salvador. La religión civil. In: DÍAS-SALAZAR, Rafael; GINER, Salvador; VELASCO, Fernando (Ed.). *Formas modernas de religión.* Madrid: Alianza Universidad, 1994. p. 129-171.

GIRARDET, Raoul. *Mitos y mitologías políticas.* Buenos Aires: Nueva Visión, 1999.

GUERRA, Pablo A. *Para comprender la estructura política en Uruguay.* Montevidéu: CENCADEC, 1999.

GUIGOU, L. Nicolás. *A nação laica:* religião civil e mito-práxis no Uruguai. Dissertação (Mestrado) – Programa de Pós-Graduação em Antropologia Social, Universidade Federal do Rio Grande do Sul, Porto Alegre, 2000.

______. De la religión civil: identidad, representaciones y mito-praxis en el Uruguay – algunos aspectos teóricos. In: ROMERO, Sonnia (Comp.). *Anuario de Antropología Social y Cultural en el Uruguay*. Montevidéu: Nordan, 2000.

______. Mito-praxis: escuela pública y Estado-Nación en el Uruguay. *Revista Hermes Criollo*, Montevidéu, n. 2, mar./jun. 2002.

HANNERZ, Ulf. Cosmopolitas e locais na cultura global. In: FEATHERSTONE, Mike (Org.). *Cultura global, nacionalismo, globalização e modernidade.* Petrópolis: Vozes, 1994.

MEMORIAS de don Carlos Parteli. *Revista Umbrales,* Montevidéu, n. 97, jul. 1999. Disponível em: <http://www.chasque.apc.org/umbrales/rev97/tc97.htm>.

METHOL FERRÉ, Alberto. *Las corrientes religiosas*. Montevidéu: Nuestra Tierra, 1969.

NAHUM, Benjamin. *Empresas públicas uruguaias*: origen y gestión. Montevidéu: EBO, 1993.

PI HUGARTE, Renzo. *La secta rusa Nova Izrailskaia Obchina en Uruguay*. Montevidéu: Facultad de Humanidades y Ciencias de la Educación, 1996. Mimeografado.

____. Las sorpresas de la asimilación: una mãe de santo gallega. *Anuário del Centro de Estudios Gallegos,* Montevideo, FHCE, 1997.

____. *Los cultos de posesión em Uruguay*. Montevideo: Ediciiones de la Banda Oriental, 1998.

PORZEKANSKI, Teresa. Uruguay a fines del siglo XX: mitologías de ausencia y de presencia. In: ACHUGAR, Hugo; CAETANO, Gerardo (Org.). *Identidad uruguaia:* ¿mito, crisis o afirmación? Montevidéu: Trilce, 1992.

RAMA, Germán. *La democracia en Uruguay*: una perspectiva de interpretación. Buenos Aires: Gel, 1987.

RIBEIRO, Darcy. *Las Américas y la civilización*. Buenos Aires: CEDEAL, 1985.

RODÓ, José Enrique. *Liberalismo y jacobinismo*. Barcelona: Cervantes, 1930.

ROMERO, Sonia. Felisberto Hernández: excentricidades al borde del agua. In: JITRIK, Noé (Comp.). *Atípicos en la literatura latinoamericana*. Buenos Aires: Facultad de Filosofía y Letras/UBA, 1996.

SANSÓN, Tomás. *El catolicismo popular en el Uruguay*. Montevidéu: Asociación de Escritores de Cerro Largo, 1998.

SEGATO, Rita Laura. Formações de diversidade: nação e opções religiosas no contexto da globalização. In: ORO, Ari Pedro; STEIL, Carlos Alberto (Org.). *Globalização e religião*. Petrópolis: Vozes, 1997.

TRON, Ernesto; GANZ, Emilio H. *Historia de las colonias valdenses sudamericanas*. Colonia: Librería Pastor Miguel Morel, 1958.

VARELA, José Pedro. *Obras de José Pedro Varela*: la primera memoria. Montevidéu: Cámara de Representantes, 1989. Tomo III.

VIÑAR, Marcelo N. Memorias fracturadas: notas sobre los orígenes del sentimiento de nuestra actual identidad nacional. In: ACHUGAR, Hugo; CAETANO, Gerardo (Comp.). *Identidad uruguaia*: ¿mito, crisis o afirmación? Montevidéu: Trilce, 1992.

ZUBILLAGA, Carlos; CAYOTA, Mario. *Cristianos y cambio social*. Montevidéu: CLAEH, 1982.

Secularização na Argentina, no Brasil e no Uruguai: suas lutas no passado e no presente

Ricardo Mariano

Ari Pedro Oro, organizador deste livro, solicitou-me a elaboração de um artigo versando sobre o tema da relação entre religião e política, tendo como fio condutor o diálogo com os trabalhos apresentados, nesta coletânea, pelo próprio Oro, por Pablo Semán, Eloísa Martín e por Nicolas Guigou sobre como vem se constituindo historicamente essa relação no Brasil, na Argentina e no Uruguai. Sem pretensão de ser exaustivo e conclusivo, é exatamente disso que este texto trata.

Os trabalhos de Oro, Semán, Martín e Guigou consistem, em boa parte, em densos relatos históricos sobre a relação entre religião e política nos países do Cone-Sul. Baseiam-se em obras historiográficas ou de escopo histórico, para descrever, mais ou menos sucintamente, como se deram essas relações nos dois últimos séculos e, também, na literatura de antropologia e sociologia da religião produzida por pesquisadores da região e por estrangeiros, para analisar acontecimentos ocorridos nos últimos anos, com destaque para os conflitos entre Estado e religião e para a participação de grupos religiosos na política partidária e nos debates públicos. Os três relatos históricos descrevem ricamente uma série de transformações, ao longo do tempo, nas relações entre religião e política, Estado e Igreja, nestas próprias instituições e no campo religioso em cada um dos países do Cone-Sul.

Apesar das diferenças dos casos históricos analisados, a temática da secularização,[1] como destacam Ari Pedro Oro na

---

[1] Trataremos como sinônimos intercambiáveis os termos secular e laico e seus derivados, como laicidade, secularização e laicização.

apresentação e Pablo Semán na introdução do livro, abrange e articula parte considerável das discussões teóricas presentes nos três textos sobre a relação entre religião e política. Por isso, irei abordá-la e analisá-la mais detidamente. Para tanto, primeiro discuto a questão da separação jurídica Igreja-Estado, a suposta neutralidade dessa separação e a noção de laicidade estatal. Em seguida, analiso: 1) a convivência entre liberdade, tolerância e discriminação religiosas; 2) as concepções de historicidade subsumidas na noção de processo de secularização, tal como apresentada e examinada na introdução; 3) a secularização como um "processo" eminentemente agonístico, marcado por uma série de lutas sem-fim entre laicistas[2] e religiosos; 4), por fim, os casos empíricos de Argentina, Brasil e Uruguai.

Separação, neutralidade e discriminação

Baseado em Pierre Sanchis, Ari Pedro Oro defende que religião e política estão intrinsecamente articuladas no Brasil. Questiona, assim, toda e qualquer interpretação que afirme uma relação básica de separação, oposição ou de "exclusão mútua" entre religião e política. Tal perspectiva pressupõe, portanto, que as relações entre religião e política encerram, apesar da ocorrência de incidentes e conflitos entre Igreja Católica e Estado nos últimos dois séculos, elevada legitimidade social no país. Legitimidade que não se mostra abalada pelo ingresso dos pentecostais na política partidária. Se há resistências à crescente participação desses religiosos na esfera pública, elas vêm sendo sobrepujadas, sobretudo pelas práticas, cada vez mais freqüentes, de partidos, políticos, candidatos e governantes de todos os quadrantes do país e

[2] Muitos atores sociais assumiram, conforme o contexto histórico, a defesa contumaz do laicismo e lutaram para secularizar o aparato estatal e a esfera pública. Entre eles, incluem-se iluministas, racionalistas, modernistas, positivistas, cientistas, liberais, socialistas, republicanos, maçons, protestantes.

das mais diversas colorações ideológicas de demandar apoio político e eleitoral, de costurar alianças e de fazer parcerias na área social e assistencial com representantes políticos e eclesiásticos pentecostais. Práticas oriundas do próprio campo político que demandam, legitimam e naturalizam a participação de religiosos na política.

Essa análise questiona a possibilidade de reduzir o conceito de secularização a uma perspectiva que opõe e separa a religião da esfera pública *stricto sensu*, ou que pressupõe tão-somente a privatização do religioso. Nesse sentido, Oro destaca igualmente a "co-existência de expressões de secularização e de dessecularização", na esteira de Hervieu-Léger. Sem dúvida, qualquer simplificação nessa matéria é problemática, porque esbarra de imediato no fato de que o conceito de secularização é, acima de tudo, polissêmico. São múltiplos os significados que ele adquiriu na literatura especializada ao longo do último meio século.[3] Alguns desses significados relacionam-se justamente com a questão da separação jurídica entre Igreja e Estado, de que trataremos a seguir.

Historicamente, a separação jurídica e política do Estado da religião dominante e a secularização do aparato jurídico-político constituíram algumas das principais medidas legais e políticas adotadas por Estados liberais, em parte sob o efeito do impacto de idéias dos filósofos iluministas, para tentar assegurar a paz, a tolerância e a liberdade religiosas e, estrategicamente, garantir a autonomia do Estado (Delacampagne, 2001). A proposta de separação jurídica encontrou forte ressonância em razão também de que, na era iluminista, a religião foi caracterizada

---

[3] Há inúmeras publicações sobre o tema da secularização. Citarei apenas alguns trabalhos contendo balanços desse debate: Dobbelaere (1981), Tschannen (1991), Martelli (1995), Pierucci (2000), Beckford (2003). Cumpre citar também o de Peter Berger (1999), que colaborou para reacender o debate em torno desse tema.

como uma essência autônoma, separada do mundo real da política, da economia e da interação social e concebida como um conjunto privado de crenças sobre o outro mundo (Peterson, 2004). Radicadas em idéias como estas, tais medidas legais propugnaram, em maior ou menor medida, a subtração do poder e da influência dos grupos religiosos sobre o Estado, a concessão de um mesmo *status* jurídico aos grupos religiosos e a negação a todos eles de ingerir-se nos assuntos públicos. Ao se propor assegurar um contexto de pluralismo, de tolerância e de liberdade religiosas, o Estado liberal tratou, ao mesmo tempo, de forçar a religião hegemônica a renunciar ao uso da violência para manter e defender suas crenças e práticas e, sobretudo quando dominado por grupos laicistas fervorosos, tendeu a pressioná-la a retirar-se da esfera pública *stricto sensu*. Em razão disso, a separação jurídica entre Estado e Igreja acarretou uma série de conseqüências nos planos institucional, organizacional e administrativo e no status e no poder político dos diferentes grupos religiosos. Várias dessas conseqüências foram apontadas nos textos de Oro, Semán e Martín e Guigou.

Existem, contudo, diversos arranjos jurídicos e políticos que articulam a relação Estado-Igreja no Ocidente. Isto é, nem todos os Estados ocidentais estabeleceram uma relação entre Estado e Igreja baseada no modelo liberal da separação jurídica para resolver o problema das guerras religiosas, ocasionadas pela pluralização do campo religioso europeu com o advento da Reforma Protestante, e assegurar direitos basilares da democracia moderna, caso das liberdades religiosa e de culto. Como afirma Roberto Blancarte (2006), a "laicidade não necessariamente se identifica, de maneira absoluta, com a separação jurídica entre o Estado e as igrejas". Entre outros exemplos, o autor menciona o caso da Inglaterra, em que não existe separação constitucional entre Estado e Igreja Anglicana e em que a rainha figura como a "cabeça formal" da Igreja, sem que isso impeça o reconhecimento e a garantia da liberdade de consciência e a liberdade de culto. Fenômeno semelhante ocorre na Argentina, que estabeleceu o catolicismo como religião oficial do Estado, privilegiando-o em detrimento dos demais grupos religiosos, mas ao mesmo tempo preservou o pluralismo e a liberdade religiosos, assegurados legalmente desde a Constituição de 1853 (Esquivel, 2001). Embora esses Estados assegurem a tolerância, o direito à liberdade de consciência e de culto e reconheçam e respeitem a legalidade da pluralidade religiosa, sua solução pela não-separação legal implica necessariamente na concessão de um tratamento jurídico e político desigual aos diferentes grupos religiosos e, portanto, resulta na ausência de igualdade de direitos entre eles.

Os casos históricos de separação jurídica entre Estado e Igreja são analisados muitas vezes tendo como pressuposto a neutralidade do Estado em matéria religiosa. Neutralidade que foi apregoada e aspirada idealmente por governos e legisladores liberais responsáveis pelo *disestablishment*. Por neutralidade do Estado geralmente se compreende e se quer enfatizar o ideal da concessão – pelo Estado emancipado juridicamente da religião dominante – de tratamento isonômico às organizações religiosas e a baixa regulação estatal do campo religioso, regulação caracterizada, teoricamente, por zelar tão-somente pelo cumprimento das leis (às quais os grupos religiosos também são submetidos) e, sobretudo, pela não-intromissão nas divergências e disputas de mercado entre as religiões. Nas mais diferentes experiências históricas, porém, tal neutralidade inexiste. Vide os casos recentes, por exemplo, de discriminação estatal de muçulmanos nos Estados Unidos (depois dos atentados de 11 de setembro) e na França (com a promulgação da lei, embora referente a todos os símbolos religiosos, para assegurar a laicidade das escolas públicas por meio da proibição, especialmente, do uso do véu). O fato de ambos os Estados serem liberais, berços e expoentes da democracia moderna, ciosos de sua ampla liberdade religiosa e legalmente separados dos grupos religiosos dominantes, não dirime o problema. No caso em questão, a discriminação estatal dos muçulmanos significa a concessão de tratamento estatal não-igualitário aos membros dos diferentes grupos religiosos. Tanto faz se a discriminação é positiva ou negativa, isto é, se ela privilegia (como ocorre com a Igreja Católica no Brasil e na Argentina) ou prejudica algum grupo religioso. Ambas consistem na concessão de tratamento estatal desigual, portanto, discriminatório.

Isso permite inferir que a discriminação, seja ela estatal, social, individual ou coletiva, pode coexistir tranqüilamente com a liberdade e a tolerância religiosas. Elas não são, portanto, incompatíveis. Exemplo histórico emblemático disso é o do Islã, que tolerava a presença de religiões cristãs nos territórios sob seu domínio, mas, em contrapartida, impunha aos cristãos uma tributação especial (Blancarte, 2003). A convivência entre tolerância e liberdade religiosas e discriminação estatal (à qual, muitas vezes, se podem somar as formas de discriminação social e religiosa) ocorre com freqüência. Embora seja mais evidente nos Estados que não se separaram da religião dominante, que, por conta disso, goza de privilégios ao mesmo tempo em que tem de se submeter mais diretamente à administração e ao controle estatais, a discriminação estatal também ocorre nos Estados que efetuaram o *disestablishment*, independentemente de sua maior ou menor freqüência e visibilidade. Com efeito, são incontáveis os casos históricos que colocam em xeque a suposta neutralidade (no sentido mencionado) do Estado moderno e liberal – inclusos os estados que realizaram a referida separação jurídica – em matéria religiosa.

A garantia constitucional ou jurídica da liberdade religiosa não implica, portanto, o término ou a inexistência de eventuais manifestações de discriminação religiosa, que podem ter como fontes os mais diversos agentes, incluindo os estatais. Por outro lado, dependendo do tipo de discriminação, ela pode vir a tolher, num grau maior ou menor, a liberdade religiosa, algo que não deve ser descurado nas análises empíricas dos acontecimentos. Essas observações sobre a convivência entre liberdade, tolerância e discriminação religiosas permitem indagar até que ponto os discursos de vitimização de pentecostais e afro-brasileiros, reclamando de restrições diversas à liberdade religiosa, seja nos pleitos da Universal do Reino de Deus ou nos de líderes de entidades representativas dos afros, referem-se a algum tipo de discriminação, e não a uma efetiva restrição à liberdade de consciência, de culto, de religião e de expressão de seus grupos religiosos. Se os cultos afro-brasileiros, por exemplo, fossem proibidos de realizar sacrifícios rituais de animais, estaríamos, de fato, diante de um caso típico de constrangimento legal à liberdade religiosa. Mas tal proposta, formulada como projeto de lei por um deputado estadual e pastor evangélico no Rio Grande do Sul, como menciona Oro, foi amplamente rejeitada pelos parlamentares e não entrou em vigor. Há, contudo, casos efetivos de limitação à liberdade dos cultos afro. Segundo denúncias de representantes da umbanda e do candomblé, traficantes evangélicos da cidade do Rio de Janeiro determinaram o fechamento e proibiram o funcionamento de diversos terreiros em alguns morros e favelas cariocas nos últimos anos (*Tráfico é acusado...*, 2006). Tal ação constitui, de modo inequívoco, atentado à liberdade religiosa dos cultos afro-brasileiros. Mas, até onde se sabe, não provém diretamente de ordem emitida por lideranças eclesiásticas pentecostais, que, embora discriminem e demonizem as religiões afro e contribuam, assim, para gerar e disseminar aversão a elas, não endossam o uso da violência física como recurso proselitista e conversionista. Tal limitação à liberdade desses religiosos também não procede do Estado, mas deriva, sim, de sua falência como provedor de segurança pública em determinados territórios dos grandes centros urbanos do país dominados por indivíduos e grupos criminosos armados.

Como princípio, as liberdades podem ser ilimitadas, irrestritas, mas dificilmente isso pode suceder na esfera do direito positivo e, diria, nem na vida real (Blancarte, 2003). Na esfera jurídica, as liberdades, seja a liberdade política, a sindical, a de imprensa etc., sempre encontrarão certos limites. O mesmo se dá com a liberdade religiosa. Nenhum país do mundo permite que indivíduos ou grupos religiosos presentes em seu território possam fazer tudo o que quiserem em nome de seu Deus, de sua fé ou de sua instituição religiosa. Quanto a isso, aliás, são os países dotados de legislações menos secularizadas (sobretudo, as teocráticas) justamente os que mais tendem a limitar a liberdade religiosa, quando não suprimi-la. De modo geral, cada grupo religioso, em todo e qualquer país, tem de respeitar a Constituição e uma série de legislações (de edificações, da Previdência, do Trabalho, por exemplo) e códigos (como o Civil, o Penal, o Tributário). Sempre houve e sempre haverá certos limites estabelecidos pela normatividade jurídica para a atuação dos indivíduos e grupos religiosos. No que diz respeito ao Brasil, dificilmente se poderá afirmar que o conjunto da legislação brasileira é por demais restritivo em matéria de liberdade religiosa. O oposto condiz bem mais com a realidade. Da mesma forma, dificilmente se poderá alegar que o Estado brasileiro estabelece, na prática, uma série de constrangimentos que comprometem gravemente a liberdade religiosa de quem quer que seja. Quando se analisa detidamente o que ocorreu no campo religioso brasileiro ao longo do século XX, não há como deixar de concluir que a liberdade religiosa só fez aumentar no Brasil, sobretudo para os grupos religiosos minoritários.

Não obstante isso, como frisamos, alguns desses grupos – especialmente os mais suscetíveis, por razões as mais diversas, à discriminação social e religiosa – volta e meia julgam sua liberdade religiosa sob risco. Em dezembro de 2003, por exemplo, grupos evangélicos conseguiram, depois de extensa mobilização e intensa pressão política sobre o Congresso Nacional e o governo Lula, alterar o recém-implantado novo Código Civil, que classificara, no início do mesmo ano, os grupos religiosos como associações civis, o que implicaria, pelo menos formalmente, no aumento do controle jurídico sobre os grupos religiosos no país.

Dispostos a reassegurar legalmente a liberdade religiosa (que julgavam ameaçada) frente ao avanço da normatividade jurídica estatal sobre as igrejas, "moveram mundos" até obter êxito em seu objetivo de alterar o Código Civil, tornando-se, em vez de associações civis, pessoas jurídicas de direito privado.

Retomando a discussão sobre a questão da neutralidade, há que se observar que a idéia de neutralidade do Estado laico também pode ser contestada noutro sentido, em geral menos observado, em razão de uma certa "naturalização" da concepção de neutralidade embutida na noção de laicidade. O problema é que o ideal do Estado laico, que tanto mobilizou e de certa forma ainda mobiliza os liberais no campo político, não é "neutro em relação a todo valor" (Haarscner, 1996 apud Blancarte, 2000). Além de estar, segundo Blancarte (2000), "ligado aos valores da República, da democracia, da tolerância, da liberdade e da pluralidade", a defesa e afirmação da laicidade estatal e de seu corolário opõe-se frontalmente a diversos valores e interesses dos grupos religiosos. Os relatos históricos dos atos de secularização efetuados pelos Estados brasileiro e uruguaio demonstram isso sobejamente. Baseados em princípios e ideais liberais, laicistas e, principalmente no caso uruguaio, anticlericais, Brasil e Uruguai promoveram a separação jurídica em 1889 e 1917, respectivamente, definiram constitucionalmente o Estado como laico, estabeleceram leis e uma série de medidas secularizantes, optando, assim, por instituir uma fundamentação secular da legitimidade política do Estado. O anticlericalismo, que orientou, ao menos em parte, a idealização e implantação de várias das medidas legais secularizantes, por si só já revela a forte oposição existente entre os defensores do Estado laico e a hierarquia católica. Oposição laicista beligerante que demonstra a inexistência de neutralidade na constituição do Estado laico e na adoção de quaisquer medidas de laicização, que, nos casos históricos analisados, sempre se deram por meio de lutas e às custas da "decadência do poder hierocrático" na esfera pública, decadência que, para

Pierucci (2000), constitui justamente o sentido forte do conceito de secularização. O caso uruguaio exemplifica bem o caráter abertamente agonístico da constituição e posterior manutenção da laicidade estatal e da esfera pública, que, como mostram Guigou, nesta coletânea, e Da Costa (1997, 2003) vem sendo contestada e flexibilizada nas últimas décadas.[4]

PROCESSO E DESCONTINUIDADE: EM BUSCA DA SINGULARIDADE HISTÓRICA

Semán, Martín e Guigou, enfatiza o primeiro na introdução, abordam "a questão da secularização como processo". Ao ocorrer ao longo do tempo, o processo de secularização, propõe Semán, precisa ser analisado de forma a apreender sua "singularidade histórica", evitando-se, com isso, idealizações normativas e generalizações universalizantes que distorçam sua compreensão. A pesquisa desse processo deve contextualizá-lo, focando a análise em seus "desenvolvimentos nacionais específicos", tendo em vista que ele, em diferentes aspectos, ocorre de forma muito diversa nos distintos contextos nacionais. Daí a necessidade, para melhor compreendê-lo, de sua particularização. Mas a interpretação desse processo e de seus possíveis desdobramentos futuros, segundo Semán, é freqüentemente sobredeterminada pela posição – tanto faz se crítica ou, ao contrário, favorável – que os pesquisadores ocupam no jogo social diante da modernidade, do laicismo e de seus efeitos. Transparece nessa perspectiva, sem

[4] Néstor Da Costa (2003) revela, com base num *survey*, que metade dos habitantes de Montevidéu não têm a mais remota idéia do que é laicidade, sendo este tema de conhecimento apenas das elites uruguaias. Isso demonstra apenas desconhecimento por parte expressiva da população da capital uruguaia sobre esse tema. O autor observa ainda que somente 3,3% dos montevideanos assistem ao culto religioso regularmente, o que representa baixíssimo índice de compromisso religioso.

dúvida, um certo reducionismo "determinista". Haja vista que as interpretações do chamado processo de secularização dependem igualmente do contexto político-jurídico em que os pesquisadores atuam e que pesquisam, de sua formação intelectual, de sua perspectiva teórica, de suas idiossincrasias, do debate acadêmico em torno desse tema e assim por diante. Os valores dos pesquisadores em relação à secularização e à modernidade são apenas parte – e nem sempre a predominante – das concepções e emoções que orientam sua interpretação desse fenômeno. Nesse momento, porém, a questão de fundo, mais importante, não é essa, mas a que envolve a historicidade da noção de processo.

A noção de processo tende a separar passado, presente e futuro e dispor tais temporalidades numa continuidade ideal e linear, diluindo ou tornando opaco o acontecimento singular, em vez de marcar e apreender sua singularidade histórica. O emprego da noção de processo de secularização corre, portanto, o risco de pressupor essa continuidade ideal, mesmo quando aponta aqui e acolá seu retrocesso, ou, no caso empírico em questão, os fenômenos de "dessecularização" ou "desprivatização da religião". Semán assume esse risco ao adotar a noção de processo e, concomitantemente, referir-se, ainda que para contestá-los, ao "caráter incompleto da secularização", ou à "laicização definitiva". O problema da referência à incompletude da secularização, cumpre frisar, é que ela pressupõe sua completude, ou sua continuidade ideal, ainda que não linear, até o "fim" desse processo, o que, por sua vez, remete a uma perspectiva teleológica.

Sobre essa questão, cumpre observar que Michel Foucault (1989) criticou toda uma tradição teleológica da historiografia que tende a dissolver o acontecimento singular em uma continuidade ideal. Em seu lugar, propôs a noção de descontinuidade, apoiando-se na Escola dos Annales, que, segundo Roger Chartier (1990, p. 74), em sua prática histórica, trabalha há mais de meio século com "descontinuidades, desfazamentos, diferenças", por oposição à história filosófica hegeliana. Ao enfatizar a mudança operada na historiografia a partir da noção de descontinuidade, Foucault afirma que antes o descontínuo era "o que devia ser, pela análise, contornado, reduzido, apagado, para que aparecesse a continuidade dos acontecimentos"; agora, ao contrário, "não desempenha mais o papel de uma fatalidade exterior que é preciso reduzir, e sim o de um conceito operatório que se utiliza [...] elemento positivo que determina seu objeto e valida sua análise" (Foucault, 1987, p. 9-11).

Com o termo "descontinuidade", Foucault quer dizer que "não existe 'loucura através dos tempos', religião ou medicina através dos tempos", isto é, "não há, através do tempo, evolução ou modificação de um mesmo objeto que brotasse sempre no mesmo lugar" (Veyne, 1982, p. 172). A noção de descontinuidade, assim, tende a desnaturalizar radicalmente os eventos históricos, desmontando seu caráter evidente e objetivo. Daí o historiador Paul Veyne (1982) avaliar que as noções de descontinuidade e desnaturalização do objeto revolucionaram a historiografia contemporânea.[5] De certa forma, quando Semán acata a afirmação de Giumbelli, de que a religião não "tem sempre sido a mesma", recorre, implicitamente, a essas noções de descontinuidade e desnaturalização. Da mesma forma, enfatizam Swatos Jr. e Christiano (1999), em sua crítica às concepções de religião rigidamente fixas, que a religião é essencialmente "variável", variabilidade favorecida, inclusive, pelo fato de as instituições religiosas lidarem com referentes não-empíricos e incontroláveis. Já no início dos anos 90, Talal Asad (1992, p. 4) afirmava que a idéia de que a religião é em todo lugar e a todo tempo essencialmente a mesma, podendo ser conseqüentemente objeto de uma única teoria compreensiva, constituiu uma das

---

[5] Chartier (1990) e Burke (1991) reconhecem a influência de Foucault sobre a terceira geração de historiadores da Escola dos Annales, composta por Jacques Le Goff, François Furet, Philippe Ariès, Georges Duby, Michel Vovelle, Jean Delumeau, entre outros.

grandes ficções do mundo moderno. A construção social da noção de "religião" (assim como a construção de sua cara-metade, a de "secular") passou, na verdade, por muitas variações, sendo objeto de múltiplas narrativas e, na esteira dos ensinamentos de Foucault, de muitas lutas. Segundo Asad (1992; Peterson, 2004), as linhas entre o secular e o religioso foram traçadas diferentemente nas diferentes situações políticas e históricas. Isto torna heuristicamente simplista e problemática a construção de qualquer modelo histórico linear para apreendê-las.

Uma vez que, como mostra Foucault, não há a religião, o Estado, a prisão através dos tempos, e que tais instituições não respondem, portanto, a funções existentes *a priori* ou oriundas do exterior às práticas sociais que as engendram, elas devem ser vistas como resultado de lutas, rupturas, arbitrariedades, acasos e múltiplos condicionamentos conjunturais. Só assim se pode chegar à singularidade histórica. O acontecimento, do ponto de vista foucaultiano, resulta de uma "relação de forças" em jogo na história, devendo sua existência unicamente "ao acaso da luta". Para buscar a singularidade do acontecimento, portanto, é preciso atentar para as práticas sociais que o engendram, isto é, as lutas sociais. De modo que o uso da noção de processo, como recurso para revelar certa regularidade dos fenômenos que tal concepção carrega e significa, deve tomar o cuidado de evitar qualquer perspectiva baseada numa continuidade ideal, linear, atentando, em vez disso, para o descontínuo, o irregular, fruto das lutas e de seus desdobramentos.

As noções de luta, conflito e arena, cumpre observar, aparecem recorrentemente nas análises de Oro, Guigou e Semán e Martín sobre a secularização e a relação entre religião e política. De fato, inúmeros pesquisadores das ciências sociais, pouco importa se mais ou menos conscientes disso, atentam para o caráter freqüentemente conflituoso e até beligerante do processo de secularização e da relação entre religião e política na modernidade. Daí a correção da observação de Semán, apoiado em Giumbelli, segundo a qual os termos religião e secularização são categorias de uso social. Isso quer dizer que a constituição de ambas está sujeita a freqüentes disputas e mudanças. Constatação que permite "desnaturalizá-las" e, por meio disso, percebê-las inteiramente como construções sociais, realizadas ao "acaso das lutas". Também para Pierucci (2000, p. 122),

> A secularização nos remete à luta da modernidade cultural contra a religião, tendo como manifestação empírica no mundo moderno o declínio da religião como potência *in temporalibus*, seu *disestablishment*, a depressão do seu valor cultural e sua demissão / liberação da função de integração social.

Além de a luta dos laicistas contra a religião ocorrer no campo cultural, que, *lato sensu*, encampa os campos intelectual, estético e religioso, cabe observar que ela sucede, como vimos, nas esferas política, jurídica, social, entre outras. São lutas travadas por diferentes atores sociais no espaço público e em torno de sua definição, abrangência e competência. Lutas que, sobretudo nos casos que visam à privatização do religioso, se concentram em questões que freqüentemente são objeto de análise, debate, votação e disputa nos parlamentos, objeto de interpretação, discussão e regulamentação jurídicas, objeto de políticas públicas, objeto de polêmicas na imprensa escrita e na mídia e assim por diante. Lutas que implicam, portanto, num contínuo estabelecimento de relações, tanto faz se mais ou menos diretas, entre agentes civis, políticos e estatais com agentes religiosos. Por isso, para que esses agentes e suas ações na esfera pública possam ser efetivamente compreendidos, precisam ser pensados enquanto partícipes dessa relação, não como elementos estanques, isolados. Da mesma forma, as próprias noções de esfera pública e de esfera privada estão sendo constantemente atualizadas e ressignificadas nesses embates.

O desfecho de muitas dessas lutas, como se sabe, não tem resultado tão-somente em perda de poder jurídico-político dos grupos religiosos, ou em seu eclipse da esfera pública. Muitos destes grupos, em vez de perder, vêm conquistando poder político-partidário e espaço em instituições estatais, nos meios de comunicação de massa e na cultura popular, como ocorre com os evangélicos na América Latina. Certas igrejas evangélicas existentes no Brasil, casos de Universal do Reino de Deus, Assembléia de Deus e Evangelho Quadrangular, conseguem, como descreve Oro, orientar o voto de parte de seu rebanho de fiéis, que formam, nos termos de Semán, uma "base social sensível aos apelos que potenciam e mobilizam o religioso no espaço público", numa clara estratégia de "confessionalização" da política. Há casos igualmente de grupos religiosos que obtêm vitórias legislativas por meio de *lobby* e influência política, cujos significados e efeitos práticos representam dessecularização ou desprivatização da religião. Este é o caso, por exemplo, do triunfo católico, no final dos anos 90, na implantação da disciplina de ensino religioso em escolas públicas no Brasil. Decisão que abriu espaço para a atuação de religiosos, devidamente pagos com recursos públicos, e para o ensino e disseminação de conteúdos religiosos em instituições públicas. O fato é que, nas últimas décadas, as cúpulas eclesiásticas católicas da Argentina e do Brasil, tendo à frente lideranças mais identificadas com a ortodoxia proposta e defendida pelo Vaticano, utilizaram freqüentemente seu peso institucional para pressionar o Estado e os poderes políticos para legislar e desenvolver políticas públicas em conformidade com princípios católicos relativos à moral familiar e sexual, ao aborto, ao uso de métodos contraceptivos, ao controle da natalidade, à educação religiosa em escolas públicas, à união civil de homossexuais, à eutanásia (Esquivel, 2005). Em algumas dessas disputas, foram vitoriosas; noutras, derrotadas.

Uruguai, Argentina e Brasil

De meados do século XIX às primeiras décadas do século

XX, como mostra Guigou, o Uruguai passou pelo mais radical processo de secularização do continente latino-americano e do mundo ocidental, processo que, concomitante com a modernização do país, marcou e configurou a identidade nacional uruguaia, acima de tudo, como uma nação laica. Beligerante, anticlerical e fortemente estatista, o processo de secularização uruguaio contou com a participação de diversos atores sociais: liberais, positivistas, racionalistas, socialistas, maçons, imigrantes italianos, protestantes. Mobilizados e organizados, eles formaram um sem-número de associações, clubes, grupos, jornais e sociedades para defender a laicidade da educação, do aparato jurídico e das instituições estatais e, sintomaticamente, para combater a Igreja Católica e suas pretensões integralistas e, por conseqüência, políticas. Apesar da pluralidade de agentes individuais e coletivos em luta contra a presença e participação da religião na esfera pública, foi o Estado quem mais se empenhou e se destacou na produção da nação laica, ou, nos termos de Guigou e de Néstor Da Costa (1997), de uma verdadeira "religião civil". "Religião" de forma alguma neutra, mas radicada em valores e defensora das liberdades públicas, do pluralismo e da democracia. Imbuído de um projeto totalizante e monopólico e aproveitando-se da fraqueza dos outros agentes sociais, sobretudo da tradicional fragilidade institucional da Igreja Católica, o Estado uruguaio, principalmente no primeiro período dos governos batllistas (1905-1930), imiscuiu-se nas mais diferentes áreas da vida social, com a finalidade de "assumir a representação da totalidade da nação", sendo bem-sucedido, em grande parte, em seu radical projeto liberal e secularizador de produzir uma nação laica. Frágil e malograda em sua missão de catolicizar a cultura uruguaia, a Igreja Católica foi a principal vítima religiosa do furor secularizante do Estado uruguaio, com destaque para a corrente católica dominante, a ultramontana, avessa à modernidade, ao pluralismo e às medidas governamentais visando à privatização do religioso.

Na contramão de seus vizinhos Brasil e Uruguai, que efetuaram o *disestablishment*, a Argentina, cuja independência, em 1816, se fez em nome de Deus e sob o juramento de defender a Igreja Católica, instituiu a filial da Santa Sé como religião oficial do Estado em plena metade do século XX, mais precisamente em 1949, no primeiro mandato presidencial de Perón. Sucedida à criação do Registro Nacional de Cultos, em 1946, esta oficialização legal reafirmou a supremacia católica e reforçou a pretensão da religião dominante de tornar-se, segundo Semán e Martín, "pilar da 'argentinidade' e da pátria e fundamento da identidade nacional". Para evangelizar a sociedade e, assim, identificar-se com a nação argentina, a liderança eclesiástica católica já vinha instrumentalizando o Estado para seus fins desde o final dos anos 20. Para tanto, serviu-se da fragilidade dos governos liberais e, em seguida, de sua aliança com os militares. Resulta disso que, durante grande parte do século XX, a legitimação política do Estado argentino fundamentou-se, parcialmente, em sua íntima relação com a Igreja Católica, o que permitiu a ambos justificar e sustentar, nos planos religioso e político, um "jogo de legitimações mútuas entre dirigentes políticos e eclesiais". Aliada contumaz dos militares,[6] partidária do catolicismo integral e defensora da catolicização do Estado e, por meio dela, da união entre Estado e Igreja, a liderança católica argentina apoiou e legitimou "todos os golpes de Estado, de 1930 a 1976" e colaborou para a sustentação dos regimes militares e ditatoriais (Esquivel, 2001, p. 96). Como complemento de seu perfil militarista, integralista e hierárquico e de sua inclinação antiliberal, manteve-se, salvo algumas exceções, em permanente conflito com os governos democráticos (Esquivel, 2001, p. 50).

---

[6] Em 1981, a Conferência Episcopal Argentina emitiu pela primeira vez documento apoiando a "normalização da vida política", numa declaração a favor da redemocratização (Esquivel, 2001, p. 225-228).

Pablo Semán e Eloísa Martín defendem defende que a tradicional relação de simbiose entre Estado argentino e Igreja Católica foi fortemente abalada e questionada durante o governo Néstor Kirchner, que, desde sua posse em maio de 2003, manteve uma relação abertamente conflituosa com setores da cúpula católica. Neste governo vem ocorrendo, segundo os autores, uma verdadeira "reformulação no cenário e no dispositivo institucional em que são organizadas as relações entre Igreja e Estado". Para promover tal mudança, o Estado abandonou a prática de alinhar-se automaticamente com as posições do Vaticano e adotou perspectivas e efetuou medidas relativas à moral sexual, ao pluralismo, à laicidade e, portanto, aos valores centrais da identidade nacional, divergentes dos interesses e desígnios da Igreja. Tais estratégias adotadas pelo governo Kirchner para alterar a velha relação simbiótica entre Estado e Igreja procuram reduzir a Igreja Católica a mais uma entre outras igrejas e religiões presentes no território argentino e, com isso, obstar a pretensão da religião dominante de permanecer na condição de matriz e pilar da identidade nacional.

Semán e Martín analisam detidamente a radicalização, ao longo de 2005, do conflito de setores do governo Kirchner com o bispo castrense Antonio Basseotto, realçando, em função dele, a desidentificação entre catolicismo e identidade nacional e, de outro, a imprevisibilidade de seus desdobramentos. Uma das principais conseqüências práticas dessa radicalização, no entanto, já se conhece. Consiste na decisão do presidente da Conferência Episcopal Argentina, cardeal Jorge Bergoglio, de lançar uma campanha nacional, em 4 de dezembro de 2005, para arrecadar fundos com o objetivo de tornar a Igreja independente financeiramente do Estado (*Igreja Católica lança campanha...*, 2005). Tal dependência financeira, que atinge a cifra anual de 11,2 milhões de pesos, ou 7% do orçamento da Igreja, deriva do regime de padroado e de seu corolário jurídico, que, no artigo 2° da atual constituição argentina, institui o dever do Estado de sustentar o culto católico. A associação legal e financeira com o

Estado limita sua autonomia e faz da Igreja, mesmo quando dele diverge, parte do aparato estatal. Além disso, em certos casos pode resultar em custos de imagem, reputação e legitimidade, se for considerada, por seu vínculo com o Estado, co-responsável pelas crises políticas, econômicas e sociais. Criticados pelo presidente Kirchner, que comparou a Igreja Católica a um partido político e cobrou deles que cuidassem de sua própria instituição, os bispos argentinos, que, antes, haviam criticado o crescimento escandaloso da desigualdade social no país e questionado a visão maniqueísta do governo sobre a ditadura, mobilizaram-se para prover sua independência financeira, como forma de ampliar sua autonomia institucional e, assim, livrar-se do jugo estatal.

A partir da análise dos conflitos ocorridos entre o governo e a hierarquia católica, Semán e Martín reiteram, ainda que com argumento e linha investigativa distintos, tese defendida igualmente por Fortunato Mallimaci e Juan Esquivel, qual seja, a ruptura da identificação entre catolicismo e identidade nacional. Diante da profunda mudança ocorrida no campo religioso argentino a partir da década de 1980, Mallimaci (1997, p.78) asseveram que "o monopólio católico criado, consolidado e desenvolvido desde 1930 até os anos 80 foi rompido". Com isso, segundo eles, a "identidade Argentina, no nível de amplos setores populares (por exemplo), já não é mais sinônimo de identidade católica. Produto de transformações culturais, religiosas, militares e políticas, e pelo surgimento da 'dissidência evangélica' nos espaços públicos, em especial a pentecostal" (Mallimaci, 1997, p. 78). Apesar de elencar várias razões para a ruptura entre identidade católica e nacionalidade argentina, os autores enfatizam, como fator explicativo dessa mudança, a pluralização do campo religioso, destacando a acelerada expansão pentecostal, principal responsável pela presença de cerca de 10% de evangélicos na população argentina. Para explicar a corrosão da identificação católica com a nacionalidade argentina, Esquivel (2001, 2005) prioriza a elevada dificuldade do catolicismo integralista de adaptar-se à atual configuração cultural do país. Na defesa deste argumento, os autores, baseados em Anthony Giddens, Danièle Hervieu-Léger e Enzo Pace, discorrem sobre os problemas que a Igreja Católica enfrenta em sua pretensão identitária totalizante diante do processo de desenraizamento dos indivíduos das tradições, da relativa autonomização destes das autoridades e instituições religiosas, o avanço do individualismo e do relativismo cultural, da emergência da pluralização e fragmentação das identidades e da multiplicação das pertenças sociais.

As análises de Mallimaci, Esquivel e Semán e Martín são complementares e cada qual revela um aspecto da crescente diferenciação entre a identidade nacional argentina e a identidade católica. Identificação cuja construção inicial dependeu, em grande parte, da instrumentalização católica do Estado, da catolicização das instituições militares e da pressão e do poder eclesiásticos exercidos sobre os sucessivos governos, causando, inclusive, a ocorrência de uma série de conflitos do alto clero com vários governos democráticos. Durante a vigência desses governos, toda vez que a liderança católica argentina se viu contrariada ou se sentiu insatisfeita, partiu para o ataque, enfrentando e intimidando os dirigentes estatais, seja para demandar novas concessões do Estado, seja para impedir a aprovação de leis e medidas contrárias a seus interesses institucionais, a seus valores morais e a suas doutrinas. Vários conflitos ocorreram, por exemplo, entre o governo de Raúl Alfonsín (1983-1989) – do partido União Cívica Radical – e a hierarquia católica: conflitos em torno da aprovação da lei do divórcio, em 1987, da reforma educacional, da reforma constitucional e do Programa Nacional de Democratização da Cultura (Esquivel, 2001).

Em todos estes casos, ora a hierarquia eclesiástica, estrategicamente, participou do jogo democrático, arregimentando e mobilizando sua enorme força organizacional e militante, ora apelou diretamente para a pressão corporativa junto aos parlamentares e aos dirigentes estatais. Estas duas estratégias continuam sendo adotadas. A diferença é que, neste novo contexto social, político e cultural, a Igreja Católica demonstra concretamente seu interesse de libertar-se do jugo estatal (mas sem perder certos privilégios assegurados justamente por seu vínculo legal com o Estado) e, aparentemente, não detém mais o poder de derrubar governantes dispostos a enfrentá-la abertamente, como ocorreu com Perón em seu segundo mandato presidencial, quando, em sua disputa com a Igreja, estimulou oficialmente a penetração espírita e a pentecostal e, para agravar o conflito, restringiu a ampliação da instituição católica (Esquivel, 2001). Por sua vez, os atuais dirigentes do Estado argentino, além de não recuarem de sua disposição de radicalizar o confronto com as lideranças eclesiásticas católicas, parecem empenhados em minimizar ao máximo sua dependência da legitimação religiosa do governo, visando consolidar uma legitimidade política secular radicada na soberania do povo, ou, mais precisamente, do cidadão eleitor. Quanto a isso, cabe observar que, na opinião de Blancarte (2000), o conceito mais próximo ao de laicidade é o de soberania popular ou o da legitimidade constitucional. Dessa perspectiva, o Estado é laico quando já não requer mais da religião como elemento de integração social ou como cimento para a unidade nacional. A laicidade pode definir-se como um regime social de convivência, cujas instituições estão legitimadas principalmente pela soberania popular, e já não por elementos religiosos. Por isso, o Estado laico surge realmente quando a origem desta soberania já não é sagrada, mas popular.

De modo que o que parece estar em jogo no conflito entre o atual governo argentino e a Igreja Católica é uma disputa pela definição da forma predominante de soberania, se radicada na religião ou na vontade geral, para usar a cara expressão de Rousseau. Daí a dissociação entre catolicismo e nacionalidade promovida deliberadamente pelo governo Kirchner. Ela visa descolar a "vontade geral" dos cidadãos argentinos das pretensões políticas totalizantes da Igreja Católica.

Diferentemente do que se passou com a Argentina, no caso do Uruguai, um dos países mais secularizados do planeta, a pressão estatal para despolitizar e privatizar o religioso obteve enorme êxito ao longo da maior parte do século XX, mantendo-se praticamente incólume até algumas décadas atrás. Já nos anos 60, porém, apareceram as primeiras fissuras nessa muralha laicista. Sob a influência do Concílio Vaticano II, setores da Igreja Católica e da Metodista principiaram a ampliar sua presença na esfera pública (Da Costa, 1997). Daí em diante, o dinamismo e a crescente pluralização do campo religioso uruguaio, com a expansão numérica e o robustecimento institucional das igrejas pentecostais e dos cultos afro-brasileiros, puseram em questão, ainda que timidamente e aos poucos, a religião civil e, portanto, a laicidade da nação, segundo Guigou.

No caso brasileiro, o Estado nunca, mas nem de longe, alcançou o mesmo êxito que o Uruguai em suas tentativas, pontuais e nada sistemáticas, de privatizar o religioso. Em parte por isso, a laicização ocorrida no Brasil no final do século XIX, marcada sobretudo pela separação jurídica entre Igreja e Estado em 1889, foi das menos conflituosas da América Latina, como atesta Oro. Apesar de indesejada, rejeitada e combatida pelo alto clero, a separação legal forjada pelo liberalismo republicano das elites políticas possibilitou à Igreja Católica libertar-se da tutela estatal, unir-se de vez ao Vaticano, organizar-se, romanizar-se, disciplinar e moralizar seus quadros, censurar e reprimir o clero liberal, enquadrar o catolicismo popular, ampliar sua infra-estrutura, recrutar e formar novos quadros, expandir sua rede de seminários, paróquias, dioceses e escolas pelo país, prosperar como nunca dantes e se tornar uma grande força social (Pierucci, 1990). A pujança institucional do catolicismo clericalizado e romanizado constituiu-se a partir da separação Igreja–Estado e consolidou-se no período da Primeira República.

Com seu fortalecimento institucional, a Igreja reuniu condições para reaver parte de seu poder político, valendo-se, para tanto, da fragilidade e da boa vontade dos governantes de plantão, com destaque para Getúlio Vargas. Pois foi justamente no governo Vargas que ela conseguiu estabelecer, na Constituição de 1934, a "colaboração de interesse público" entre Igreja e Estado, minimizando, e muito, certos efeitos laicizantes contidos no princípio e na letra da lei da separação jurídica. O fato é que, por este e por outros motivos, a hierarquia católica manteve-se, ao longo de boa parte do século XX até a atualidade, como um *player* importante na arena pública e no jogo político.

Com a subseqüente pluralização do campo religioso brasileiro e a acentuada expansão demográfica de novos grupos religiosos, contudo, a Igreja Católica deixou de ser praticamente o único ator religioso a manter relações freqüentes e substantivas com partidos políticos e com agentes e lideranças estatais. Nas últimas décadas, novos atores religiosos entraram em cena na esfera pública e no jogo político partidário. Com isso, o Estado, entre outras conseqüências, passou a ser demandado e pressionado por novos grupos religiosos, principalmente pelos pentecostais, seja para diminuir os privilégios católicos, seja para estabelecer relações e até alianças políticas com eles. Alianças que, a cada eleição, vêm sendo crescentemente demandadas e até disputadas também por inúmeros candidatos a cargos legislativos e executivos em busca de apoio eleitoral, incluindo, invariavelmente, a maioria dos que pleiteiam o cargo de presidente da República. Isso, de um lado, vem contribuindo para assegurar crescente poder de barganha e de influência política aos dirigentes pentecostais, tanto os denominacionais como os políticos profissionais. De outro, vem reforçando cada vez mais a presença, a participação e a influência de grupos religiosos na esfera pública e, com isso, incrementando a própria disputa entre eles para ampliar seu poder político e, assim, superar o dos concorrentes.

Observa-se atualmente a expansão do número de representantes evangélicos de diversas correntes e denominações nas câmaras de vereadores, nas assembléias legislativas e no Congresso

Nacional. Da mesma forma, vem crescendo sua atuação como interlocutores e membros de governos municipais, estaduais e federal, visando defender seus interesses corporativos e suas bandeiras religiosas, influir na implementação de políticas públicas e superar a influência e o poder da Igreja Católica na esfera pública *stricto sensu*. A destacada posição ocupada atualmente pela religião pentecostal nas relações de força no mercado religioso brasileiro e seu empenho disciplinado em participar nos poderes públicos acabaram por torná-la dado e parte ativa do jogo político nacional, permitindo a seus líderes eclesiásticos e representantes parlamentares multiplicar e aprofundar seu relacionamento com diversos dirigentes estatais. A tal ponto que hoje já não é mais possível analisar e compreender a democracia brasileira sem levar em consideração a participação dos evangélicos em praticamente todas as eleições, assim como nos partidos políticos, nas frentes parlamentares, nos sindicatos e em diversas outras associações civis.

Durante as ditaduras militares, agentes e representantes leigos e eclesiásticos da Igreja Católica de alguns países da região, em especial no Brasil, vinculados sobretudo à Teologia da Libertação e às pastorais populares, sobressaíam-se, no campo político, por sua luta contra a prisão, a tortura, a expulsão e a morte de estudantes, militantes e guerrilheiros e a favor dos direitos humanos e da redemocratização. A vertiginosa expansão de católicos carismáticos e de pentecostais, ao contrário do que se esperava, resultou não na irrupção de teses e comportamentos quietistas, mas numa intensa mobilização e participação desses grupos religiosos e de seus representantes políticos na esfera pública para defender a moral privada e a vida familiar tradicional. De modo geral, sua atuação na política partidária distingue-se muito da participação dos chamados setores católicos progressistas, já há vários anos minoritários no catolicismo brasileiro, que priorizam o combate à política econômica dita neoliberal, à política indigenista, à concentração da terra, da riqueza e da renda, e à fraca atuação do governo brasileiro na área social e no combate à desigualdade social.

A crescente movimentação e arregimentação política dos evangélicos no Brasil vem estimulando lideranças eclesiásticas católicas a monitorar a ação dos políticos pertencentes a esse movimento religioso e, como resposta, a reforçar e organizar a representação política da Igreja Católica mediante a implementação de uma sistemática orientação da ação dos parlamentares católicos. É o que, em certa medida, Oro nomeia de "efeito mimético" da inserção evangélica na política institucional. Assim, em artigo publicado antes do segundo turno das eleições presidenciais de 2002, Dom Amaury Castanho, bispo diocesano de Jundiaí, cidade situada no interior do Estado de São Paulo, destaca a luta dos evangélicos para conquistar o poder político e seu êxito eleitoral, critica a confessionalização evangélica da política, demonstra temor em relação à aliança entre o Partido dos Trabalhadores, do então candidato Luís Inácio Lula da Silva, e o Partido Liberal, dominado na época por deputados da Igreja Universal do Reino de Deus, menciona que o Grupo Parlamentar Católico recebe orientação periódica da CNBB (Conferência Nacional dos Bispos do Brasil) e prevê um futuro "confronto" entre evangélicos e católicos por conta do avanço político dos primeiros. Importante frisar que D. Amaury avalia que os políticos evangélicos defendem apenas os interesses corporativos de suas igrejas, interesses estes que se sobrepõem aos "verdadeiros interesses da população", enquanto que, em contraste, os políticos do Grupo Parlamentar Católico (Santin, 2005),[7] orientados pela CNBB, estariam a serviço do povo. Ao identificar os inte-

---

[7] Conforme a autora, no Congresso Nacional brasileiro, a legislatura de 1995-1999 teve a participação do Grupo Parlamentar Católico, composto por 57 deputados federais e 11 senadores, que são assessorados e orientados, por ocasião de votações de interesse da Igreja Católica, por membros da Conferência Nacional dos Bispos do Brasil.

resses da população (relegados, a seu ver, a segundo plano pelos políticos evangélicos) com a atuação e os serviços políticos dos parlamentares católicos, o bispo procura, indiretamente, identificar a nacionalidade brasileira ao catolicismo, assemelhando ou identificando os interesses da população e os interesses da Igreja Católica. Escreve D. Amaury (2005):

> É inegável, porém, que as Igrejas protestantes pentecostais e neopentecostais parecem empenhadas em uma verdadeira luta pela conquista do poder político nos níveis municipal, estadual e federal. Mais preocupante ainda é que estão tendo êxito, apesar de não serem senão 15% dos 170 milhões de brasileiros. Pior, é que a maioria dos 60 parlamentares evangélicos eleitos é de 'bispos' da Universal e Pastores de outras Igrejas atuando em campo que seria muito mais dos leigos que dos clérigos. É preciso aprofundar urgentemente a reflexão. Se, de um lado, a bancada evangélica continuará unida contra a ampliação dos casos de aborto e os projetos de união de homossexuais – o que é válido –, não é menos certo que o interesse de suas Igrejas sobrepõe-se aos verdadeiros interesses da população. Disciplinados e unidos os evangélicos eleitos terão um enorme poder de barganha como, aliás, vieram fazendo nesses últimos anos, liderados por certo 'bispo' da Universal e, corre à boca pequena que eleito Lula Presidente, coligado o PT com o PL dominado pelos deputados da Universal do Reino, estes pleiteiam para a sua Igreja nada menos que os importantes Ministérios das Comunicações e Promoção Social... O numeroso Grupo Parlamentar Católico que em absoluto, não é uma bancada com voto unânime, continuará reunindo-se, periodicamente, com o Secretário Geral da CNBB em torno da Palavra de Deus e da Mesa Eucarística, realizando um Retiro Espiritual anual, refletindo sobre os Projetos mais importantes em tramitação no Congresso Nacional. Eles estarão a serviço não de nossa Igreja mas dos interesses do [povo], como sempre nós Pastores lhes recomendamos. Porém, no ritmo em que as coisas caminham, mais algumas eleições à frente, o maior número de evangélicos eleitos nos vários níveis de governo, acabará nos levando a uma posição de previsível confronto religioso em aberta contra-

dição com a linha ecumênica do diálogo, do respeito e da colaboração prática possível e conveniente no interesse maior de nosso injustiçado povo. Há nuvens no horizonte que mais adiante poderão se transformar em tempestade como na Irlanda do Norte.

Não obstante os temores e reclamações do bispo, há que se ter em conta que a defesa dos interesses institucionais, da moral, dos valores, dos direitos, da liberdade religiosa destes grupos religiosos minoritários depende muitas vezes de sua participação direta em instâncias político-partidárias e da realização, esporádica ou freqüente, de alianças e do estabelecimento de rupturas e confrontos com agentes estatais do legislativo e do executivo. Isto, por certo, tende a induzir e justificar seu paulatino enraizamento e sua permanência no jogo político e na vida pública do Brasil. Diante disso, duas possibilidades futuras, entre outras possíveis, se descortinam: a construção e conformação de uma esfera pública em que a presença destes religiosos será cada vez menos contestada, ou, se as profecias do bispo se realizarem, a intensificação do confronto de grupos religiosos entre si e também contra os grupos laicos. As rusgas, as divergências e os conflitos entre tais grupos continuarão ocorrendo em profusão. Mas a médio prazo, no Brasil, parece muito pouco provável qualquer tipo de eclosão de confrontos religiosos entre católicos e evangélicos da envergadura aludida pelo bispo. O que parece estar mais sob risco com o considerável avanço desses religiosos na política partidária, no debate e na esfera públicos e nas instituições estatais brasileiras, contudo, é a fundamentação secular da legitimidade política, em princípio ancorada na soberania do povo. Mas, poderiam dizer muitos religiosos no Brasil, "se Deus e o povo são brasileiros, qual o problema?". Liberais e laicistas de toda espécie vêem muitos problemas nisso. Eis uma vez mais a emergência da luta, que provavelmente não vai parar jamais, entre esses grupos. Luta que constitui importante chave heurística para a compreensão dos acontecimentos que vêm sendo nomeados, numa polissemia sem-fim, de secularização, laicidade, Estado laico, privatização e desprivatização do religioso, dessecularização e expressões congêneres.

Referências

ASAD, Talal. Religion and politics: an introduction. *Social Research*, New York, v. 59, n. 1, p. 3-17, 1992.

BECKFORD, James A. *Social theory and religion*. Cambridge: Cambridge University Press: 2003.

BERGER, Peter L. The desecularization of the world: a global overview. In: BERGER, Peter (Org.). *The desecularization of the world*: resurgent religion and world politics. Washington: Ethics and Public Policy Center, 1999. p. 1-18.

BLANCARTE, Roberto. Discriminación por motivos religiosos y Estado laico: elementos para uma discusión. *Estúdios Sociológicos*, México, v. 21, n. 62, p. 279-307, maio/ago. 2003.

______. *La laicidad mexicana*: retos y perspectivas. In: COLÓQUIO LAICIDAD Y VALORES EN UN ESTADO DEMOCRÁTICO, 6 abr. 2000, México. Disponível em: <http://www.laneta.apc.org/sisex/en/blancarte.htm>. Acesso em: 10 jan. 2006. [O artigo foi apresentado no colóquio "Laicidad y valores en un Estado democrático", no Colégio de México em 6 abr. 2000].

BURKE, Peter. *A escola dos annales 1929-1989*: a revolução francesa da historiografia. São Paulo: Unesp, 1991.

CASTANHO, Amauri. *A bancada dos evangélicos*. Disponível em: <http://www.entreredes.org.br/index.php?op=conteudo&wcodigo=11959>. Acesso em: 10 dez. 2005.

CHARTIER, Roger. *A história cultural*: entre práticas e representações. Lisboa: Difel, 1990.

DA COSTA, Néstor. A situação religiosa no Uruguai. In: ORO, A, P.; STEIL, C. A. (Org.). *Globalização e religião*. Petrópolis: Vozes, 1997. p. 93-102.

DELACAMPAGNE, Christian. *A filosofia política hoje*. Rio de Janeiro: J. Zahar, 2001.

DOBBELAERE, Karel. Secularization: a multi-dimensional concept. *Current Sociology*, Londres, v. 29, n. 2, 1981.

ESQUIVEL, Juan. *Os bispos e a política na Argentina*: A Igreja católica nos tempos de Alfonsín e Menem (1983-1999). 2001. Tese (Doutorado em Sociologia) – Faculdade de Filosofia, Letras e Ciências Humanas, Universidade de São Paulo, São Paulo, 2001.

______. *Poder eclesiástico e poder político no Brasil e na Argentina de finais de século XX*. In: JORNADAS SOBRE ALTERNATIVAS RELIGIOSAS NA AMÉRICA LATINA, 13., 2005, Porto Alegre. *Anais*... Porto Alegre: PUCRS, 2005. 1 CD-ROM.

FOUCAULT, Michel. *A arqueologia do saber*. Rio de Janeiro: Forense Universitária, 1987.

______. Nietzsche, a genealogia e a história. In: MACHADO, Roberto. (Org.). *Microfísica do poder*. Rio de Janeiro: Graal, 1989. p. 15-37.

HAARSCNER, Guy. *La laicité. Que sai-je?* Paris: PUF, 1996.

IGREJA CATÓLICA LANÇA CAMPANHA PARA FICAR MENOS DEPENDENTE DO ESTADO. *Folha de S. Paulo*, São Paulo, Caderno Mundo, 5 dez. 2005.

MALLIMACI, Fortunato. A situação religiosa na Argentina urbana do fim do milenio. In: ORO, Ari Pedro; STEIL, Carlos Alberto. (Org.). *Globalização e religião*. Petrópolis: Vozes, 1997. p. 73-92.

MARTELLI, Stefano. *A religião na sociedade pós-moderna*: entre secularização e dessecularização. São Paulo: Paulinas, 1995.

PETERSON, Derek R. Talal Asad, formations of the secular: Christianity, Islam, Modernity. *Religion*, Londres, v. 34, n. 4, p. 372-374, 2004.

PIERUCCI, Antônio Flávio. A velha recém-casada. *Novos Estudos Cebrap*, São Paulo, n. 26, p. 211-219, 1990.

______. Secularização segundo Max Weber. In: SOUZA, Jessé. (Org.). *A atualidade de Max Weber*. Brasília: UnB, 2000. p. 105-162.

SANTIN, Myriam Aldana.Vozes da Igreja Católica na Câmara Federal. *Jornal da Rede Feminista de Saúde*, 21 set. 2000. Disponível em: <http://ww.redesaude.org.br/jornal/html/body_jr21-myriam.html>. Acesso em: 10 dez. 2005.

SWATOS JR., William H; CHRISTIANO, Kevin J. Secularization theory: The course of a concept. *Sociology of religion*, Londres, v. 60, 1999.

TRÁFICO É ACUSADO DE VETAR UMBANDA NO RIO. *Folha de S. Paulo*, São Paulo, Caderno Cotidiano, 4 fev. 2006.

TSCHANNEN, Oliver. The secularization paradigm: a systematization. *Journal of Scientific Study of Religion*, New York, v. 30, n. 4, p. 395-415, 1991.

VEYNE, Paul Marie. Foucault revoluciona a história. In: ______. *Como se escreve a história; Foucault revoluciona a história*. Brasília: UNB, 1982. p. 149-198.

Sobre os autores

Ari Pedro Oro

Doutor em Antropologia pela Universidade de Paris e professor da Universidade Federal do Rio Grande do Sul (UFRGS). Recebeu o prêmio Pesquisador Destaque do ano 2000 da Fundação de Amparo à Pesquisa do Rio Grande do Sul (FAPERGS). É autor de vários livros, entre os quais *Avanço Pentecostal e Reação Católica* (Petrópolis, Vozes), *Axé Mercosul* (Petrópolis, Vozes), *Religião e Globalização* (Petrópolis, Vozes, juntamente com Carlos Alberto Steil), e *Igreja Universal do Reino de Deus* (São Paulo, Paulinas, juntamente com André Corten e Jean-Pierre Dozon). Publicou dezenas de artigos em revistas nacionais e internacionais de ciências sociais. Pesquisa atualmente a relação entre religião e política no Brasil, sobretudo a presença evangélica na política institucional nacional.

Eloísa Martín

Formada em Sociologia pela Universidade de Buenos Aires, fez mestrado em Antropologia na Universidade Federal do Rio Grande do Sul e doutorado no Museu Nacional, Universidade Federal do Rio de Janeiro. É editora da revista e Ciencias Sociales y Religión/Ciências Sociais e Religião, publicação da Associação de Cientistas Sociais da Religião no Mercosul, onde desempenha o cargo de Secretária Geral pelo período 2003-2007. Tem publicado sobre assuntos relativos à religião na Argentina e no Brasil. Atualmente é pesquisadora do Consejo Nacional de Investigaciones Científicas y Técnicas (CONICET), na Argentina.

LÉLIO NICOLAS GUIGOU

Doutorando do Programa de Pós-graduação em Antropologia Social, da Universidade Federal do Rio Grande do Sul (UFRGS), Porto Alegre, e bolsista do CNPq. Integra o NER (Núcleo de Estudos da Religião, PPGAS, UFRGS) desde o ano de 1997. Licenciado em Ciências Antropológicas e Graduadas da Faculdade de Arte (Universidade da República, Uruguai), é também Mestre em Antropologia Social (PPGAS, UFRGS). Têm realizado várias publicações sobre religião, antropologia visual, teoria antropológica e direitos humanos. É Professor Adjunto e responsável da Cátedra de Antropologia Cultural (LICCOM, Universidade da República) e docente e pesquisador do Departamento de Antropologia (FHCE, UDELAR). De suas publicações cabe assinalar El quiebre del espejo. Montevideo, Promociones Universitarias, 1996; La nación laica: religión civil y mito-praxis en el Uruguay, Montevideo, Ediciones La Gotera, 2003, e Sobre cartografías antropológicas y otros ensayos, Montevideo, Ediciones Hermes Criollo, 2005.

PABLO SEMÁN

Pesquisador do Consejo de Investigaciones Científicas y Técnicas de la Argentina. Também é professor da Universidade Nacional de San Martín. É licenciado em Sociologia pela Universidade de Buenos Aires e Doutor em Antropologia Social pela

Universidade Federal do Rio Grande do Sul. Tem pesquisado diversos grupos religiosos na Argentina e no Brasil e tem publicado artigos em revistas especializadas da Argentina, Brasil, Estados Unidos, França e Canadá.

Ricardo Mariano

Doutorou-se em sociologia pela Universidade de São Paulo em 2001. É professor adjunto da Pontifícia Universidade Católica do Rio Grande do Sul, coordenador do Programa de Pós-Graduação em Ciências Sociais e pesquisador do CNPq. Publicou cerca de três dezenas de artigos em periódicos, coletâneas e anais no Brasil e no exterior na área de sociologia da religião. Sua principal publicação é o livro *Neopentecostais: Sociologia do novo pentecostalismo no Brasil*, editado pela Loyola em 1999. Nos últimos anos, desenvolveu projetos de pesquisa sobre a relação entre religião e política, destacando a atuação dos parlamentares evangélicos no Brasil.

Impresso nas oficinas da
Gráfica Palas Athena